决胜买卖点

王彬 ◎ 著

中国电力出版社
CHINA ELECTRIC POWER PRESS

内 容 提 要

　　本书作者结合多年股票交易实战经验，从布局、选股、形态、盘口、量能和买卖点等几个方面为读者提供了股票交易中真实而中肯的操作技巧与操作建议，以帮助股民在股市中获得更多利润。本书适合所有股票投资者阅读和使用。

图书在版编目（CIP）数据

决胜买卖点 / 王彬著. — 北京: 中国电力出版社，2015.6
ISBN 978-7-5123-7694-6

Ⅰ．①决… Ⅱ．①王… Ⅲ．①股票交易 – 基本知识 Ⅳ．①F830.91

中国版本图书馆CIP数据核字（2015）第095139号

中国电力出版社出版、发行

北京市东城区北京站西街 19 号 100005　　http://www.cepp.sgcc.com.cn

责任编辑：刘红强

责任校对：常燕昆　责任印制：赵　磊

汇鑫印务有限公司印刷 · 各地新华书店经售

2015 年 6 月第 1 版 · 2015 年 6 月北京第 1 次印刷

787mm × 1092mm　16 开本 · 18 印张 · 294 千字

定价：46.00 元

前　言

在股市时间久了，就会发现，市场是不会因为人的意志而转移的，掌握一定的技能，懂得一些必备的常识成了每一个股民不可或缺的东西，那么如何掌握技能，哪种技能更有效？关于这一点，笔者也曾花了很长一段时间去书店翻阅那些关于股票的书籍，大部分书籍多是从基础知识开始讲解，然后深入到一些技巧、方法，可以说多是大同小异，那么怎么打破常规，怎么能够给读者耳目一新的东西呢？笔者在这本书里尝试着打破那些常规的东西，试图用一些更简单、更明了的语言和图形来告诉读者，其实在股市生存并不难。

总的来说，本书分别从布局、选股、形态、盘口、量能和买卖点等几个方面来为读者提供了一些股票交易中真实而中肯的操作技巧与操作建议。

这本书是《炒股就这几招》的续篇，如果大家能够将两本书放在一起去阅读，效果会更好。希望读者朋友们能够从这两本书里有所得，有所获，如果能够帮你走上正确的股市获利之路，或者帮你获得更多利润，都将是我莫大的荣幸。

在这里我要特别感谢一些人：首先感谢我的父母，他们的忠厚、善良和做人的原则让我受益匪浅；其次感谢我的夫人牛亚利女士，感谢她的建议、支持，以及所付出的一切；最后感谢那些所有给过我建议和帮助的人。把这本书献给所有爱我的人和我爱的人。

由于笔者水平有限，很可能挂一漏万，失误和不妥之处在所难免，希望广大读者能够给予批评斧正。

王彬

2015 年 3 月于北京

目　录

第一章

理念先行

第一节 投资的基本含义

一、什么是投资

投资（Investment）是指货币转化为资本的过程。投资可分为实物投资、资本投资和证券投资。前二者是以实物或货币投入企业，通过生产经营活动取得一定利润。后者是以货币购买企业发行的股票和公司债券，间接参与企业的利润分配。

广义的投资是指经济主体为获取预期收益而投入经济要素，以形成资产的经济活动。在上述广义的投资概念中，经济主体即投资者，包括经济法人和自然人，在现时的社会经济生活中，他们表现为各种类型的企事业单位、个人、政府以及外国厂商等。预期收益不仅包含着投资的动机与目的，也体现着一定的经济关系，包括可计算的微观经济收益，还包括不可直接计算的社会效益和环境效益等。投入的经济要素，是指从事建设和经营活动所必需的物质条件和生产要素。它可以是现金、机器设备、房屋、运输工具、通讯、土地等有形资产，也可以是劳务，还可以是专利权、商标、工艺资料、技术秘诀、经济信息等无形资产；可以是固定资产，也可以是流动资产；可以是物质产品的生产，也可以是精神产品的生产。投入的形式，包括直接投入、间接投入。投入的地点，包括国内和国外。

上述概念是一个广义的概念，这一概念更偏重于理论概括。在实际管理工作和在日常生活中，人们谈及投资时，在不同的场合、不同的讨论范围，总是给投资限定了一个较之广义的概念要小的范围。经济学家们一般是从"经济"和"金融"两个层面上来概括和认识投资的。

美国哈佛大学博士、麻省理工大学经济学教授保罗·A.萨缪尔森在其《经济学》一书中这样定义投资：

"必须注意：对于经济学者而言，投资的意义总是实际的资本形成——增加存货的生产，或新工厂、房屋和工具的生产。对于一般人而言，投资的意义仅仅是购买几张通用汽车公司的股票，购买街角的地基或开立储蓄存款的户头。必须弄清这种混淆之处：如果从我的保险柜中取出1000元把它存于银行，或用来从一个经纪人那里购买普通股票，仅就这一行动而论，经济学者认为投资和储蓄都没有增长。只有当物质资本形成产生时，才有投资；只有当社会的消费少于它的收入，把资源用于资本形成时才有储蓄。"

美国斯坦福大学财政金融学教授赫伯特·E.杜格尔与圣克拉拉大学财政金融学教授弗朗西斯·J.科里根1920年合著的《投资学》一书对投资的金融和经济概念作了如下描述：

"从投资者或资本供给者的观点来看，投资是投入现在的资金以便用利息、股息、租金或退休金等形式取得将来的收入，或者使本金增值。"

"从这种金融的立场出发，储蓄和投资是否用于经济意义上的'生产性'用途是无关紧要的……无论是投资者从别人那里买进证券，还是把资金用于新的资产，都没有关系……实际上，一般意义上讲，大多数投资都是金融资产在其所有者之间的转让。"

"关于投资本质在金融意义上或是在一般意义上的这些意见，明显地不同于它经济上的含义。后者有这样的意思，即它是以新的建筑、新的生产者的耐用设备、或追加存货等形式构成新的生产性资本"。

从上文不难看出，投资这个名词在金融和经济方面有数个相关的意义。它涉及财产的累积以求在未来得到收益。从技术上来说，这个字意味着"将某物品放入其他地方的行动"（或许最初是与人的服装或"礼服"相关）。从金融学角度来讲，相较于投机而言，投资的时间段更长一些，更趋向是为了在未来一定时间段内获得某种比较持续稳定的现金流收益，是未来收益的累积。

二、投资类型

在理论经济学方面，投资是指购买（和因此生产）资本货物——不会被消耗掉反倒是被使用在未来生产的物品。实例包括了修铁路或建工厂、清洁土地或让自己读大学。严格地讲，在公式 GDP= C+I+G+NX 里投资也是国内生产总值（GDP）的一部分。从这方面来说，投资的功能被划分成非居住性投资（譬如工厂、机械等）和居住性投资（新房）。从 I=（Y，i）的关联中可得知投资是与收入和利率有密切关系的事。收入的增加将促进更高额的投资，但是更高的利率将阻碍投资因为借钱的费用变得更加昂贵。如果企业选择使用自己的资金来投资，利率代表着所投资那些资金的机会成本而不是将资金放贷出去的利息。

在财务方面，投资意味着买证券或其他金融或纸上资产。估价是估计一项潜在的投资的价格是否值得的方法。投资的类型包括房地产、证券投资、黄金、外币或债券或邮票。之后这些投资也许会提供未来的现金流，也许其价值会增加或减少。股市里的投资是由证券投资者来执行。

三、证券投资

证券投资是指投资者（法人或自然人）购买股票、债券、基金等有价证券以及有价证券的衍生品，以获取红利、利息及资本利得的投资行为和投资过程，是间接投资的重要形式。

1. 证券投资原则

（1）效益与风险最佳组合原则：效益与风险最佳组合是指在风险一定的前提下，尽可能使收益最大化；或在收益一定的前提下，风险最小化。

（2）分散投资原则：证券的多样化，建立科学的有效证券组合。

（3）理智投资原则：在分析、比较后审慎地投资。

2. 证券投资账户开立

进行证券投资需到大型全业务牌照的证券公司申请相应的投资理财账户。投资理财账户可运用于股票（包括 A 股、B 股、H 股等）、债券（包括国债、企业债、公司债等）、期货（包括金融期货如股指期货、外汇期货，商品期货如金属期货、农产品期货等）等一系列的金融工具进行证券投资。证券账户的开立可到各证券公司营业部办理，需要在交易日内办理。部分证券公司如国泰君安证券可通过各省份网站（如国泰君安广东）进行网络预约，通过预约的开户时间则相应较为灵活，工作时间、午休时间、周六日均可开户。

3. 证券投资的作用

（1）证券投资为社会提供了筹集资金的重要渠道，是各类企业进行直接融资的有效途径。

（2）证券投资有利于调节资金投向，提高资金使用效率，从而引导资源合理流动，实现资源的优化配置。

（3）证券投资有利于改善企业经营管理，提高企业经济效益和社会知名度，促进企业的行为合理化。

（4）证券投资为中央银行进行金融宏观调控提供了重要手段，对国民经济的持续、高效发展具有重要意义。

投资是一个计划。投资不是产品，也不是投资手段、投资工具。投资是一个把你从现在的所在带到你想去的目的地的计划。每个人的处境、人生目标都不同，从财务的角度上说，每个人的财务目标也不同，投资计划也往往不一样，并极具个人色彩。

第二节　大资金和小资金的区别

在了解了投资理财的基本含义之后，我们来探讨一下大资金和小资金的区别，在这里笔者从三个方面来分析。

在股市中，资金量的大小决定了它们的不同特点，下面我们来一一说明。众所周知，目前的市场整体形态分为三种，一是牛市，二是熊市，三是震荡市（即不确定市场）。而股票又有很多种类，按阶段分为高价股和低价股；按品种分多的不胜枚举：大盘蓝筹、小盘绩优股、权重指标股、指数成分股、行业龙头股，等等。我今天和大家分享一下自己的实盘经验，说说大资金和小资金在三种市场中的区别，以让大家确切了解自己的资金定位和投资策略。

在牛市中，大资金因其购买力强，仓位大，股票数量多，赚钱效应也明显占优，可谓占尽天时地利。因此当机构和基金满仓或重仓的时候，它们极其愿意做多，让牛市更牛，这样才能达到它们的目的——获取更多利润。小资金在牛市中相对大资金来说无优势，主要因为钱少，购买力差，资金会被股票数量和股价所限制，无论大盘涨多少都只能旁观其他股票上涨，资金的多寡决定了获利的大小。

在熊市中，大资金很容易吃大亏，因为仓位很重，众多股票一起下跌，直接关系到账面大幅缩水和基金净值快速下降。因此股票下跌是它不愿意看到的事情，股票下跌只有两种可能，一是大资金手中仓位减仓兑现利润，二是政策上出现对股票市场的利空消息和文件等。大资金在熊市中是败势。而小资金在熊市中很容易杀跌平仓走掉。只要利空出台或基金减仓兑现分红，可闻风而动，提早平仓避免损失。所谓船小好调头。而且技术派可在尾盘适当吃进便宜股票，做做短线波段。说实话一旦熊市来临，连短线进场的价位都可能是今后一段时间内的最高位置，因此不能在熊市中重仓做短线。小资金在熊市中需强硬的技术支撑才能避免损失和获取短期快钱。

在震荡市中，趋势需平台来巩固。大资金在不确定市场中纠缠于多方和空方的争夺战中，极其需要资金的支持来获得主动权，因为自己的利益在盘中，不得不逼自己去做多或做空市场。这种市场会让大资金很难受，除非手上刚平仓都是现金流，这时就可以大量建仓和拉盘，否则将陷入被动。小资金在震荡市中可谓如鱼在水，非常灵活。大资金动不了，但又要被逼做多，就必须接短线客的抄底盘，因此不停短线获得快钱是主要方向。即使做中长线，也可借时入场，获得建仓和调仓的机会，选好投资组合，然后锁仓。所以小资金特别适合震荡市，可以在市场中灵活运作。

第三节 投资的目的和基本原则

一、投资的目的

投资的目的很简单，无外乎以下两种。

（1）保值：避免通货膨胀的损失，使辛苦得来的钱购买力保持不变。

（2）增值：分享社会经济发展的成果，使辛苦挣来的钱购买力增加。

就金融投资而言，世界上最大的投资市场分别为外汇、债券和股票市场。特别是外汇交易市场，以其每月高达 1 万 5 千亿美元的交易量而称雄，远远高于第二大投资市场——美国国债交易市场。因此，在欧美等先进国家和地区，外汇、债券和股票是普通投资者最常用的金融投资工具，同时也是最重要的理财、增值和对抗通货膨胀或规避风险的工具。

目前，除了欧元这一地区性的综合货币之外，世界上所有的国家都有自己的货币。所谓外汇交易，简单地说也就是两种不同货币之间的交换行为。

一般来讲，由于各种宏观、微观因素及自然原因的影响，一个国家的货币兑换另一国家的货币的比值（汇率）都是不断上下浮动的。基本上来说，一个经济前景看好、政局稳定的国家的货币相对一个经济发展减速或经济倒退、政局动荡的国家的货币来说，其价值（汇率）会不断走高，反之则下降。

因此，在外汇市场进行投资正是利用汇率本身的变动，现行的低买高卖或高卖低买，通过其中的差额来获取利益。和其他投资工具不同的是，外汇投资除了产生买卖差额之外，还有利息的问题。也就是说，用低利率国家的货币来兑换高利率国家货币时，可以获得这两个国家之间因利差所产生的利益。反之，则必须付出因利差所产生的金额。因此，在进行外汇买卖时，我们必须在密切关注汇率变动的同时，避免长期买进低利率货币，以避免发生大额利率支出。

二、投资的分类

1. 实物投资和金融投资

按投资的方向划分，可分为实物投资和金融投资。实物投资与金融投资对宏观经济的各个范畴，例如国民收入、储蓄、分配等的影响是不同的。

2. 国际投资和国内投资

按投资的地域划分，可分为国际投资和国内投资。

3. 直接投资和间接投资

按是否具有参与投资企业的经营管理权划分，可分为直接投资和间接投资。

4. 固定资产投资和流动资产投资

按投资资金周转方式的不同，分为固定资产投资和流动资产投资。

5. 外延性投资和内含性投资

按投资在扩大再生产中所起作用的方式不同，可以分为外延性投资和内含性投资。

6. 经营性投资和政策性投资

按经营目标的不同，可以分为经营性投资和政策性投资。

7. 生产性投资和非生产性投资

按照投资的经济用途划分，可以分为生产性投资和非生产性投资。

8. 预算内投资和预算外投资

按投资是否纳入国家财政预算，可划分为预算内投资和预算外投资。

9. 其他分类

按其他一些分类标准，还可以将投资做另外一些分类。

例如，按投资主体划分，可分为国家投资、企业单位投资、个人投资；按资金来源划分，可分为财政投资、银行信贷投资、企业自筹投资、证券投资；按企业性质划分，可分为全民所有制单位投资、集体所有制单位投资、乡镇企业投资、中外合资、外商独资；按项目是否纳入国家计划，可分为计划内投资、计划外投资；等等。

三、股票投资的原则

原则一：分散投资，就是在资金投入时不能过于集中。这里包括两方面含义：一是不要将资金过于集中地投入到一种或少数几种股票，要建立合理的股票组合，避免一招不慎，全军覆没，这也就是通常所说的"不要把鸡蛋都装在一个篮子里"；其二是不要将资金在一个时点上集中投入，因为股票的价格具有波动性，应将其分期分批地投入股市，使资金的投入在时间上有一定的跨度，在价格选择上留有一些余地，从而避免在高价位上一次投入。分散投资的目的，也就是为了分散风险。坚持分散投资的原则，其实是对股票风险难以预测和把握的一种无奈的选择。

原则二：自主投资原则。在股票投资中，大部分股民特别是散户都是赔钱的，因而股市上有"一赚二平七赔"一说。假如盲目跟风炒作，一味地模仿他人，自己最终也难以逃脱亏损的命运，所以股民在股票投资时，应保持三分净静、七分慎重，勤于独立思考，坚持自己的投资原则，该选择什么股票，在什么点位买进抛出都要有所计划。为了减少和排除传媒或其他股民对自己的影响，必要时可少听或不听股评、少去股票营业部，不论是传媒还是股民，往往是自己买了股票以后才向别人推荐，抛出以后才告诉别人，所以若听信他人建议，在操作中总是要慢一拍。且投票投资都是自己对自己的资金负责，他人没有为你的盈亏承担责任的义务。

原则三：投资性买入、投机性抛出原则。在股票投资中把握住买进卖出的机会是至关重要的，低价买、高价卖是颠扑不破的真理，是股票投资中股民追求的最高境界，但遗憾的是，没有几个股民能百分百地做到这一点。股民若能做到在股票具有投资价值时买入，在高于投资价值时卖出，在每一轮的涨跌中都将会小有收获。长此以往，必能聚沙成丘、集腋成裘，获得丰厚的投资回报。

所谓投资性买入就是当股市具有投资价值以后才买进股票。此时买进股票并不一定就是股价的最低点，还多少有些风险，但此时即使被套牢，坐等分取的股息红利也能和储蓄或其他的债券投资收益相当，股民没有什么后顾之忧，也不会有太多的心理压力。而我国股市真正进入投资价值区域的机会并不多，在投资价值区域内购买股票，即使被套，其被套牢的时间也不会太长。所谓投机性卖出是待股价涨到偏离它的投资价值、市场的投机气氛较浓的时候再考虑卖出，此时股价一般较高，回调的可能性较大。

原则四：平均利润率获利原则。平均利润率获利原则是指在股票投资中的获利预期以社会平均利润率为基准，并依此制订相应的投资计划来指导具体的投票操作。具体地讲，我国现在一年期的定期存款利率和债券的利率都在 10% 左右，可以认为我国的各种投资的年平均利润率就为 10%。在股市投资上，股民就可以 10% 的收益率为收益目标，不贪大、不求多，只要每次交易的收益达到或接近 10% 就抛出了结，从而保持心理稳定，实现理性操作。

第四节 投资决策程序

我们对一只个股的操作，从选择到买入，经历一个过程。这个过程必须遵循客观规律的要求，按照特定的步骤顺序进行。我把这种反映个人投资决策规律的工作步骤称为投资决策程序。它主要包括以下四步。

第一步：筛选——寻求标的股投资机会

我们在决定进行操作之前，一定要寻求值得自己操作的标的股，这需要一个步骤——筛选。

投资机会的筛选过程，是一个对备选机会不断进行排除的过程。被排除的投资机会可能是出于这样几种原因：

（1）与投资的初衷存在着相当的差距，不足以满足打算实现的目标；

（2）技术工艺较为特殊复杂，或存在传输渠道障碍，公司难以应用或引入困难；

（3）拟议中的产品需求不乐观，成本、效益预期不理想，或缺乏比较利益；

（4）不确定因素过多，因而投资的风险性过强；

（5）与宏观产业投资政策的吻合程度低，难以得到政府部门的必要支持；

（6）需要的投资额过大，无力筹集。

值得注意的是，投资机会的筛选，主要是确定出一个拟议项目，为进一步的决策提供对象，因此是比较粗略的。在投资机会的选择过程中，也不需要格外复杂、详细的计算研究。事实上，对于大多数投资机会，决策者仅依靠其经验、判断力和简要的估测，即可予以排除。

第二步：计划——拟订标的股的备选方案

一个资本投资项目要付诸实施，可以通过不同的途径，采用不同的方式，其所涉及的各种主要经济技术指标也因为需要与可能的双重制约而必须作审慎的选择。为了寻找到最合理的投资途径与方式，使投资项目的主要指标既满足公司发展的基本需要，又具备实现的可能性，并为投资效益的最大化提供保证，就必须确定出科学的投资项目方案，而这首先又要求根据项目建议拟订出若干个全面、详细的备选方案。

标的股备选方案的拟订，需要在进行广泛的调查研究，掌握足够的市场与政策信息的基础上进行。在这项工作中要特别注意以下两点。

（1）拟订的标的股备选方案应至少不能少于两个，否则便无法进行比较选择。当然，这并不是说备选方案越多越好，因为那样也会增加不必要的人力、资金与时间消耗。至于备选方案的数目，可以视该项投资的重要程度、规模的大小、选择余地的宽狭等酌情确定。

（2）每一个标的股的选择都应围绕着政策、业绩、市盈率、市净率、板块等各方面综合考虑。

第三步：分析——评选和确定标的股

标的股选择出来后，下面的工作就是对这些方案进行深入的分析比较，并在此基础上确定出一只值得操作的个股。例如有甲、乙、丙三只个股，甲投资额较小，乙未来收益水平较高，丙政策支持较多；但另一方面，甲收益水平相对较低，乙投资额较大，丙则符合未来的需求。孤立地看，很难说哪个方案更可取，这就需要决策者全面地加以权衡，抓住重点，进行综合论证。在对各个标的股备选方案进行了比选论证后，就可以提出倾向性意见，将最具可行性的个股选择出来。如果有两个以上的标的股，经过对比仍难以作出明确的取舍，不妨各买一半来执行。

第四步：总结——进行事后分析和评价

这是决定你买进一只股票是否盈利的全过程中的最后一环。在决策实施完成，亦即投资活动结束后，决策者应及时地对决策情况进行总结，以从成功中总结经验，从问题中汲取教训，发掘出某些带规律性的东西，从而为今后的资本投资决策提供借鉴。决策是否正确，首先反映在其实施过程是否顺利上。实施过程顺利，决策就可能是正确的；反之，决策就往往存在较大的问题。对你每一次的操作都要分别从积极和消极两个方面进行总结。你的投资决策水平的逐步提高。正是通过对大量决策工作的总结分析，积累起各种经验教训后才得以实现的。

第五节　我的投资原则

华尔街有句投资名言："在股市中偶尔挣一次钱很容易，难的是从股市中不断地挣到钱。"所以，我们要想在股市中长久生存下去，就必须有一套行之有效的投资方法。笔者根据长久的实践摸索总结出这样一个投资理念：先大后小、先长后短、顺势而为，按照先大盘、再板块、后个股，再决策买卖的思路进行股票操作，相信会给大家带来丰厚的利润。

一、先大盘

我们可以借助很多股票软件中的多种技术指标

进行大盘分析。当趋势向上的时候我们就大胆买入那些股性活跃，筹码锁定较好的股票，进而获得超额收益。当趋势向下的时候，我们多选择观望，多看少动，控制仓位，以免被套无法自救。

二、再板块

了解板块知识是为了解决投资方向的问题。在最短的时间内实现获利最大化的关键前提就是踏准市场热点。为此，我们可以利用板块指数进行涨跌幅排序，从而找到近期市场中最强的板块。在所有的软件中都有一个板块强弱排名。譬如图 1-1 就是某一天运用通达信得到的板块涨幅排名。

	板块名称	均涨幅%|	权涨幅%	总成交	市场比%	换手率%	市盈(动)	领涨股票	涨股比
1	酿酒行业	4.20	3.83	63.31亿	0.31	1.71	27.84	伊力特	29/30
2	水利建设	3.14	1.34	20.44亿	0.10	2.22	18.34	国统股份	13/14
3	煤炭行业	2.96	2.31	76.84亿	0.38	0.86	14.42	兰花科创	35/35
4	其它类三	2.66	2.07	3.99亿	0.02	3.11	33.63	姚记扑克	9/10
5	巨潮农业	2.65	2.83	95.92亿	0.47	1.54	27.38	维维股份	47/50
6	贵州板块	2.59	1.67	23.04亿	0.11	1.60	25.86	信邦制药	19/21
7	次新股	2.43	1.51	160.64亿	0.79	6.90	28.64	姚记扑克	224/235
8	摩托车	2.39	1.83	2.75亿	0.01	1.40	46.21	林海股份	5/6
9	内蒙板块	2.22	1.55	48.83亿	0.24	1.30	23.06	东宝生物	19/21
10	青海板块	2.17	1.81	13.24亿	0.07	1.74	22.88	青青稞酒	9/10
11	新疆板块	2.16	1.74	35.77亿	0.18	1.61	29.88	伊力特	34/37
12	创业板指	2.11	2.08	57.55亿	0.28	3.79	41.23	劲胜股份	100/100
13	山西板块	2.10	1.40	48.29亿	0.24	0.78	17.75	兰花科创	30/32
14	宁夏板块	2.09	2.22	12.26亿	0.06	3.17	27.08	青龙管业	9/12
15	塑料制品	2.08	1.53	23.45亿	0.12	2.94	31.35	武汉塑料	25/29
16	自选股	2.06	2.05	60.92亿	0.30	2.94	35.19	N雪迪龙	37/38
17	稀缺资源	2.04	2.05	109.65亿	0.54	1.52	20.65	包钢稀土	40/43
18	建筑建材	2.02	0.85	89.36亿	0.44	1.70	13.62	N中交建	64/74
19	卫星导航	2.02	1.42	13.16亿	0.06	2.02	50.47	数字政通	19/20
20	稀土永磁	2.01	1.21	95.59亿	0.47	1.71	25.49	包钢稀土	22/24
21	巨潮大宗	1.98	0.70	229.76亿	1.13	0.36	14.40	六国化工	93/100
22	电子支付	1.95	1.68	22.93亿	0.11	2.38	40.47	星网锐捷	20/21
23	电子信息	1.86	1.10	140.08亿	0.69	1.59	48.81	方直科技	171/193
24	机械行业	1.85	1.44	107.33亿	0.53	1.62	19.37	昆明机床	150/166
25	医疗器械	1.84	1.52	8.52亿	0.04	2.55	41.76	宝莱特	16/18
26	船舶制造	1.84	1.41	19.59亿	0.10	1.67	18.13	中国船舶	8/8
27	物资外贸	1.81	1.87	25.00亿	0.12	1.77	15.35	物产中大	17/21

图 1-1　板块涨幅排名示例图

三、后个股

很多股民有这样的困惑，大盘指数不断创新低时，为何还有那么多的强势股远远跑赢大盘，还有那么多的个股创新高？原因很简单，就是市场热点有一个轮动，任何时候都会有强势股存在，因此在这里我们应牢记一个原则——在股市中生存，大家一定要永远记住"去弱留强"四个字。

四、决策买卖

股民能否挣到钱，并不在于股票本身，而在于买卖点的问题，股票再好，但如果不会买卖，那同样挣不到钱。大盘好、板块好、个股好、最后还要把握好买卖点。

第二章

搞定布局

在股市里面如何布局，如何寻求合适的机会尤其重要，本章我们就来讲讲在股市该如何布局。在讲解布局之前我们首先需要花一点时间来了解大盘和个股的关系。

第一节 投资者与投机者

总的来说，大盘和个股的关系是错综复杂的，不能简单地一概而论。要根据具体情况具体分析，所以这里面个人经验的权重很大。为了能把这件复杂的事情说出点眉目，可能把投资者和投机者这两个群体划分开来说更方便些。

首先我们先定义一下什么是投资者和投机者。

一般来说，投资者都比较注重基本分析，持仓时间相对较长，一般持仓时间以月计。他们注重价值，而淡化价格；而投机者一般来说比较注重技术分析，持仓时间相对较短，一般持仓时间以日计。他们注重价格，而淡化价值（最短的投机者是日内抢帽子的超级短线投机者，目前在国内只能在权证上可以这么操作。）

一、投资者

对投资者而言，他们需要有宏观基本分析和战略思维能力，能很好地把握政策和大的经济环境中的机会。通常股市走势要领先于实体经济，所以一般人把握股市总是比实际慢半拍，因为他们的所谓基本分析就是综合专家的话。基本分析不等于看报纸电视上的专家观点，专家一般也是要落后实际半步。只有少数真正的投资者才能看清实际情况，提前半步行动。过早过晚行动都是失误的表现。这种情况很常见，很多人能看懂后市，但由于过早行动，在后面的振荡洗盘及长期的牛皮市中的黎明前出局。这是非常可惜的。同时，投资绝对不是买了就不管不顾，坐等利润。真正的投资者是在列车启动前合适的时间段内上车。记住是时间段，绝对不是固定的某个点。股市投资本是很灵活的。

当大环境明朗，能基本判断出方向，也就是能基本判断出大盘后续走势，这时自己的持仓个股要和大盘后续走势保持一致。请注意是大盘的后续走势，而非当下大盘走势。也就是说，有时可能要领先于大盘行动，即短期的逆大盘行动。虽然投资者总原则是要在方向上个股和大盘保持一致，但局部还是要逆大盘的。特别是在建仓和清仓阶段。

投资者一般采取金字塔式建仓，倒金字塔式清仓。这是大资金稳健式操作。一般小资金没必要这么麻烦，干净利落地进出是对自己判断能力和后市的信任。建完仓和清完仓要休息，不要被后续局部行情而诱入其中，在2008年的行情中就有很多人吃过这种亏。做投资者就要有大将风度，有大局观，做大行情。

二、投机者

投机者适合感觉灵敏、精力充沛、资金有限、时间充裕的人。当然我们不可看低投机者，认为他们是为蝇头小利而奔波的人，相反很多操作很好的投机者是很聪明的。他们也有脚踏实地，一步一个脚印的人。他们懂得积少成多的魅力，不奢望一口吃个胖子。如果能做到这个层次那已经超过绝大多数股民。很多人总是以投机的心去投资，最终把投资做成了投机，其实就是操作失败的表现。当然把投机失误然后逃避做成了投资那也是失败。该投资就是投资，该投机就是投机，这在入场前一定要先想好，不能走一步看一步。目标不明确的操作会被行情短暂的大波动震蒙，最终容易做出不理智的动作。

投机者一般是不需要分析大盘走势的。重点是要精通个股分析。不管在什么行情中，不管是大牛市还是牛皮市甚至是大熊市都有大黑马狂奔。找大黑马重点在技术分析上，大家可以静下心来看看，历史上的大黑马有没有共同之处。有了独到的技术分析再加上对政策的把握，就能抓住黑马，这两种抓黑马的手法可分开使用，也可综合使用。抛开大盘做个股一般是对投机者而言的。

投资者和投机者都是市场上必不可少的群体，少了任何一个群体这个市场都是不健全的，所以没有高低好坏之分，有的只是具体到每个人根据自己的资金实力，个人性格和能力来找到适合自己的方法而已。适合自己的就是最好的。

第二节　大盘环境

　　我们通常所说的大盘环境其实就是市场环境，这通常由大盘指数来反映。大盘趋势上涨，市场环境宽松；大盘趋势下跌，市场环境严峻；大盘趋势横盘，市场环境冷热相间。因此在了解大盘环境之前，我们要先了解牛熊市的判断标准。

一、牛市

　　所谓牛市，就是在宏观经济面较好的推动下，市场整体行情看涨，买盘较多的市场情况。在这种市场现状下，由于大盘走势较为乐观，各种对市场的利好消息较为明朗。

牛市主要有以下特征：

（1）整个经济形势明显好转，政府公布的利好消息频传；

（2）小盘股先发动涨势，不断出现新的高价；

（3）机构投资者大量买入；

（4）股价不断以大幅上扬、小幅回挡再大幅上扬的方式波段推高；

（5）个股不断以板块轮涨的方式将指数节节推高；

（6）投资人追高的意愿强烈；

（7）新开户的人数不断增加，新资金源源不断涌入；

（8）不利股市的消息频传，但是股市只是稍作调整，然后再起升势；

（9）除息、除权的股票很快地就能填息或填权；

（10）移动平均线均呈多头排列，日、周、月、季线均向上发散。

牛市可以分为三个阶段。第一个阶段为低位盘整阶段。这一阶段的股价一般都较低，由于以前股价的下降。加上上市公司的财务状况也很一般，所以广大投资者对股票的买卖不感兴趣，股票交易比较冷清，股市处在低迷阶段。在此阶段，一些有远见的投资者觉察到虽然目前是处于不景气的阶段，但即将有所转变。因此，开始购进他们认为十分便宜和有上涨潜力的股票，同时，一部分持股者也看到股价上涨的苗头，惜股不卖，从而使成交量减少，一般只有正常成交量的20%左右。这样，股价开始复苏并缓慢地上涨。事实上，此时市场氛围通常是悲观的。大多数投资者非常憎恨股票市场以至于完全离开了股票市场。

第二个阶段为上升阶段。由于经济形势好转，前景逐渐明朗，企业景气的趋势上升和公司盈余的增加吸引了大众的注意，大家开始逐步买入股票，从而促进股票价格开始持续、稳定地上升，并导致成交量的增加。

第三个阶段为高涨阶段。在这一阶段，所有的消息都对股市极其有利，都被理解为利多消息。股民争先购买股票，股市的上涨，使投机盛行，而投机反过来又推波助澜地使股价扶摇直上，随着投机气氛的高涨，成交量持续地上升。这时的股票，不仅投资价值高的涨到了相当的高度，而且原来价格很低的冷门股，也由于投机的因素而身价倍增。这种情形的持续发展，酝酿着一场风暴，这场风暴将令股市进入熊市。

二、熊市

所谓熊市，是指行情看跌、股价低迷、指数下挫、卖盘较多的市场情况。

熊市主要有以下特征：

（1）宏观经济指标呈明显下降趋势，政府对资本市场采用紧缩政策，物价上涨迅速；

（2）机构投资者大量出货；

（3）有利好消息传出，股价不涨反跌；

（4）市场不利消息不断传出，行情呈兵败如山倒之势，股票纷纷跌停；

（5）人气涣散，投资者无买入欲望；

（6）除息除权的股票毫无表现；

（7）移动平均线均呈空头排列，日、周、月、季线均向下发散。

熊市也分为三个阶段。第一阶段为高档盘整阶段。它真正的形成是在前一个多头市场的最后一个阶段——市场普遍看好，人气沸腾，股民们疯狂抢进，这是熊市即将来临先兆。在这一阶段，有远见的投资人觉察到企业的盈余到达了不正常的高点，开始加快出货的步伐。此时成交量仍然很高，股价在较高的点位上盘整。但股价已出现滞涨，甚至有所下跌。在这一阶段的最后时期，市场的交易气氛已经开始冷却。

第二个阶段为恐慌阶段。股市下跌的迹象已越来越明显，多空双方的力量对比已发生了方向性的逆转，空方已占明显优势，股价开始急剧下跌。为了避免更大的损失，持股者竞相抛售股票，以致出现多杀多的现象。到了这一阶段的后期，由于股价下跌幅度过大、过快，持股者反而宁愿套牢，也不愿低价脱手，此时成交量的比例差距达到最大。在恐慌阶段结束以后，通常会有一段相当长的次级反弹或者横盘震荡。

接着，第三个阶段来临了。这一阶段为持续阶段。它是由那些缺乏信心者的卖出所构成的。进入这一阶段后，各种股票的价格都在争相下跌，但其程度不一。一般来说，绩优股下跌得比较平稳，但投资价值较低的投机股则跌得很惨。这个阶段，由于股价在继续下跌，购买者很少，兼之股价过低，持投者惜售，因而交易量不大，有的股票甚至出现在正常交易日里无成交记录的现象。当股价下跌到足够低的水平时，一些投资者又入市重新购买，从而使股价出现逆转，重新进入牛市。

在了解了牛熊市之后，我们不难发现，其实大盘的环境是非常重要的，它主要体现在以下几个方面。

（1）大盘环境的好坏可以调动市场投资者的情绪。直接决定了投资者对市场的参与程度，譬如2012年的上半年，7成以上的账户零交易，这就是大盘环境不好，市场弱造成的结果。

（2）大盘环境的好坏是机构投资者的风向标：大盘指数在阶段性低位，机构投资者配置品种建仓；大盘指数在阶段性高位，机构投资者择机获利高抛。

（3）大盘指数对个股价格趋势具备强烈的牵制力。大盘指数下跌，个股均会普跌；大盘指数上涨，个股均会普涨。

第三节　大盘环境和个股的关系

在了解了牛熊市的判定和大盘环境的重要性之后，我们重点来研究大盘环境和个股的关系。

第一种关系：大盘环境处于宽松阶段，个股上涨的概率较大（见图 2-1）。

对于投资者来说，一个宽松的市场意味着很多机会的来临。

大盘环境宽松的市场含义主要表现在以下几点：

（1）投资机会来临；

（2）投资者信心得到较好恢复；

（3）市场资金的流动性增强，开始有场外资金进场；

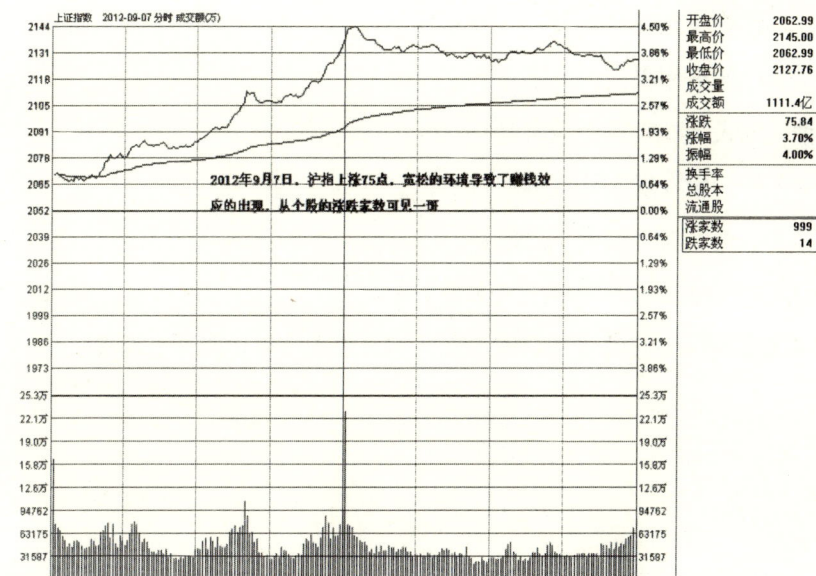

图 2-1　大盘环境宽松时，个股上涨概率大

（4）机构投资者顺势而为，看多做多；

（5）上市公司融资环境得到逐步改善；

（6）管理层"守护"的融资功能与秩序逐步恢复。

第二种关系：大盘环境处于跌势，个股下跌概率大（见图 2-2）。

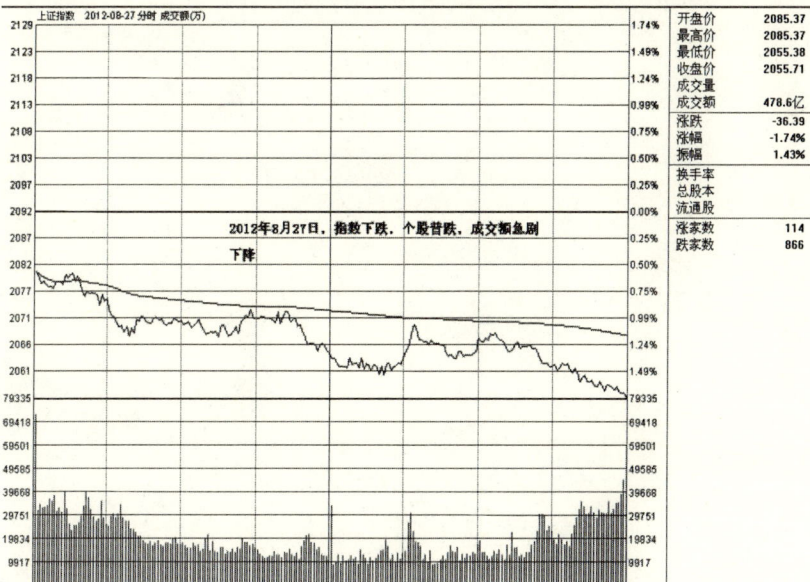

图 2-2　大盘环境处于跌势时，个股下跌概率大

大盘环境处于跌势的含义：大盘整体下行，个股价格趋势向下。此时，个股出现崩盘式下跌的概率极大。

这种现象表现在市场上通常是：

（1）机构投资者不计成本地减仓；

（2）宏观政策抑制市场过热；

（3）上市公司盈利预期出现明显下降；

（4）市场资金的流动性减弱，更多的投资者选择了观望的态度。

第四节　逆势股

　　所谓的逆势股一般指的是大盘上涨时却下跌或横盘的个股，大盘下跌时却强势上涨的个股，比如2012年8月份启动的页岩气概念股就属于很强势的逆势股，再如2011年11月份启动的教育传媒概念股，多数也是属于逆势股。再如2014年3月份启动的河北概念股，都是逆势股。在市场里面，我们每天都希望能找到上涨的股票，尤其是在弱势行情，因此在本节我们就来研究一下逆势股。

一、逆势股的特点

通过对不同时期的逆势股做分析和比较之后，笔者总结出了逆势股的几个特点。

（1）这些个股大部分属于中小市值个股，往往几千万、一两亿的流通盘，便于主力控盘。

（2）大部分是成长型股票，例如曾经逆势的德赛电池（000049）、大华股份（002236），2014年四月份启动的大富科技（300134）等。虽然其中有靠想象力的个股，业绩可能不明确。但是成长性和想象力是股价飞上天的重要因素。

（3）属于新兴产业，受到国家政策扶持。

（4）都属于基金重仓股。

（5）具备朦胧利好或者具备重组预期。

二、选择逆势股的思路

我先强调基本思路的重要性，逆势选股最重要的一点：必须选择比大盘强的股！大盘跌它涨，即使不涨也要比大盘跌的少。反之，决不选比大盘跌得多的股票，一只股票在大盘跌时比大盘跌的还多，那么即使后市反弹也很可能落后于大盘，买这样的股会很痛苦。

第二点是速率，即大盘下跌时，跌的一样多的股票中选择跌得慢的。比如同样是选择跌停股作为建仓品种，通常我们作为买进的目标的品种，最后跌停的应是首选。

第三点是选择上涨趋势保持完好的股票，这种完好首先体现在均线上，中短期均线应保持流畅的上攻形态，没有向下拐头或者死叉情况出现。再有就是选择个股上涨时形成的上升通道和上升趋势线不破的。

最后说一下成交量，如果以上的因素都考虑了，假设个股的跌幅和速率都一样，而且阶段走势也都保持原有的上涨趋势，那么应选择成交量小的。这个成交量不是相对的成交量，而是指换手率，要将流通股本的差异排除。另外，考虑成交量要考虑比量的因素，也就是个股下跌时是否比过去放量，放量幅度小的要好于放量幅度大的。

逆势股实例：山东墨龙（002490），如图2-3所示；德赛电池（000049），如

图2-4所示；大富科技（300134），如图2-5所示；恒天天鹅（000687），如图2-6所示。

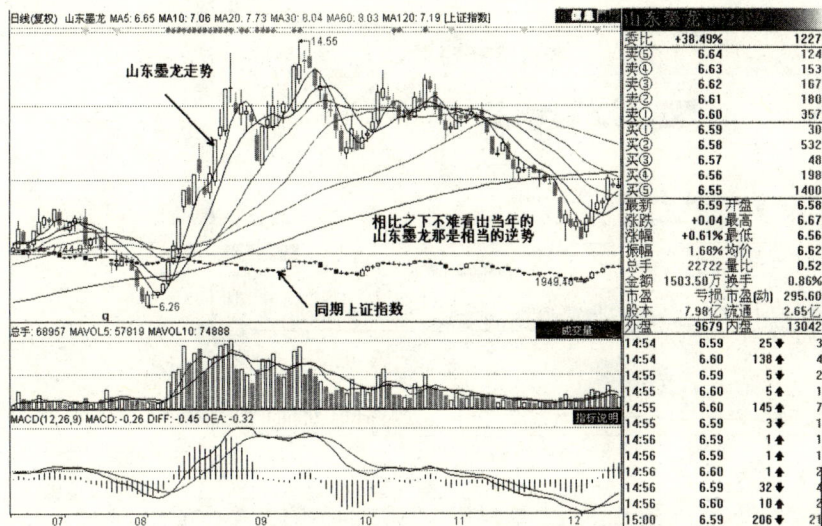

图 2-3　山东墨龙（002490）的逆势行情

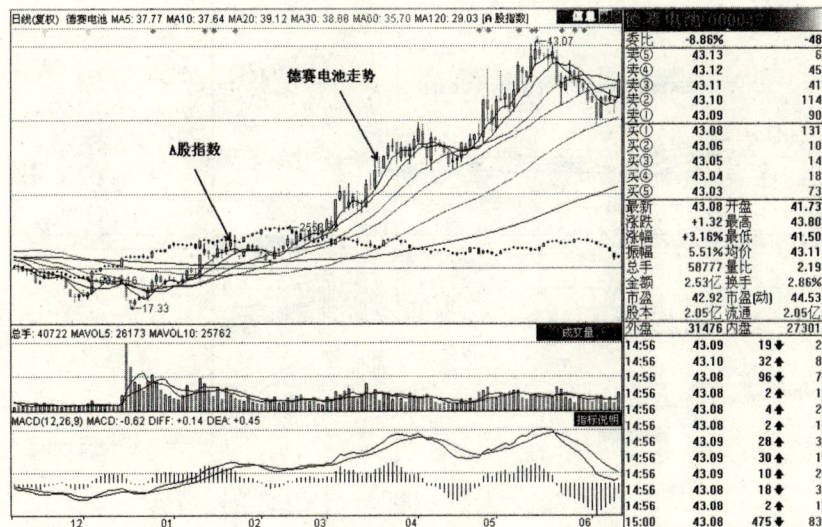

图 2-4　德赛电池（000049）的逆势行情

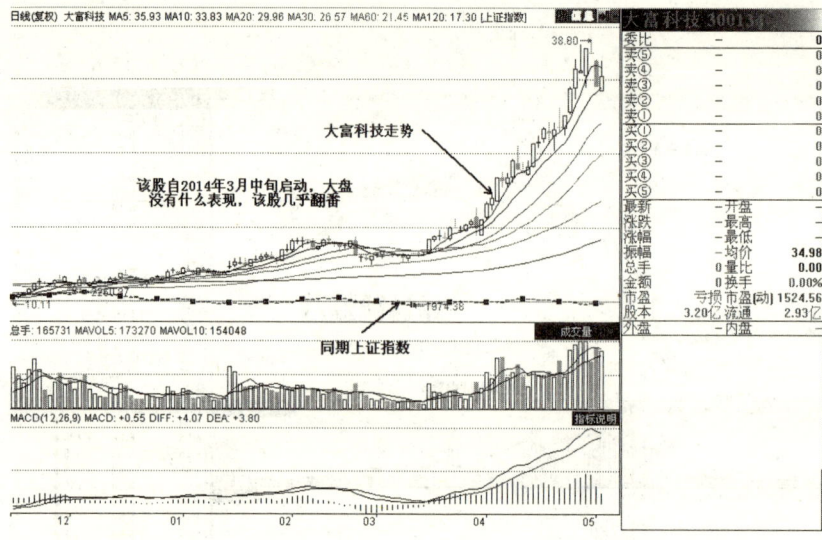

图 2-5　大富科技（300134）的逆势行情

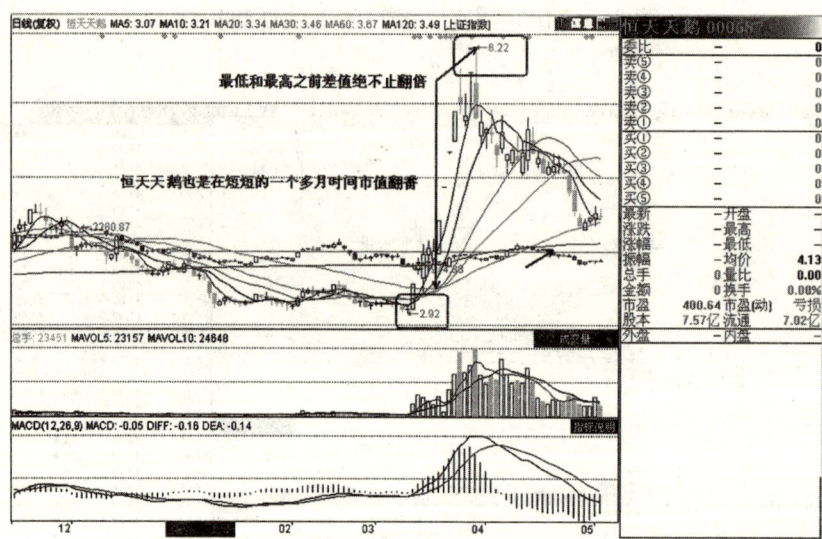

图 2-6　恒天天鹅（000687）的逆势行情

第五节　机构布局

股票市场充满了机会，又到处是凶险。一不留神可能就万劫不复，即使是实力雄厚的投资机构，在其中觅食也不是件容易的事情。想要做到"手把红旗旗不湿"，就需要弄潮儿般傲立潮头的矫健身手。机构的市场运作策略也由此成为各家的不传之密。不过，通过细心研究和归纳，我们还是能够发现其中的一些奥秘所在。归纳起来，他们的布局在资金运作、板块选择上都有不同的特征。

一、六大资金运作模式

资金管理模式是机构二级市场运作策略的核

心。根据自身资金规模和性质的不同，各类机构的资金管理模式也有很大的差异。市场中常见的机构运作策略可以用六种作战方式来比喻：单打独斗型、化整为零型、根据地持久战型、联手坐庄型、合纵联盟型和兵团作战型。

1. 单打独斗型

单打独斗型以券商和一些私募基金为代表。小机构能够集合的资金比较有限，因此，在市场运作中，它们往往采用精心选股、加强与上市公司的合作的方式，重点对一只股票进行独立运作。由于受到资金量的限制，它们对股票的流通市值大小非常在意，太大了运作不起，太小了又容易吃进去吐不出，因此，个股盘子必须与其资金规模相匹配，有时，一些私募基金干脆按照个股需求来募集资金。在股市也不乏很多机构独门重仓股在市场出现一枝独秀的情况，景顺长城基金公司旗下景顺长城两只基金在 2011 年第三季度合计介入乐视网 657 万股，景顺长城为乐视网第一大机构投资者，乐视网 2011 年下半年以来股价涨势可以说相当喜人，如图 2-7 所示。

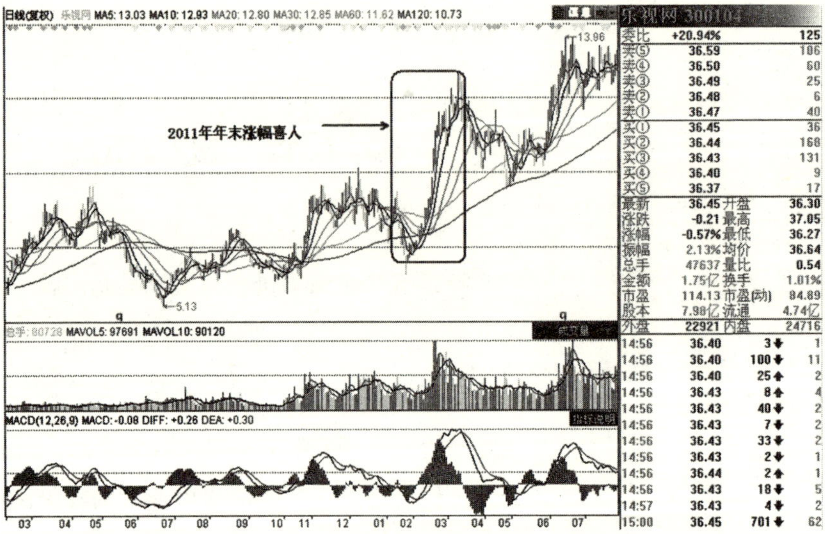

图 2-7　乐视网（300104）自 2011 年下半年以来涨势喜人

2. 化整为零型

这是一种传统的资金管理办法，尤其是在股市发展的初期，拥有海量资金的大机构寥寥无几，但小机构却多如牛毛，因此，市场中曾经有过"千股千庄"的说法。但随着股市的发展，尤其是经历了二十多年的历程后，这种做法已经显得原始而落后，因为集中运作一只股票，很容易陷入流动性困境，更不用说有因为操纵市场而面临的政策风险了。因此，"化整为零游击战"的办法开始被一些机构所采用，尤其是资金量比较大的机构。为了追求投资的灵活性，它们将大资金分拆为许多小股资金，采用组合投资的办法，进行散户式的跟庄。基金的投资策略就是其中的典型，据统计，基金持股数增加量在 50 只以上，持股总数在 100 只以上的不在少数，更有个别基金持股总数达到了 200 只左右。对于这种操作策略，化整为零之后，机构在保持投资流动性方面的确有所增强，但这也同时丧失了机构资金量大的优势，很难规避市场的系统风险，要想取得超越市场平均水准的表现比较困难。

3. 根据地持久战型

股价曾经冲上百元的采取的就是这种办法。庄家通过控制上市公司，利用上市公司不断进行融资和股票抵押融资，将其作为资金运作的根据地，再将资金投入市场炒作自己的股票，运作时间一般很长。这种模式实际上是一种体系内的资金自我循环，需要不断制造该上市公司重组、除权、概念等题材，以长时间维持高股价。但资金链条一旦断裂，这种模式的风险就会极大地释放，往往会造成崩盘的恶果。据 2013 年 6 月份市场上的一份统计报表看，被机构连续加仓的个股中，很多个股都能够获得翻倍的机会。如图 2-8 所示。

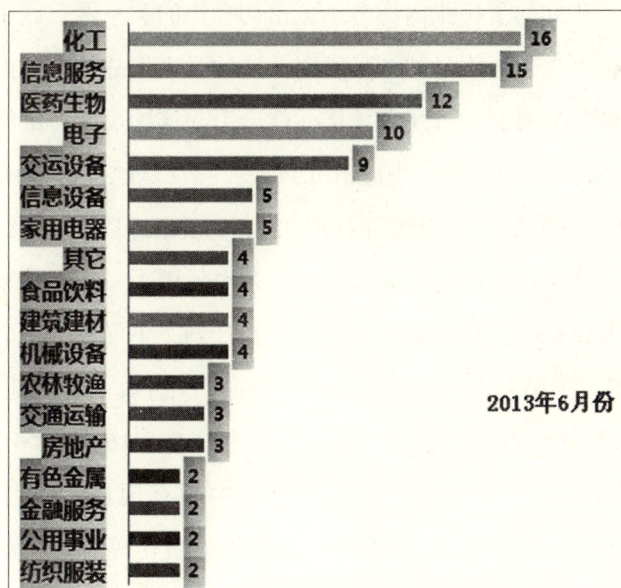

图 2-8　五大机构连续三季加仓个股行业分布

五大机构连续三季加仓个股中，有 9 只个个股 2013 年半年涨幅已经成功翻倍，给机构带来不错的收益。其中江山股份（600389）年内涨幅超 150%，富瑞特装（300228）涨幅超 140%，香雪制药（300147）、深天马 A（000050）、乐视网（300104）、华策影视（300133）等个股年内涨幅均成功翻倍，如图 2-9 所示。另有近 20 只个股涨幅在 50% 以上。

代码	简称	2013年一季度持股占流通股比例(%)	今年以来涨跌幅(%)	市盈率	近三季机构持股数量(万股)			所属申万行业
					2013年一季度	2012年四季度	2012年三季度	
600389	江山股份	12.42	150.69	76.94	2459.64	906.803	360.796	化工
300228	富瑞特装	27.36	145.87	78.92	1988.45	1503.06	816.183	机械(宣置 专区)设备
300147	香雪制药	21.59	123.88	67.72	3969.77	1660.99	1076.01	医药生物
000050	深天马A	6.81	123.51	160.89	3907.62	3711.23	3820.6	电子
300104	乐视网	14.04	119.16	80.39	2276.18	2172.48	1791.68	信息服务
300133	华策影视	29.02	118.75	62.81	4278.31	3680.21	3096.2	信息服务

图 2-9　近三季五大机构连续增仓个股涨跌幅排序截图（2013 年 6 月）

4. 联手坐庄型

另一种臭名昭著的庄股的模式则可以用"联手坐庄"来形容。庄家利用与其他机构的密切联系，建立起了一张内部分工、密切合作的关系网，联手实现对公司的隐蔽控制。不过，不少公司崩盘的结果说明，这种联手作战的方式由于相互之间的利益难以很好协调，只要有一方违背承诺，就会引起连锁反应，最终导致分手甚至决裂。比如说 2013 年典型的联合坐庄的几只股：三江购物（601116，见图 2-10）、泰亚股份（002517，见图 2-11）、百圆裤业（002640，见图 2-12）。查阅公司报表可见，截至 2013 年 9 月 30 日百圆裤业十大流通股股东中新增了一位私募基金，即中融国际信托 – 华鼎兴业结构化证券投资集合资金信托计划（下简称"华鼎兴业"），持股数量为 63.28 万股，为第九大流通股股东，也是唯一一家非自然人流通股股东。

华鼎兴业受到市场关注，是因为在三江购物（601116）、泰亚股份（002517）和四海股份（000611，见图 2-13）这三家公司中均有现身，分别持有上述公司 81.35 万股、102.86 万股以及 328.99 万股。而除四海股份停牌外，泰亚股份和三江购物 2013 年年末股价走势与百圆裤业雷同。如泰亚股份，2013 年 12 月 2 日、3 日同样出现跌停，12 月 4 日跌幅也接近 7%；三江购物也于 12 月 2 日后股价出现大幅震动。查阅股东信息表可知，华鼎兴业均是在三季度新进入上述四只股票。

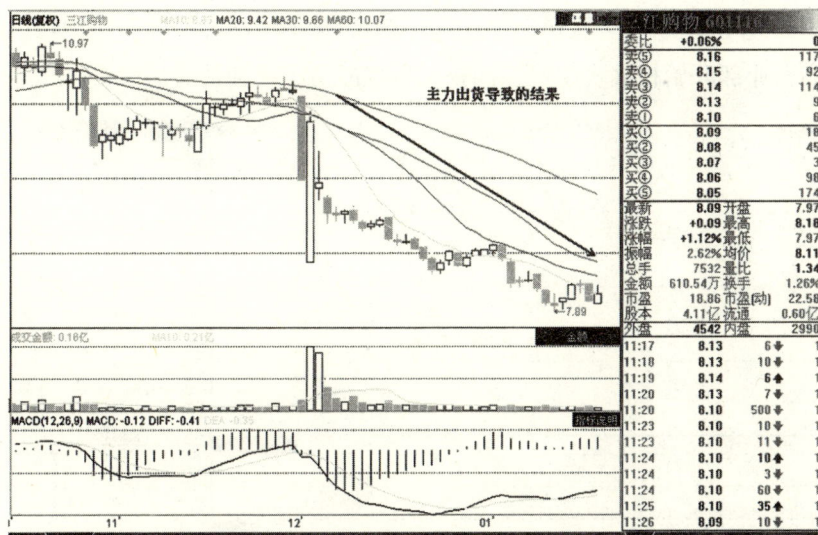

图 2-10 三江购物（601116）跌幅不小

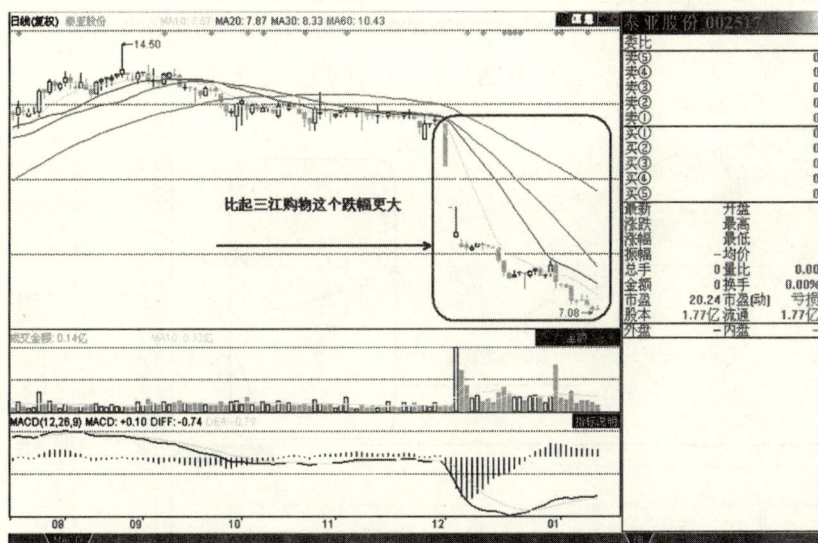

图 2-11 泰亚股份（002517）跌幅更大

　　由于华鼎兴业涉足的四家公司股价走势颇为相似，华鼎兴业被不少投资者质疑，认为其是这几只股票的庄家。而这四只股票还有一个共同特点：筹码集中。截至三季度末，百元裤业的股东数仅为 2232 户，较二季度末下降超过 50%，为两市最低。据初步统计，百圆裤业 2013 年三季度人均持股数为 1.49 万股，较二季度末增长逾

110%，筹码集中度已经多个季度连续上升。同样，泰亚股份、三江购物 2013 年三季度末股东数也较二季度大幅下降。龙虎榜数据也显示，2013 年 12 月 3 日开始，各大券商营业部开始相继卖出三江购物、泰亚股份、百圆裤业的股票。

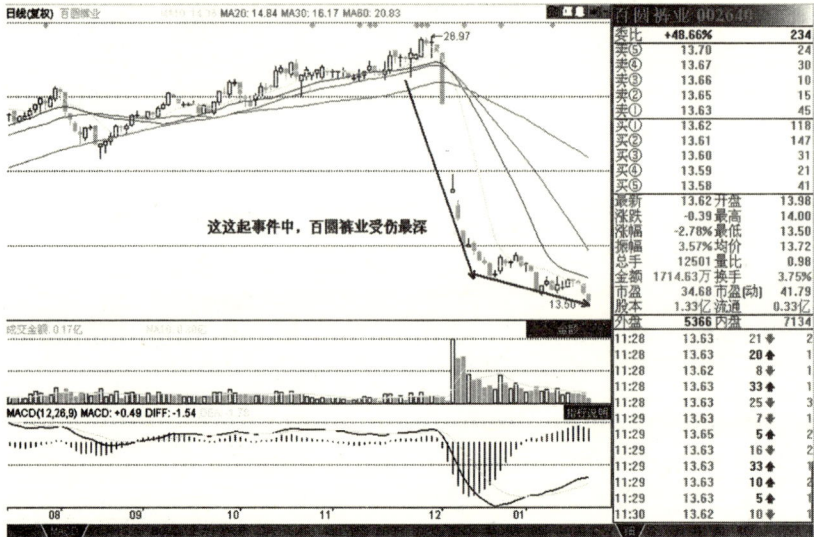

图 2-12　百圆裤业（002640）受伤最深

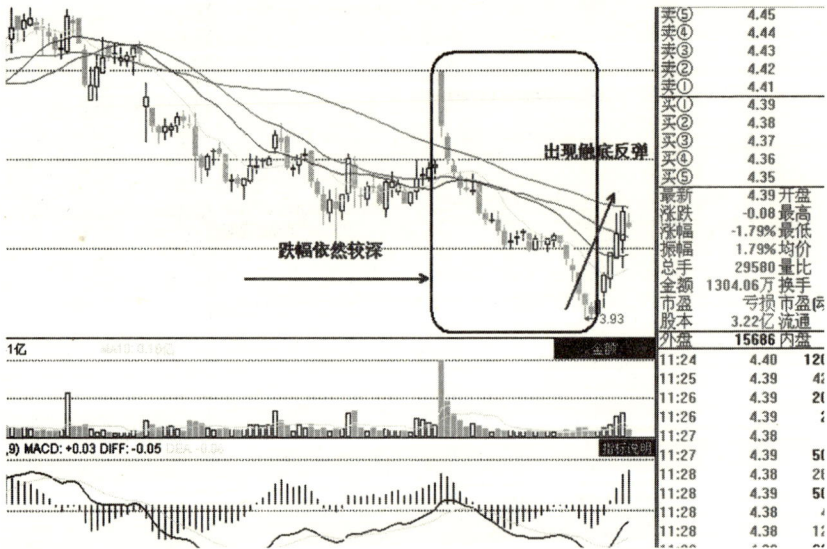

图 2-13　四海股份（000611）跌幅不小

5. 合纵联盟型

现在的一些机构吸取了上例的教训，对联手战的模式进行了改良。改良的办法是减少合谋的机构数量，以两家或三家互相之间有着深厚渊源的机构为核心来进行市场运作，这样可以减少内部争斗。例如，某券商与其旗下的资产管理公司经常同时出现在同一只股票的大股东名单中，联手作战的可能非常大。在联手战的基础上，最近还发展出了"多家合纵联盟战"。数家规模最大的证券公司高层人士共聚一堂。一个共识就是，在市场出现困境的时候，各家主力机构应该组成一个松散联盟，在一定时期内共同进退。当然，这种联盟往往只是在做多或者做空的操作方向上短暂维持一致，长时间维持的可能不大。事实上，由于各家机构的情况各有不同，松散联盟具有多大的约束力还很难说。但是，由于这些机构是市场中的主力，实力不可小觑，因此，这种松散型的口头承诺有时也会对市场产生很大的影响。

例如新朋股份（002328）2011年年报显示就是处于这样的状况，如图2-14所示。

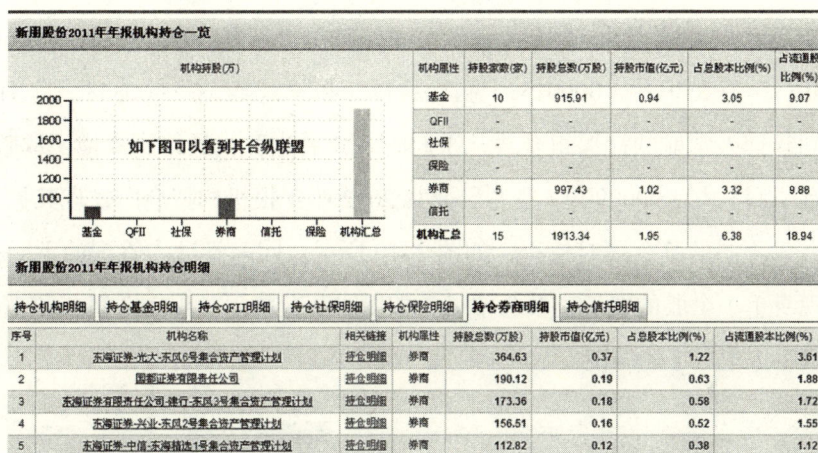

图 2-14 新朋股份（002328）2011 年年报机构持仓情况

再如朗姿股份（002612）2011年年报显示合纵连横的情况更为明显，如图2-15所示。

6. 兵团作战型

最后一种"集中兵力，兵团作战"的模式应该说是二市场资金管理模式的高级形式。所谓兵团作战，意味着资金量达到了一个相当的数量级，至少应该在百亿以上；在作战方式上，兵团要进行严密部署，精心选择行业、地域、板块、个股、题材、时机等，统一规划，集体行动。这种作战方式往往能够形成强烈的板块效应，对市场具有很大的号召力。

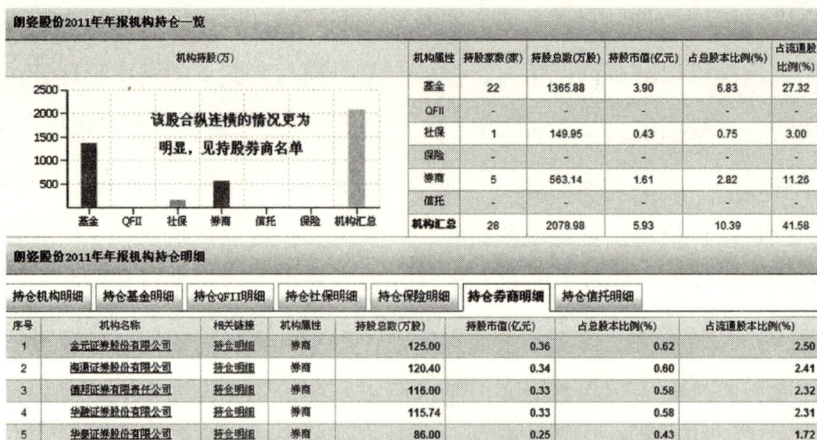

图 2-15　朗姿股份（002612）2011 年年报机构持仓情况

笔者研究 2013 年年报时找出一些兵团作战的个股例子：天齐锂业（002466，见图 2-16）、山大华特（000915，见图 2-17）和承德露露（000848，见图 2-18）均系不同管理人掌舵的社保组合或几乎同时或先后进驻，最终形成抱团取暖之势，另外还有华润三九（000999），笔者研究其 2012 年年报机构持仓时发现其被嘉实基金旗下九只不同的基金同时持有，如图 2-19 所示。同一管理人管理的不同社保组合同时现身单一个股的情形也较为常见，如博时基金旗下社保 102 组合和 108 组合携手投资小天鹅 A（000418），如图 2-20 所示。

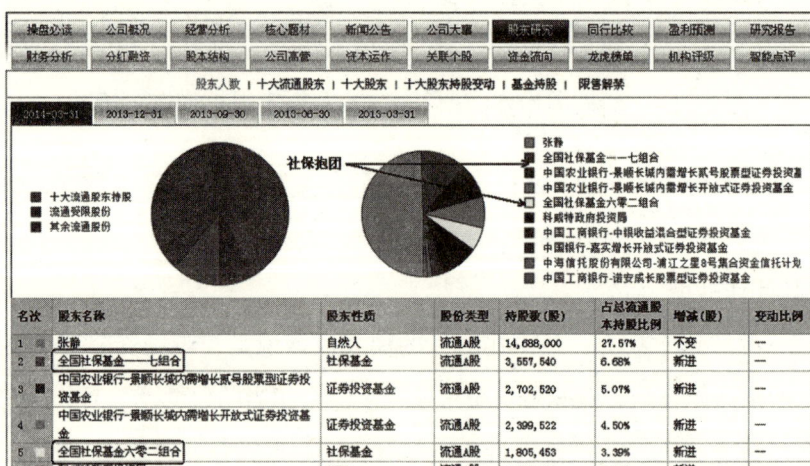

图 2-16　天齐锂业（002466）的股东研究

操盘必读 | 公司概况 | 经营分析 | 核心题材 | 新闻公告 | 公司大事 | **股东研究** | 同行比较 | 盈利预测 | 研究报告
财务分析 | 分红融资 | 股本结构 | 公司高管 | 资本运作 | 关联个股 | 资金流向 | 龙虎榜单 | 机构评级 | 智能点评

股东人数 | 十大流通股东 | 十大股东 | 十大股东持股变动 | 基金持股 | 限售解禁

名次	股东名称	股东性质	股份类型	持股数(股)	占总流通股本持股比例	增减(股)	变动比例
1	山东山大产业集团有限公司	其他机构	流通A股	40,177,450	22.41%	不变	--
2	中国农业银行-鹏华动力增长混合型证券投资基金	证券投资基金	流通A股	7,810,034	4.36%	不变	--
3	中国民生银行股份有限公司-东方精选混合型开放式证券投资基金	证券投资基金	流通A股	7,184,389	4.01%	899,908	14.32%
4	中国工商银行-汇添富价值精选股票型证券投资基金	证券投资基金	流通A股	7,000,000	3.90%	-599,955	-7.89%
5	中国工商银行-汇添富均衡增长股票型证券投资基金	证券投资基金	流通A股	6,601,516	3.68%	-127,798	-1.90%
6	兴业银行股份有限公司-兴全全球视野股票型证券投资基金	证券投资基金	流通A股	6,361,033	3.55%	95,000	1.52%
7	全国社保基金一一零七组合	社保基金	流通A股	5,329,734	2.97%	不变	--
8	中国建设银行-华夏红利混合型开放式证券投资基金	证券投资基金	流通A股	5,192,978	2.90%	-1,240,031	-19.28%
9	全国社保基金六零四组合	社保基金	流通A股	4,826,589	2.69%	不变	--
10	全国社保基金四一六组合	社保基金	流通A股	4,764,077	2.66%	新进	--
	合计	--	--	95,247,800	53.12%	--	--

社保也抱团

图 2-17 山大华特(000915)的股东研究

操盘必读 | 公司概况 | 经营分析 | 核心题材 | 新闻公告 | 公司大事 | **股东研究** | 同行比较 | 盈利预测 | 研究报告
财务分析 | 分红融资 | 股本结构 | 公司高管 | 资本运作 | 关联个股 | 资金流向 | 龙虎榜单 | 机构评级 | 智能点评

股东人数 | 十大流通股东 | 十大股东 | 十大股东持股变动 | 基金持股 | 限售解禁

■ 十大流通股东持股
■ 流通受限股份
■ 其余流通股份

■ 万向三农集团有限公司
■ 全国社保基金一一八组合
■ 全国社保基金一零四组合
■ 全国社保基金一零九组合
□ 中国农业银行-鹏华动力增长混合型证券投资基金
■ 中国农业银行-长城安心回报混合型证券投资基金
■ 中国农业银行-大成创新成长混合型证券投资基金(LOF)
■ 全国社保基金一零八组合
■ 中国工商银行-广发聚丰股票型证券投资基金
■ 网益证券投资基金

该股更是出现四家社保集团作战的情景,实属罕见

名次	股东名称	股东性质	股份类型	持股数(股)	占总流通股本持股比例	增减(股)	变动比例
1	万向三农集团有限公司	其他机构	流通A股	163,331,232	40.70%	-7,500,000	-4.39%
2	全国社保基金一一八组合	社保基金	流通A股	10,564,034	2.63%	新进	--
3	全国社保基金一零四组合	社保基金	流通A股	10,268,828	2.56%	不变	--
4	全国社保基金一零九组合	社保基金	流通A股	9,550,000	2.38%	不变	--
5	中国农业银行-鹏华动力增长混合型证券投资基金	证券投资基金	流通A股	9,049,874	2.26%	不变	--
6	中国农业银行-长城安心回报混合型证券投资基金	证券投资基金	流通A股	9,000,511	2.24%	2,499,906	38.46%
7	中国农业银行-大成创新成长混合型证券投资基金(LOF)	证券投资基金	流通A股	7,012,774	1.75%	新进	--
8	全国社保基金一零八组合	社保基金	流通A股	6,999,481	1.74%	1,499,830	27.27%

图 2-18 承德露露(000848)的股东研究

华润三九2012年年报机构持仓明细   前十六家基金就有五家是嘉实基金

持仓机构明细 | **持仓基金明细** | 持仓QFII明细 | 持仓社保明细 | 持仓保险明细 | 持仓券商明细 | 持仓信托明细

序号	机构名称	相关链接	机构属性	基金公司	持股总数(万股)	持股市值(亿元)	占总股本比例(%)	占流通股本比例(%)	占净值比例(%)
1	易基成长	持仓明细 行情	基金	易方达	1936.56	4.59	1.98	5.45	2.78
2	嘉实稳健	持仓明细 行情	基金	嘉实基金	1770.26	4.20	1.81	4.98	4.44
3	景顺蓝筹	持仓明细 行情	基金	景顺长城	1407.55	3.34	1.44	3.96	4.14
4	光大优势	持仓明细 行情	基金	光大保德信	1353.08	3.21	1.38	3.81	3.72
5	长城回报	持仓明细 行情	基金	长城基金	950.00	2.25	0.97	2.67	3.07
6	银华88	持仓明细 行情	基金	银华基金	794.95	1.88	0.81	2.24	2.62
7	嘉实服务	持仓明细 行情	基金	嘉实基金	519.44	1.23	0.53	1.46	1.89
8	大摩资源	持仓明细 行情	基金	摩根士丹利	460.91	1.09	0.47	1.30	3.38
9	华夏大盘	持仓明细 行情	基金	华夏基金	419.98	1.00	0.43	1.18	4.00
10	宝康消费	持仓明细 行情	基金	华宝兴业	419.52	0.99	0.43	1.18	4.72
11	嘉实优质	持仓明细 行情	基金	嘉实基金	386.26	0.92	0.39	1.09	1.05
12	鑫富医药	持仓明细 行情	基金	汇添富	384.29	0.91	0.39	1.08	3.53
13	信达领先	持仓明细 行情	基金	信达澳银	366.56	0.87	0.37	1.03	2.01
14	嘉实增长	持仓明细 行情	基金	嘉实基金	365.34	0.87	0.37	1.03	2.09
15	嘉实价值	持仓明细 行情	基金	嘉实基金	340.09	0.81	0.35	0.96	2.67
16	光大红利	持仓明细 行情	基金	光大保德信	332.61	0.79	0.34	0.94	3.09

图 2-19 华润三九(000999)的前十六家基金中有五家是嘉实基金

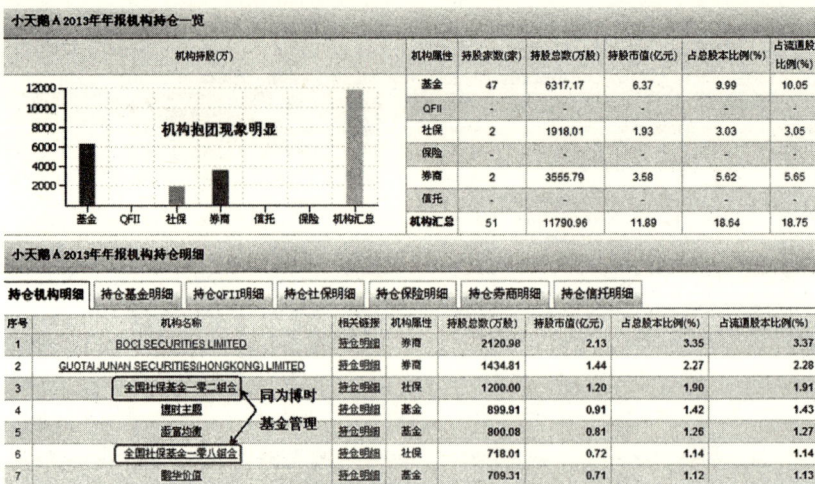

图 2-20　小天鹅 A（000418）2013 年年报机构持仓情况

再如达刚路机（300103）2011 年年报的机构持股情况更是彰显了抱团作战的威力，如图 2-21 所示。

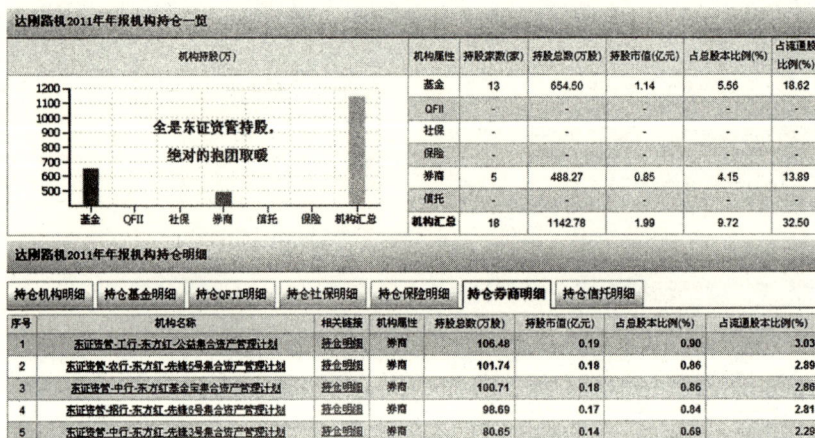

图 2-21　达刚路机（300103）2011 年年报机构持仓情况

二、基金选股思路

资金管理模式上，各类机构表现出了很大的不同；而在选股思路上，这种差异则更为突出。

各家机构在甄选股票时，思路必然要与其资金规模相匹配。由于资金量相距悬殊，导致了选股思路的千差万别。下面就是七种比较具有典型意义的选股思路。

1. 板块选股

通常情况下有一种选择方式是先寻找一个合适的板块，然后再从板块中寻找龙头股，譬如2011年底文化传媒板块启动时的龙头股天舟文化（300148，见图2-22）、再例如2014年3月份启动的河北板块中的唐山港（601000，见图2-23）、廊坊发展（600149，见图2-24）等。机构在选取这类个股时，往往是从行业面、市场面进行从上而下的考察，并且力争选出这个板块的龙头或者是某一板块的代表。

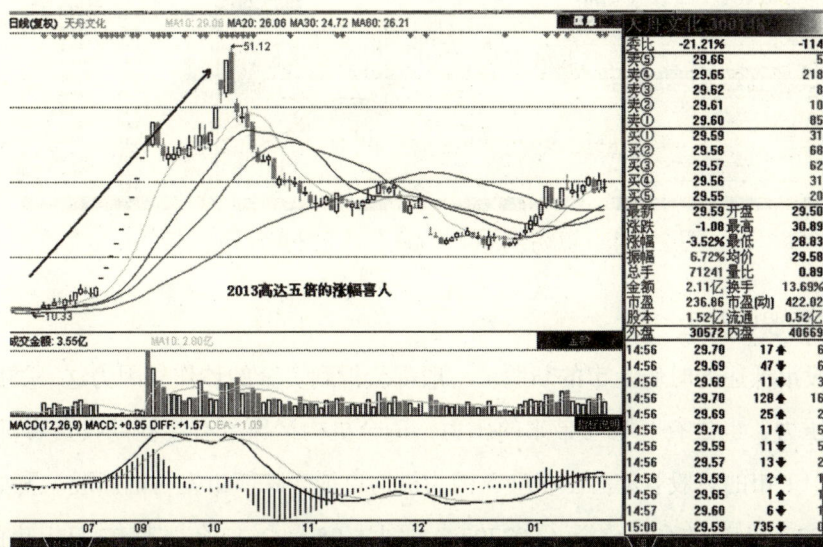

图2-22 天舟文化（300148）2013年涨势喜人

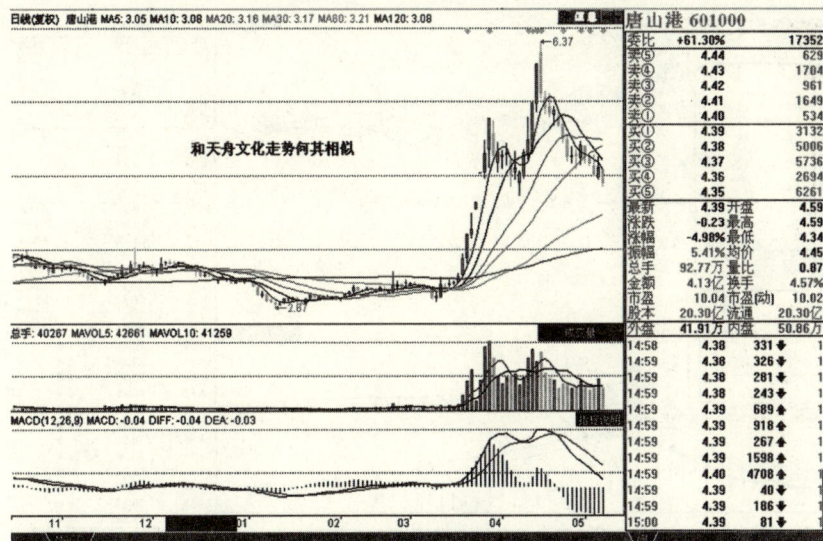

图2-23 唐山港（601000）2014年涨幅不小

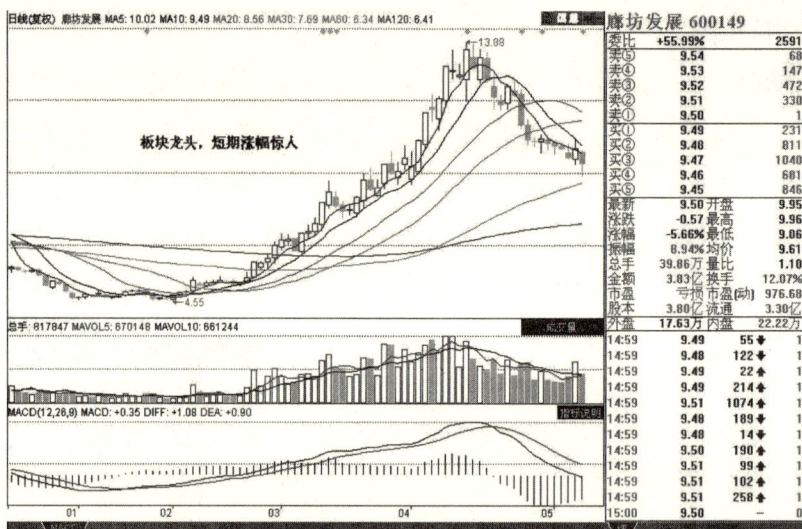

图 2-24　廊坊发展（600149）2014 年涨幅惊人

2. 新股中掘金

在股市低迷的时候上市的新股，一般都会得到资金的炒作，因为这一类股没有抛盘的压力，也没有套牢盘带来的压力，适合机构运作。有经验的投资者都知道，在熊市中上市的新股容易酝酿机会，因为机构更加青睐熊市发行的新股。譬如 2014 年 1 月 23 日上市的众信旅游（002707，见图 2-25）、2014 年 1 月 27 日上市的易事特（300376，见图 2-26）等上市之后都遭遇到了机构资金的强势做多。

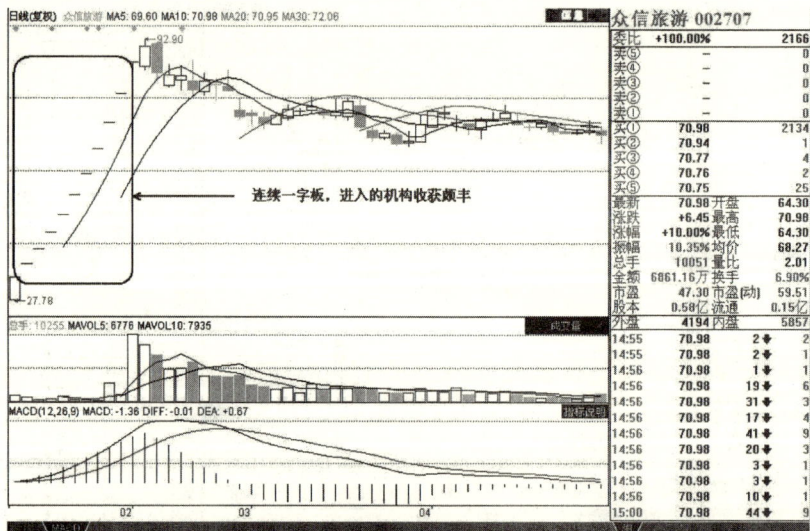

图 2-25　众信旅游（002707）的连续涨停

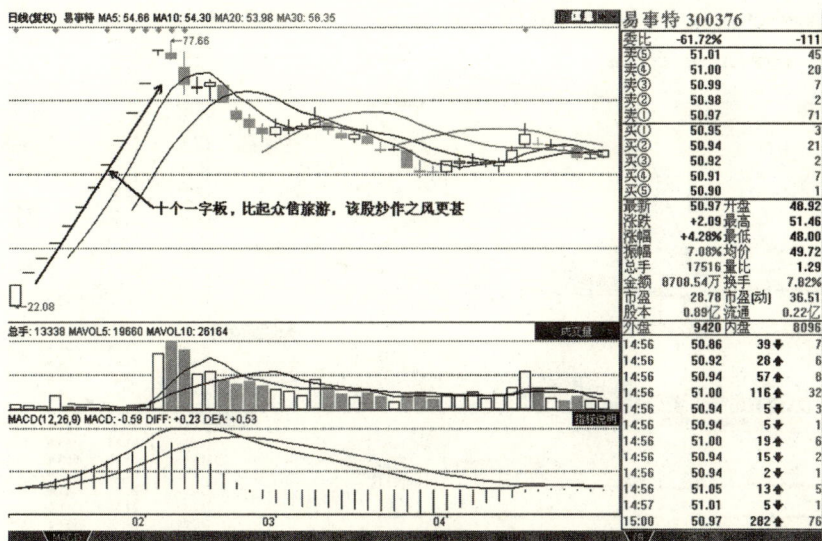

图 2-26 易事特（300376）的连续涨停

3. 新兴产业板块

自从"十二五"规划提出七大新兴产业以来，新兴产业板块成了资金布局的一个大方向。这两年来这一类板块中龙头股更是层出不穷，例如手游概念的中青宝（300052，见图 2-27）这两年股价涨了十倍，医疗器械板块的九安医疗（002432，见图 2-28）自进入 2014 年到 2 月 25 日不足两个月的时间，股价涨幅高达 150%。

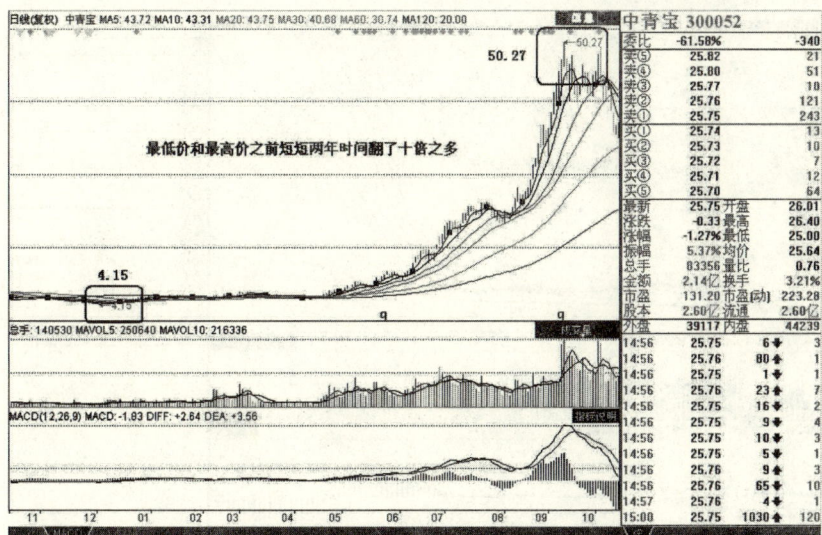

图 2-27 中青宝（300052）两年内股价涨了十倍多

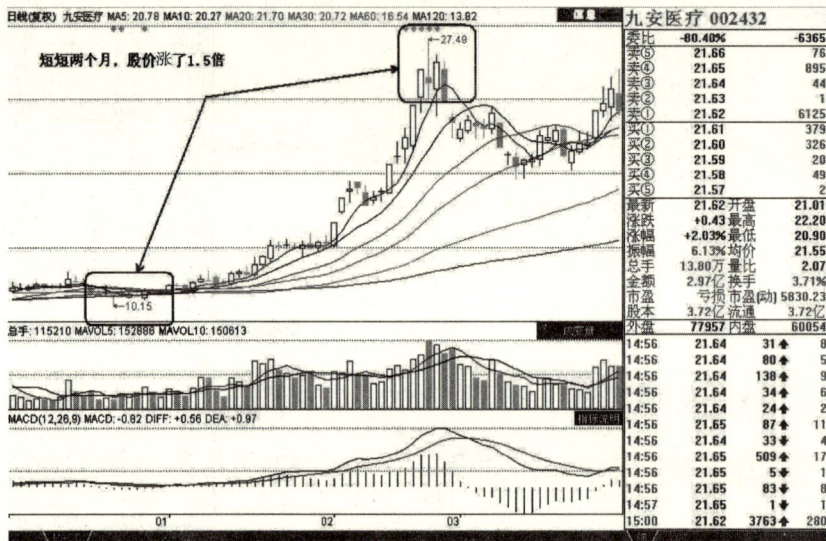

图 2-28 九安医疗（002432）两个月内股价涨了 1.5 倍

4. 重组概念

类似的例子很多，虽然分布在不同的行业，但都具有一个共同的特征：具有实质性并购重组题材。因为能给公司基本面带来巨大变化，这构成了机构运作的一个重要理由。往往这一类股一旦重组成功，其股价也必将一飞冲天，例如海隆软件（002195，见图 2-29）、科冕木业（002354，见图 2-30）等。

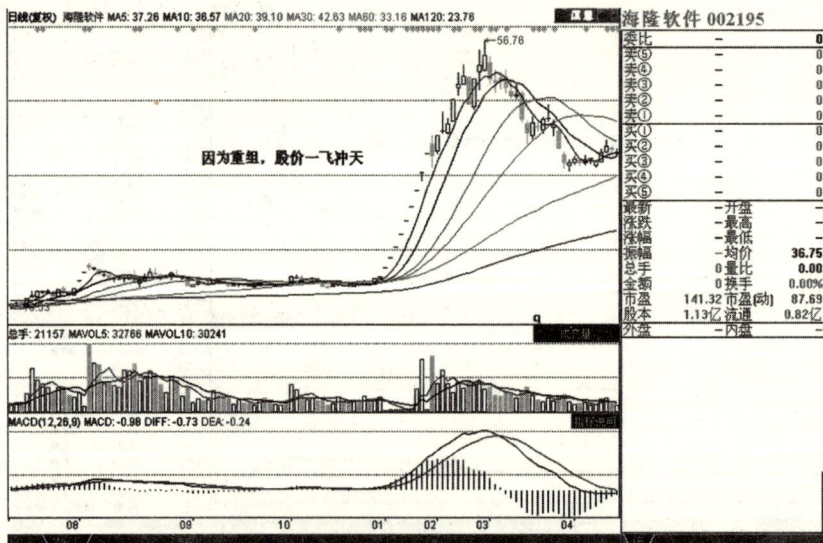

图 2-29 海隆软件（002195）股价因重组飞涨

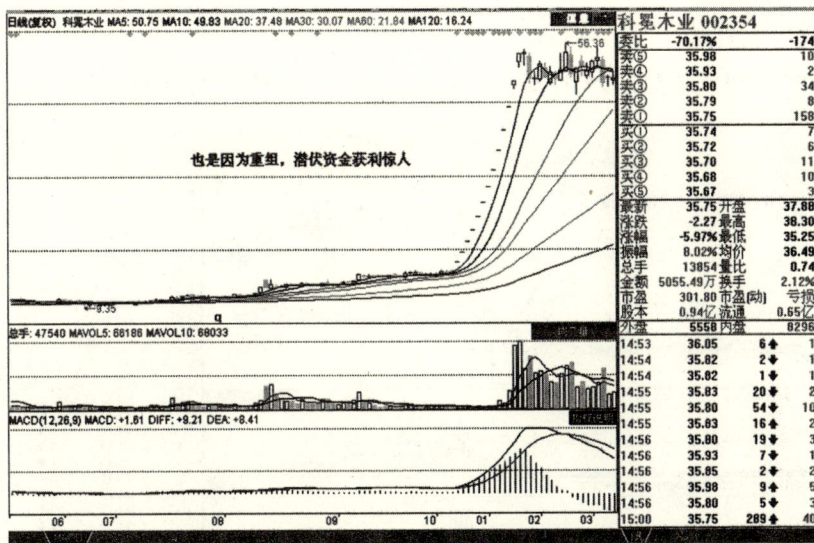

图 2-30　科冕木业（002354）股价因重组飞涨

5. 高送转里找牛股

对小盘高送配题材的利用。含权、高送配一直是市场欢迎的题材，机构就利用市场的这种思维，对小盘、有高送配方案的股票强势运作，往往能够取得不错的战绩。例如自 2013 年 12 月 20 日开始炒作的高送转概念股安科瑞（300286，见图 2-31）到 2014 年 2 月 17 日，股价涨幅高达 1.5 倍，再如自 2013 年 10 月 29 日开始炒作的鼎泰新材（002352，见图 2-32）到 2013 年 11 月 29，一个月时间股价接近翻番。

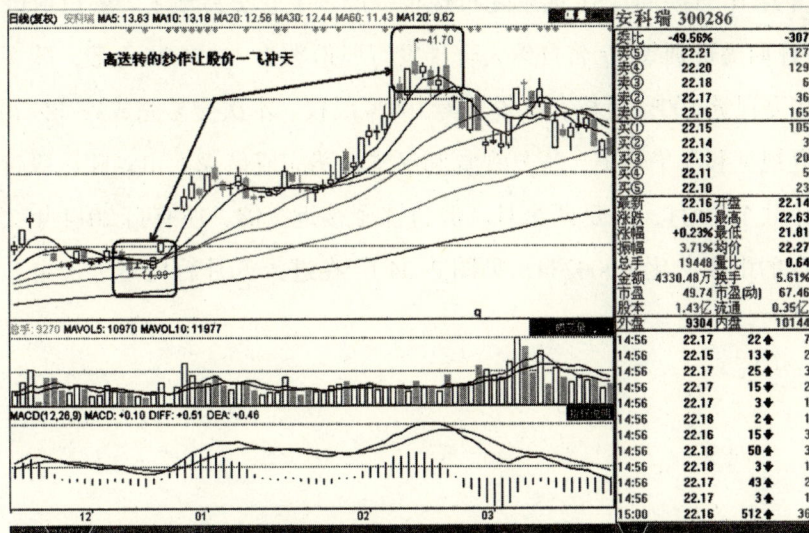

图 2-31　安科瑞（300286）两个月内涨幅达 1.5 倍

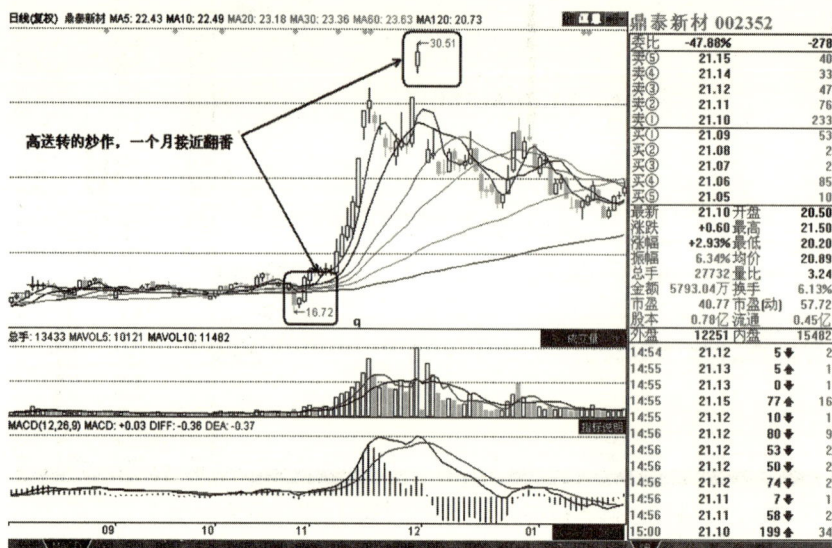

图 2-32　鼎泰新材（002352）一个月时间股价几乎翻番

6. 垃圾股中淘金

虽然一些风格稳健的机构对 ST 板块、退市板块避之唯恐不及，但也有胆大心细的机构善于在垃圾股中淘金。当然，这种选股思路需要机构对上市公司有着非常深入的了解，否则风险很高。例如曾经的 ST 股远东股份（000681，见图 2-33），2013 年 8 月 16 日晚间，ST 远东发布购买资产暨关联交易预案。公司拟以 5.28 元 / 股，预计向廖道训等 17 名自然人合计发行股份数为 47225.95 万股，购买其合计持有的华夏视觉 100% 股权、汉华易美 100% 股权。本次交易完成后，公司将全资持有华夏视觉和汉华易美，华夏视觉和汉华易美完成借壳上市。随后股价短期迅速拉升，截至 10 月，不足两个月，股价涨了接近 2 倍。还有自 2014 年 2 月开始有所表现的山水文化（600234，见图 2-34），在进入五月后更是进入主升浪的炒作期。

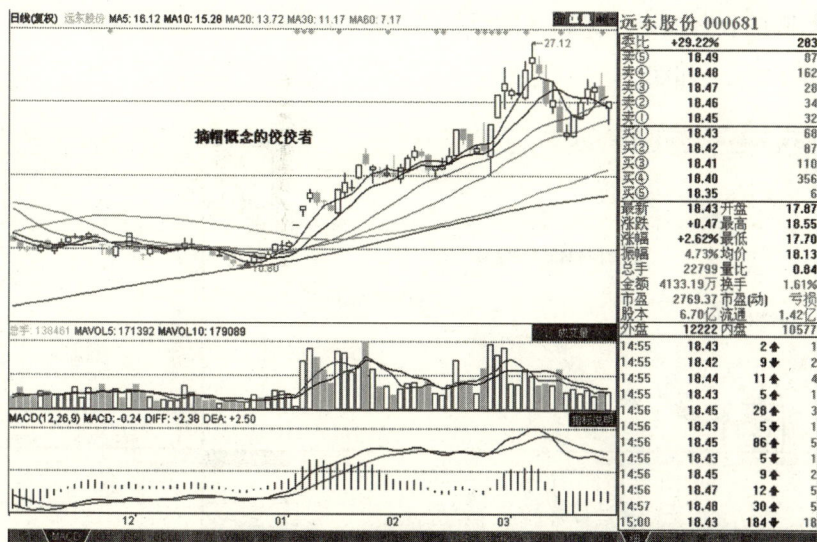

图 2-33　远东股份（000681）股价短期迅速拉升

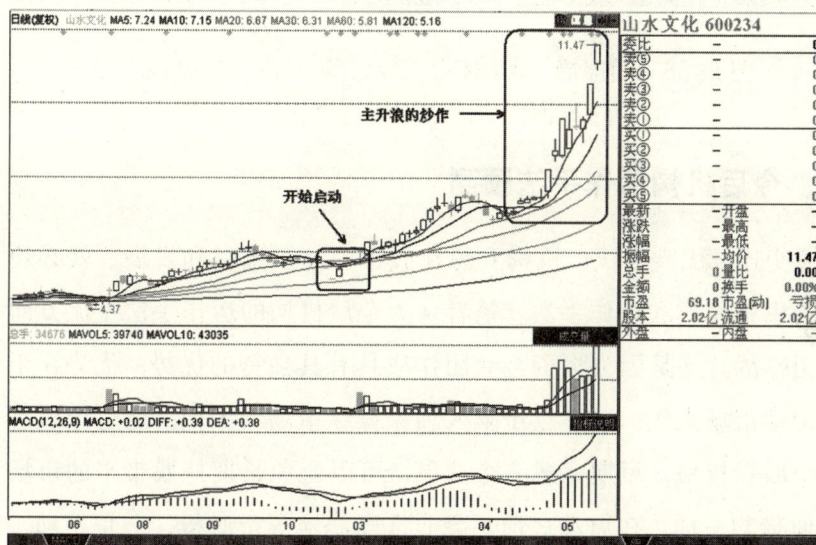

图 2-34　山水文化（600234）的主升浪炒作

7. 寻求转行的榜样

对于那些传统行业的公司，一旦其基本面发生变化，其股价后期必将一飞冲天，很多时候机构在对上市公司进行深入了解之后，完全有可能预测到这种变化，从而利用资讯不对称获利。例如湘鄂情（002306）自 2013 年 6 月开始以转型为契机，在随后不断的收购加码环保和文化产业,其股价更是一鸣惊人,截至2014年3月初,涨幅接近170%。如图2-35所示。

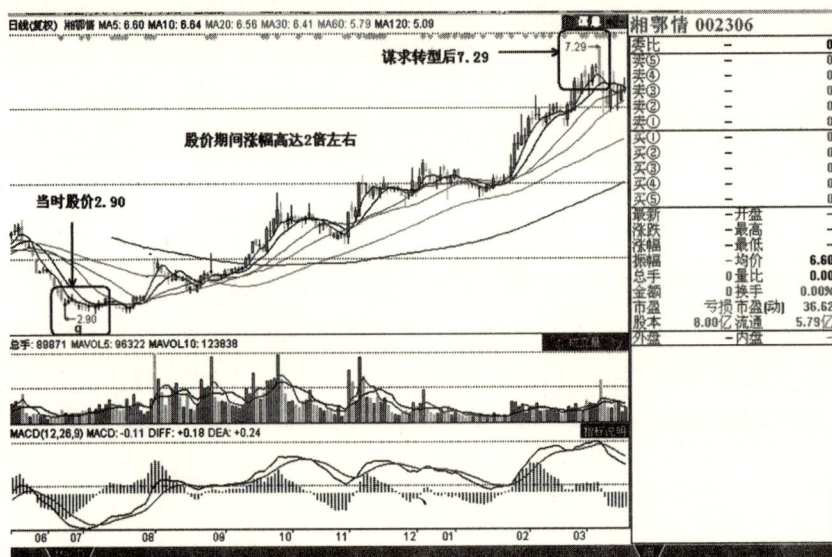

图2-35　湘鄂情（002306）不到一年股价涨幅接近170%

三、今后机构运作手法预测

市场变迁,优胜劣汰。机构要想在股市中继续生存和发展,就必须不断调整自己的思维模式和运作手法。笔者认为今后机构的运作手法主流方向将是大资金兵团作战。这是因为大资金兵团作战具有其独特的优势:优势在于既可以成功地调动市场人气,又不至于陷入独家操纵市场的困境。通过选取有市场号召力的个股和板块,短期完成一个战役,可以避免长期持股带来的市场系统风险。"就像猎豹一样,在启动之前,会非常安静地等待时机,一旦发动,一击即中,又能全身而退。"这一点在以私募为代表的资金运作上尤其明显,譬如徐翔掌舵的泽熙总是会不约而同地有多只基金出现在同一只股票当中,例如:明牌珠宝（002574）2014年一季报显示就有徐翔掌舵的泽熙两只基金进驻,如图2-36所示。

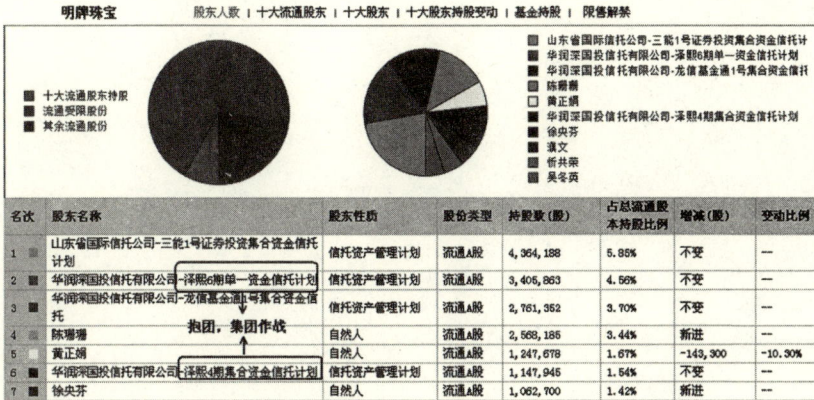

名次	股东名称	股东性质	股份类型	持股数(股)	占总流通股本持股比例	增减(股)	变动比例
1	山东省国际信托公司-三能1号证券投资集合资金信托计划	信托资产管理计划	流通A股	4,364,188	5.85%	不变	—
2	华润深国投信托有限公司-泽熙6期单一资金信托计划	信托资产管理计划	流通A股	3,405,863	4.56%	不变	—
3	华润深国投信托有限公司-龙信基金通1号集合资金信托	信托资产管理计划	流通A股	2,761,352	3.70%	不变	—
4	陈珊珊	自然人	流通A股	2,568,185	3.44%	新进	—
5	黄正娟	自然人	流通A股	1,247,678	1.67%	-143,300	-10.30%
6	华润深国投信托有限公司-泽熙4期集合资金信托计划	信托资产管理计划	流通A股	1,147,945	1.54%	不变	—
7	徐央芬	自然人	流通A股	1,062,700	1.42%	新进	—

图2-36　明牌珠宝（002574）股东研究

第六节 小资金布局的法宝

在股市里，布局是一门大学问，大资金如何布局，小资金如何布局，中小投资者又如何布局，该选择怎样的板块和个股都是一个值得我们探讨的话题。在谈了大资金如何布局之后，本节重点谈谈小资金该如何布局。小资金和大资金的布局在实质上不同，大资金一般追求的是稳健和先行介入，而小资金更多的是追求短平快。

一、短线选股标的

抓热点是小资金快速获利的法宝，也是我们操作的重中之重。这里笔者重点介绍短线如何布局热点和龙头。

对于短线来说，三种类型的个股值得我们选择。

1. 有突破形态的个股

当股价长期围绕某一价位波动时，自然就会形成一个水平的上轨和下轨。一般情况下，股价碰到上轨就会下跌，碰到下轨就会上涨，但如果股价突破了平台的上轨或下轨，且伴随成交量的放大，则平台形态就会向平台突破形态转变。平台突破形态是一种非常有效的形态，一般不需要确认。当然，该形态也有假突破的情况，但这种假突破一般出现平台向下突破形态中，主力为了达到诱多的目的，常常会使股价不跌反涨，然后再大幅杀跌。所以，投资者遇见这种情况，一定要保持清醒的头脑。

笔者这里介绍几种比较典型的短线突破形态。

（1）夹板突破。所谓夹板，是指股价始终运行在极为狭窄的通道中，较长时间内上与下均不突破，就像两块夹板，把股价紧紧夹在中间而不知后面的运行方向。这通常表明主力的控盘能力很强大，同时也常常成为主力洗盘的方法。当然夹板后面必然是冲出夹板，向上还是向下往往成为大家研判的焦点，从案例看还是向上的机会多。

下夹板位是最好的吃进机会。上升趋势运动的股票，下轨一带是最好的吃进机会；矩形整理的股票，下方支撑吃进；过顶长阳，则以突破前期高点回踩瞬间吃进。

夹板突破通常出现在分时图中，如飞马国际（002210）在2014年5月9日就形成了一个夹板突破，如图2-37所示。

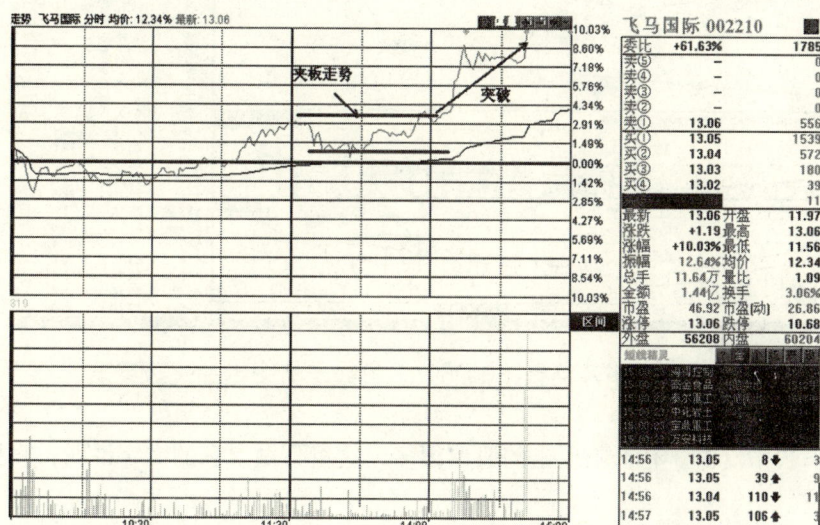

图2-37　飞马国际（002210）分时图中的夹板突破

青松建化（600425）在 2014 年 5 月 9 日也形成了一个夹板突破，如图 2-38 所示。

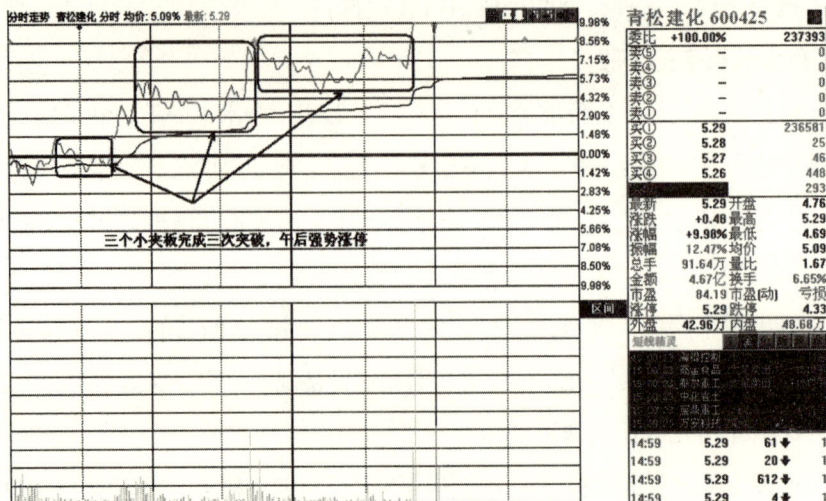

图 2-38　青松建化（600425）分时图中的夹板突破

余下两个实例也属于夹板突破，如图 2-39 和图 2-40 所示。

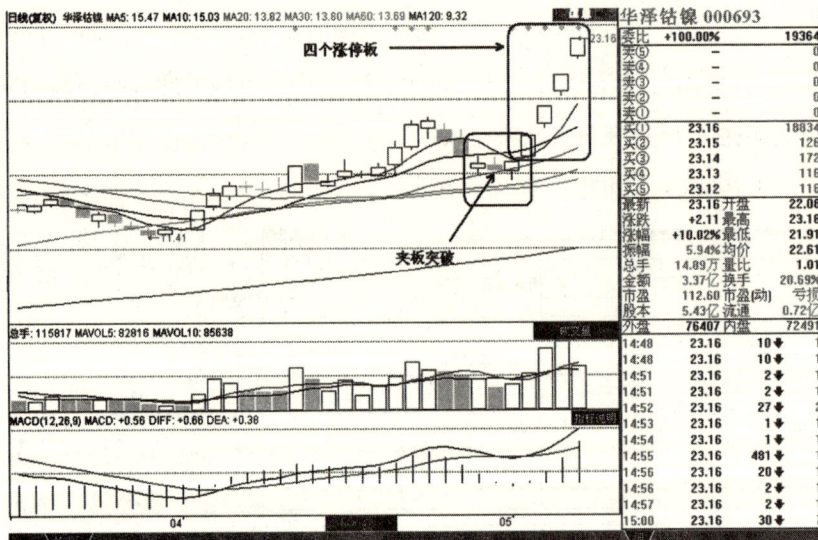

图 2-39　华泽钴镍（000693）日线走势图中的夹板突破

（2）长阳反击。有长阳反击的股票很多，这里不做太多的文字说明，直接用图来表示。

2014 年 2 月 28 日新黄浦（600638）完美的实现长阳反击，如图 2-41 所示。

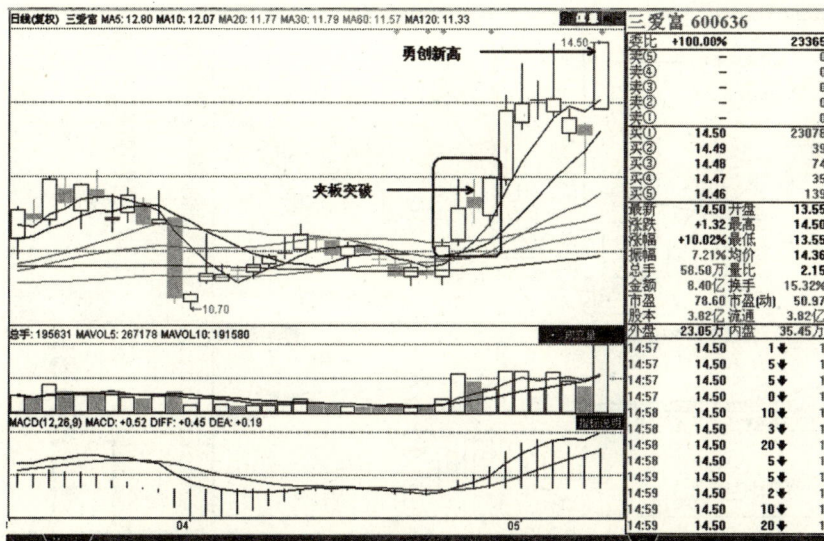

图 2-40 三爱富（600636）日线走势图中的夹板突破

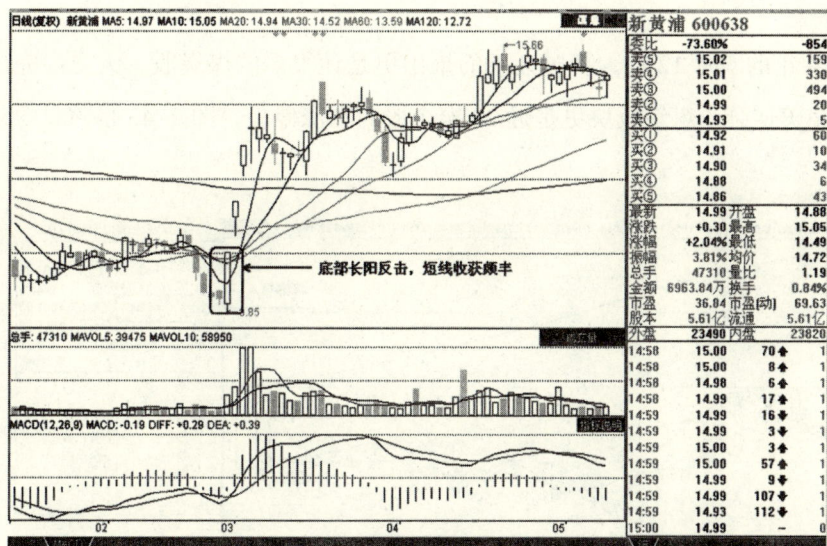

图 2-41 新黄浦（600638）日线走势中的底部长阳反击

2014 年 1 月 22 日锦江投资（600650）以一个涨幅超过 7% 的长阳展开反击，短线十个交易日获利 20%。如图 2-42 所示。

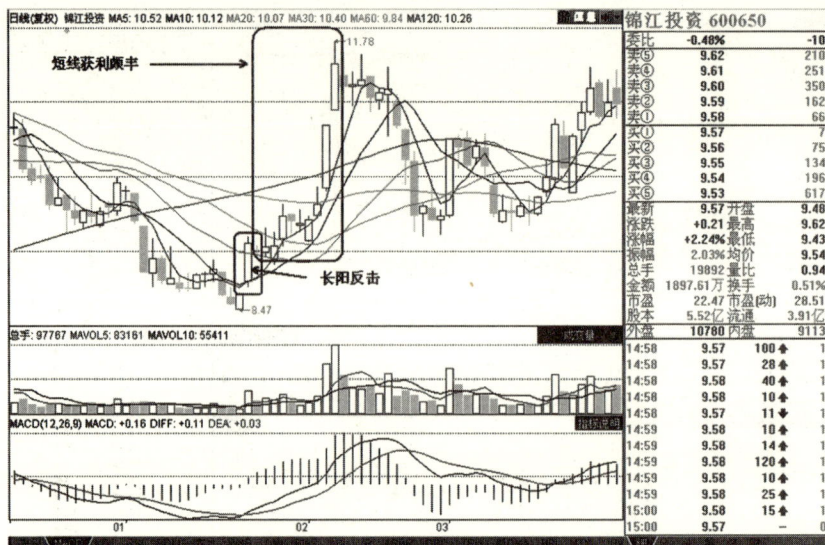

图 2-42　锦江投资（600650）日线走势中的长阳反击

2014 年的 5 月 12 日，新国九条的推出更是让很多的煤炭股一天之内完成长阳反击，完美逆袭。煤炭板块更是近 20 家个股封在涨停板，图 2-43 是该日煤炭板块指数。

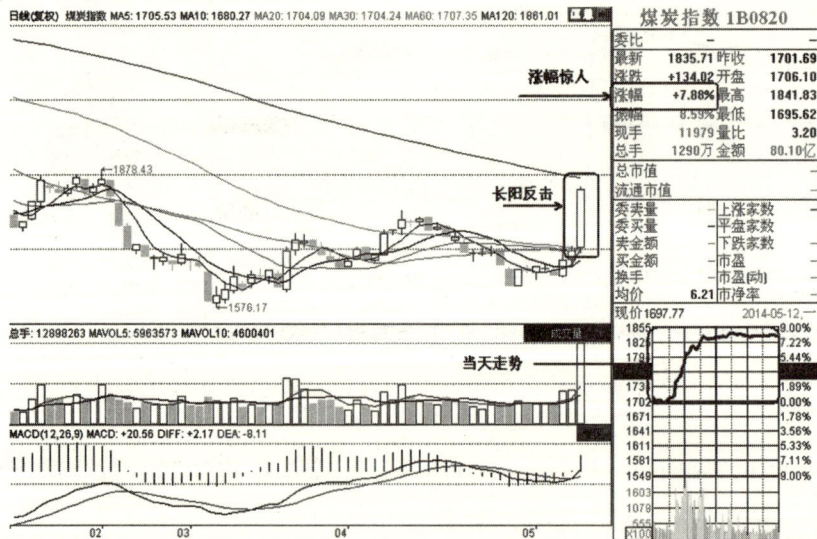

图 2-43　煤炭指数（1B0820）日线走势中的长阳反击

（3）过顶洗盘。关于过顶擒龙，笔者在《炒股就这几招》（中国电力出版社）

里有详细介绍，这里只是简单说几个案例。如图 2-44，图 2-45，图 2-46 所示。

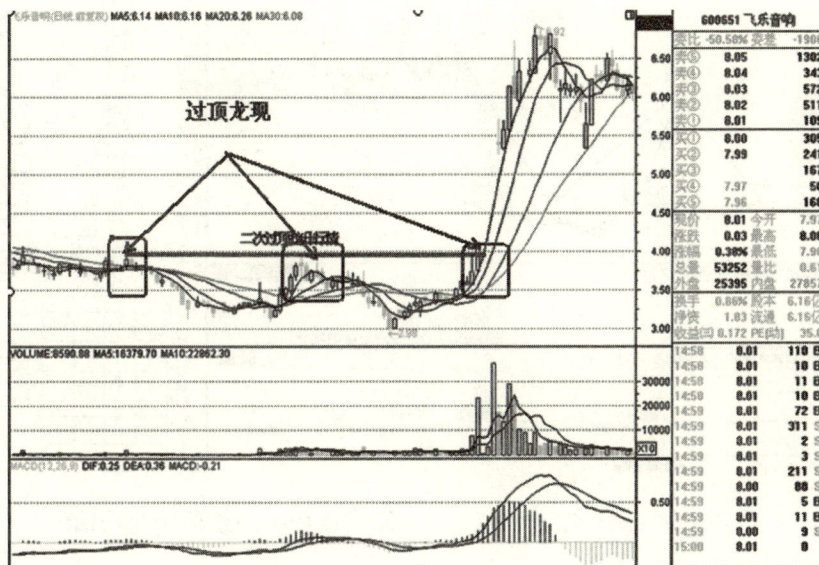

图 2-44 飞乐音响（600651）日线走势中的二次过顶后拉升行情

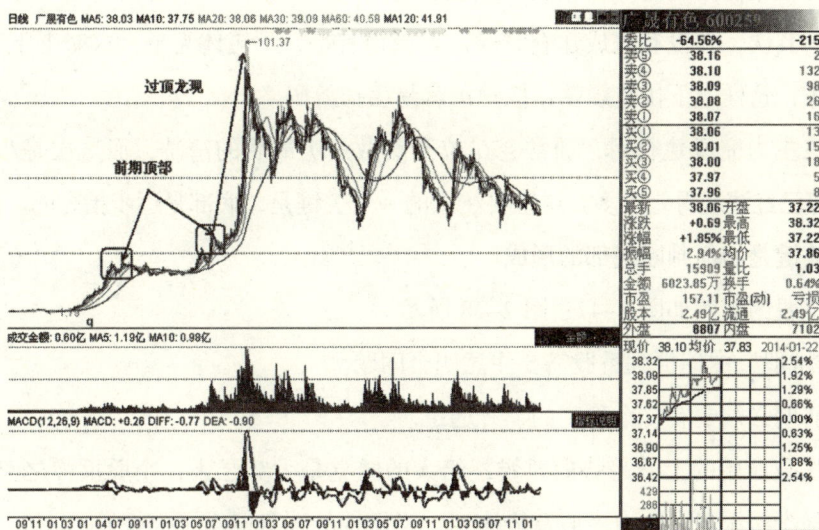

图 2-45 广晟有色（600259）日线走势中的过顶擒龙行情

（4）挖坑股。一般来说挖坑出现在调整即将结束后的末端的一段急跌过程，时间短，跌幅小。挖坑股一旦出现长阳反击的局面，就将是一个介入的机会。

如何识别挖坑洗盘结束的信号呢？

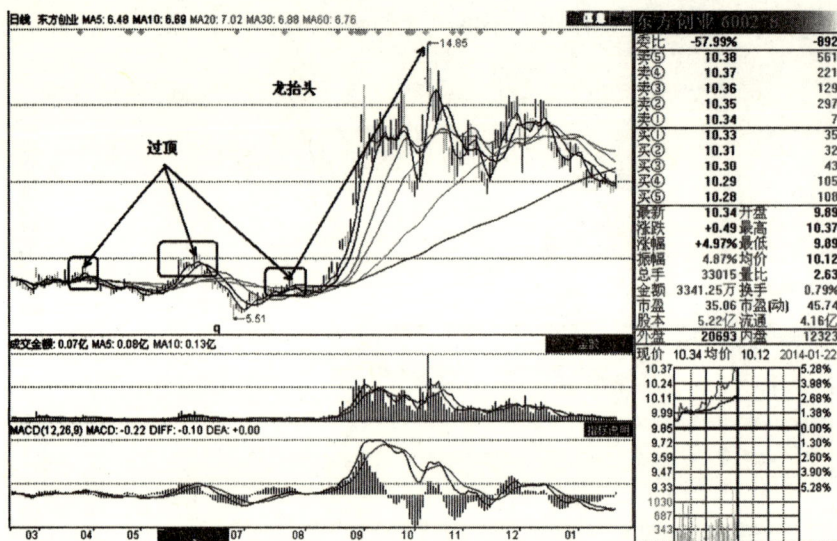

图 2-46　东方创业（600278）日线走势中的过顶擒龙行情

首先，主力资金要压低成本吸货，通过拉高翻出箱底然后横盘再拉出上箱顶，这时股价在箱体内震荡，给箱底抄底盘让利的同时，主力收回筹码，通常在上箱完成建仓。其次，在没有完成建仓时候，上箱顶有量，下箱体无量，这时上下震荡形成小尖底，这样上下快速震荡，散户极容易丢掉筹码。

第三主力完成建仓后，通常会在拉升前做一次最后的清洗，而这次是小圆底，因为浮筹已经清洗得差不多。这里要注意的一个关键是，底部是逐步抬高的。挖坑股很多，关键是如何判断底部的形成。

挖坑股的案例如图 2-47、图 2-48 所示。

"挖坑股"中捕捉翻番股需要注意四个问题。

①前期必须要有一个稳定的上升通道。

②跌破原始的上升趋势的时候，给人的感觉是大势已去，个股反弹之路结束，市场筹码纷纷派发，主力虚假造势达到，恐慌性的洗盘俘虏了大批筹码。

③具备这样条件的个股，基本面情况不会很坏，而且，容易制造热门题材和重组想象力，或者是能够产生高送转之类的朦胧利好。

④跌破上升通道后，成交量相应萎缩，从通道最低点到"挖坑"过程中没有连续放量超过 15% 以上的现象，说明前期主力没有出局，特别是挖坑洗盘后，重新上涨完全不需要多少量的推动，是说明洗盘成功，主力牢固控制筹码的重要识别标志。

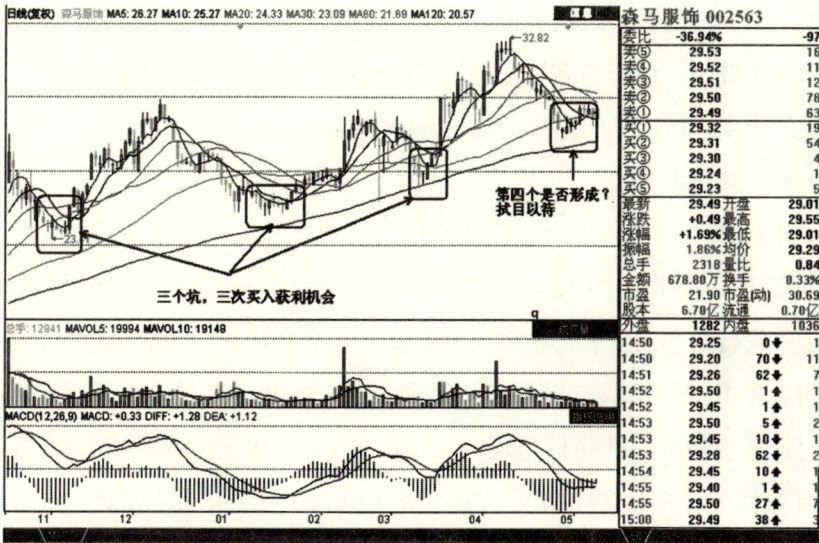

图 2-47 森马服饰（002563）日线走势中的三个坑

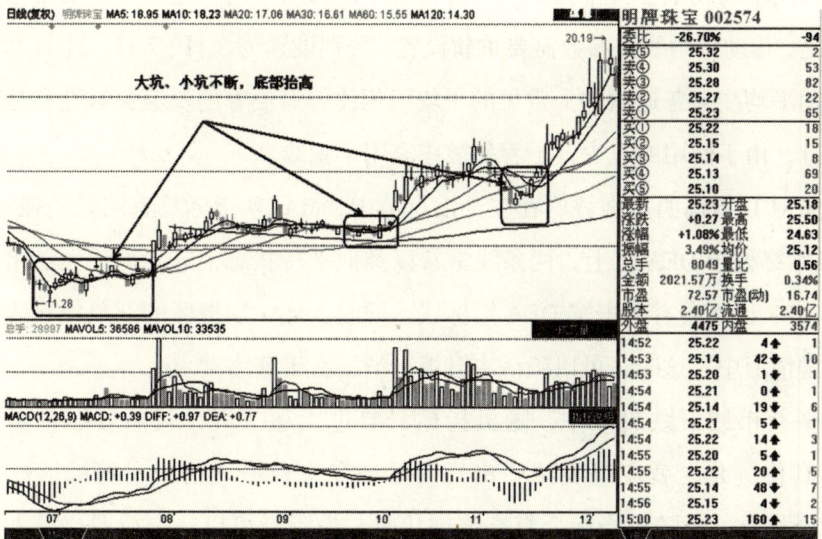

图 2-48 明牌珠宝（002574）日线走势中的坑

2. 具备主升浪的个股

如果一个波浪的趋势方向和比它高一层次的波浪的趋势方向相同，那么这个波浪就被称为主升浪。由于与高层次的浪方向相同，主升浪从直观上起到了一个推动趋势发展的作用，所以又叫做推动浪（Impulse Waves）。

（1）如何判定主升浪。

①一轮行情中，涨幅最大、上升的持续时间最长的行情为主升浪行情，主升浪比较类似于波浪理论中的第3浪。主升浪行情往往是在大盘强势调整后迅速展开，它是一轮行情中投资者的主要获利阶段，属于绝对不可以踏空的行情。从技术角度分析，主升浪行情具有以下确认标准：多空指数指标呈金叉特征，主升浪行情启动时，多空指数BBI指标呈现金叉特征。BBI将由下向上突破EBBI指标。判断上穿有效性的标准要看BBI是从远低于EBBI的位置有力上穿的，还是BBI逐渐走高后与EBBI粘合过程中偶然高于EBBI的，如是后者上穿无效。需要指出的是EBBI的计算方法与BBI相同，但参数要分别设置为6日、18日、54日和162日。

②移动平均线呈多头排列。主升浪行情中的移动平均线呈现出多头排列。需要注意的是，移动平均线的参数需要重新设置，分别设置为3日、7日、21日和54日，这些移动平均线与普通软件上常见的平均线相比，有更好的反应灵敏性和趋势确认性，而且，由于使用的人少，不容易被庄家用于骗线。

③MACD指标明显强势。在主升浪行情中，MACD指标具有明显的强势特征，DIFF线始终处于DEA之上，两条线常常以类似平行状态上升，即使大盘出现强势调整，DIFF也不会有效击穿DEA指标线。同时，MACD指标的红色柱状线也处于不断递增情形中。这时，可以确认主升浪行情正在迅速启动。

在平衡市或下跌趋势中，随机指标只要进入超买区，就需要准备卖出。一旦出现高位钝化，就应坚决清仓出货。但是在主升浪行情中，随机指标的应用原则恰恰相反，当随机指标反复高位钝化时，投资者可以坚定持股，最大限度地获取主升浪的利润。而当随机指标跌入超卖区，投资者要警惕主升浪行情即将结束。

（2）主升浪个股特点。根据以往的个股表现情况来看，那些即将进入主升浪的个股具有以下几个特点。

①个股前期已经有了一定的涨幅，但向上的步伐比较谨慎，走势比较温和。

②股价所处的位置并不低，有的是一段时期以来的最高位置，有的甚至还是在历史新高的基础上发力走高的。

③在进入主升浪之前股价往往有横盘整理的时期，有的是小幅波动，有的则呈向上三角形走势，但无论哪种方式都经历了一定的盘整过程。

④就成交而言，除了初期放出巨量之后，后期的成交反而是逐步萎缩的，要启动之前的成交量都比较小。

从基本面角度来说，进入主升阶段的个股都是有重大的基本面变化或者是重大题材的个股，此时一般都是即将要公布其基本面信息，但在真正公布信息之后，其股价的上涨攻势往往就告一段落。有的信息由于对基本面长期的作用不大，在消息明朗之后，往往就是股价到达最高位置开始向下走低的时候了。所以，寻找这种上市公司的机会，一般不要从已经公布了重大利好的品种中选择。

当然，从技术上寻找主升浪品种投资机会的操作同样存在风险，因为往往需要追高，一旦判断错误，就可能买到一个高位的品种。所以，我们建议投资者把握这样的原则：个股前期的上涨有一定的力度，但回调之后幅度都控制在20%以内，股价走势保持强势，调整时间大约在3个月附近，并且这种寻找最好是在牛市当中，不要在向下的弱势市场中寻找。如果能够准确预测到其基本面未来可能的变化就更理想了。

⑤主升浪里的操作。主升浪里的操作其实非常简单，抓住一只主升的股票，一般都是稳坐钓鱼台，但多数人会受不了主升浪里的洗盘，震荡幅度比较大，量也大，所以不少散户在这个阶段总是抓不住票，往往刚刚卖出股价就飞起来了，当你判断某只股票走进主升，就要给这个股票设定目标了，不到目标不操作，主升一旦走出来，股价格一般会涨到成本区的80%以上，甚至有的一口气翻番，盘整后又翻一倍。主升浪的卖出要领：主升浪的卖出一般是以目标位置到达卖出，如果没时间看盘的，盘中抓不到高点卖出，可以以5天线下破10天线为必须卖出点，这点非常关键，如果这个时候不卖出，后面下跌的速度非常快，可以在一两天之内将你很长时间的利润掏光。

⑥主升浪的四个阶段。主升浪一般可分为"洗盘→振荡→拉升→出货"四个阶段，我们仓位对应的变化是，"轻仓→加仓→重仓→出货"。具体操作如下：

a. 60 日均线（强势股用 20 日均线）附近发出买点；

b. 前期新高附近蓄势整理；

c. 加速突破阶段，一剑封喉的位置常出现在这一阶段；

d. 拉升出局，完成一个波段，重复等待下一个波段。

（3）三种经典主升浪形态。

①蛟龙出水：放量突破下降趋势线上轨。如图 2-49、图 2-50 所示。

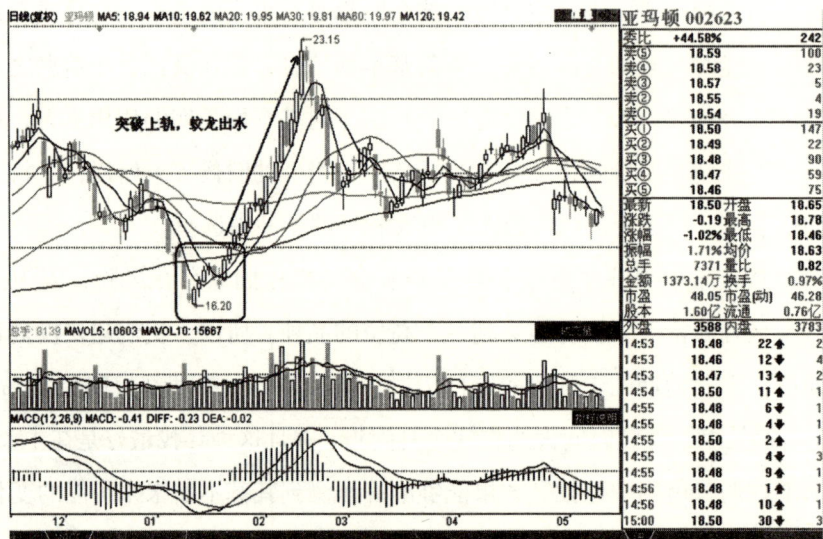

图 2-49　亚玛顿（002623）日线走势中的蛟龙出水形态

②放量突破上升通道的上轨。如图 2-51、图 2-52 所示。

③放量突破长期盘整平台。如图 2-53、图 2-54 所示。

3. 超跌反弹的个股

超跌反弹就是因不合理的过度下跌所产生的短期上涨行情，持续时间一般为一两周。

做超跌反弹个股要注意以下两点。

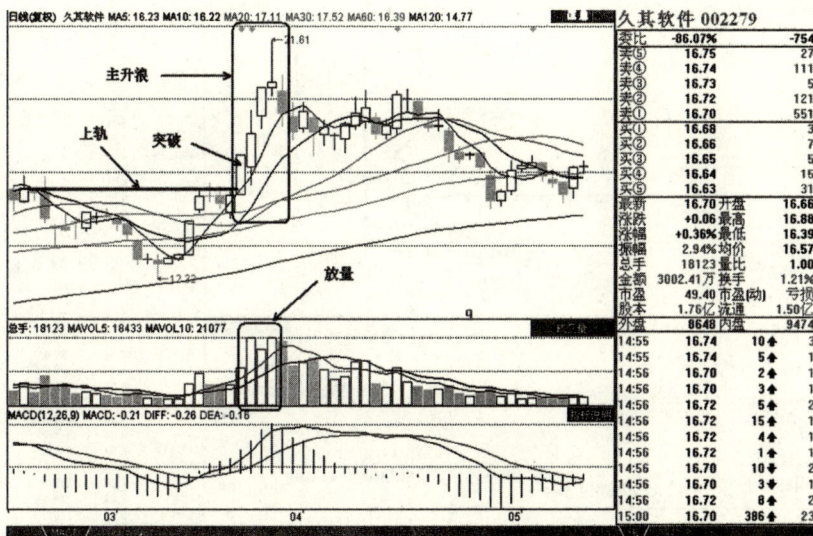

图 2-50 久其软件（002279）日线走势中的蛟龙出水形态

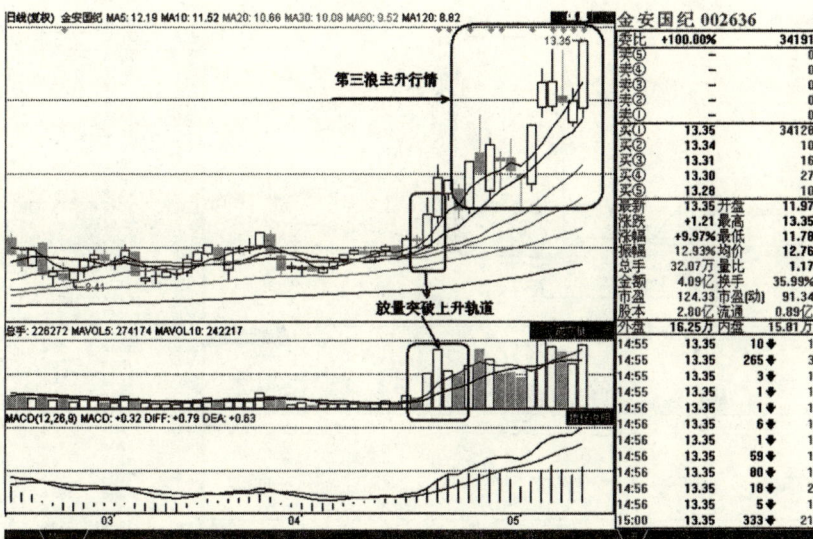

图 2-51 金安国纪（002636）日线走势中的放量突破上升

①超跌反弹的两种格局：一种是快速下跌，超过了正常的调整范围，在技术上有反弹的要求；一种是缓慢下跌，累计跌幅达到黄金分割位或百分比线，因支撑作用开始企稳向上。两者的共同特点是：多空双方力量达到平衡且反弹意识达到一致后，多方集合力量快速地扭转股价下跌的方向，形成短线快速的上涨。也就是说，因为跌得多，所以才有涨。

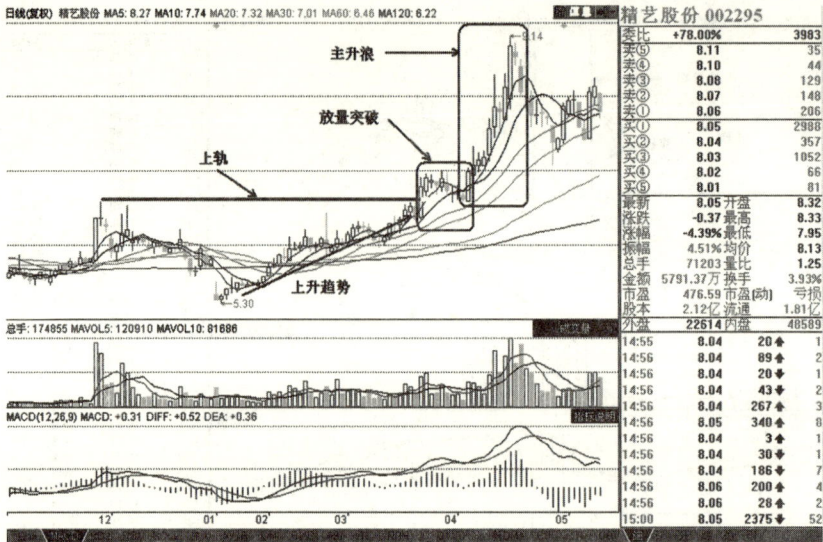

图 2-52　精艺股份（002295）日线走势中的放量突破上升

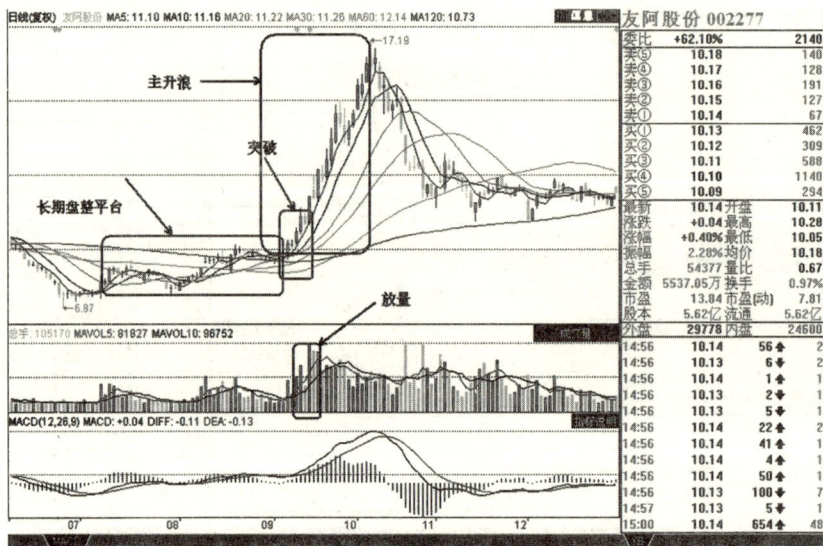

图 2-53　友阿股份（002277）日线走势中的放量突破

②超跌个股的两种形态。

一是 V 形（注：这一部分内容在第三章第一节的第六种形态中有详细的论述，这里就一笔带过），有反弹与反转（见图 2-55）之分。这种形态力度最强，在快速下跌阶段最容易产生多个 V 形反弹或反转，但形成反转时的下跌往往是最后一跌，也就是大家常说的诱空手法。

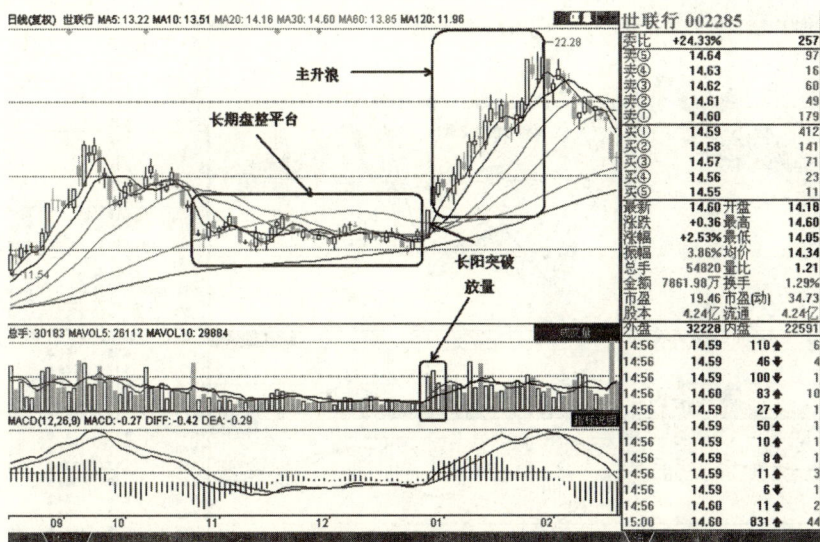

图 2-54　世联行（002285）日线走势中的放量突破

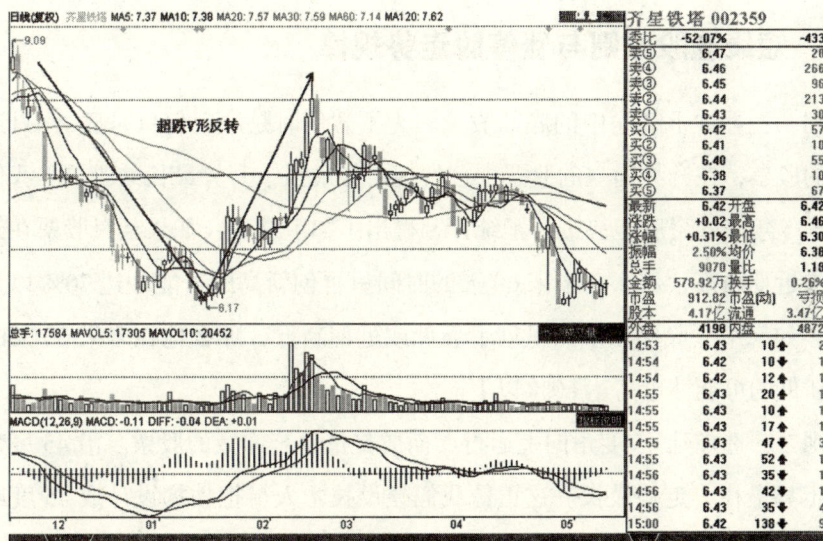

图 2-55　齐星铁塔（002359）日线走势中的超跌 V 形反转

　　二是 W 形。右边低点要高于左边低点，也就二次下行后不再创新低。当 V 形个股依然上涨，而弱势个股开始横盘或再次下探后，开始更有力度的二次上涨。这与其他强势个股的反弹是同步进行的。如图 2-56 所示。

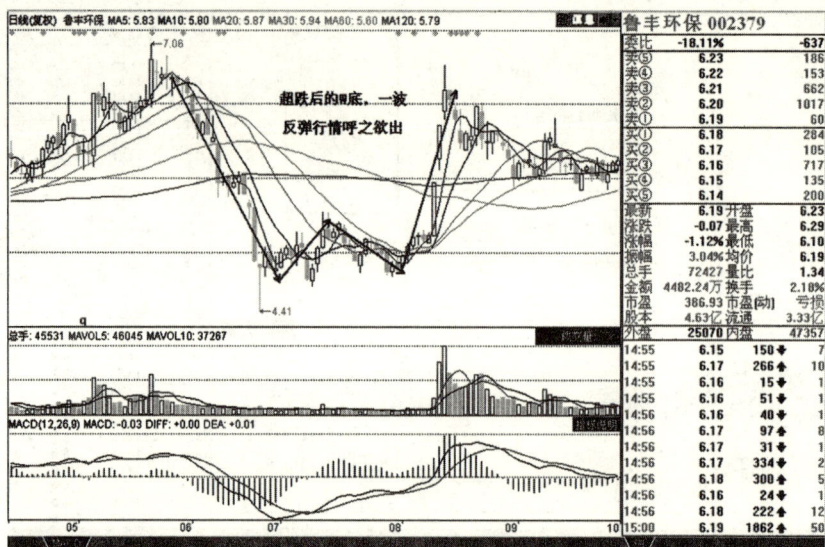

图 2-56　鲁丰环保（002379）日线走势中的 W 底

二、短线选股原则与涨停股走势规律

原则一：不炒下降途中的底部股（因为不知何时是底，何价是底），只选择升势确立的股票，在升势确立的股票中，发现走势最强，升势最长的股票。我们对中国股市近 5 年来的个股走势进行了统计，得出了如下结论：如果某只股票在某天创了新高或近期新高，那么在未来 60 天的时间里再创新高的可能性达 70% 以上；与之相反，如果某只股票在某天里创了新低或近期新低，那么他在未来 60 天的时间里再创新低的可能性也高达 60% 以上。

原则二：选择延 45 度角向上运行，而成交量逐步递减的股票。沿 45 度角向上的股票走势最稳，走势最长。这正像我们建设技术人员把楼梯设计成 45 度或接近 45 度的形状，因为这是最稳定的形状，所以我们把具备这种特征的股票称之为"楼梯股"。如果你一旦发现"楼梯股"中走势接近 45 度角，而同时成交量却是逐步减少的个股，那么你十有八九是发现了庄家在楼道上的影子。

原则三：选择买入连续涨停的个股。连续涨停的股票，大多出现在大势向好之时，介入这类股票是最刺激的了。沪深股市自实施涨幅限制以来，我对涨停后的各股走势进行了追踪研究，通过对近两年来出现过涨停的股票的追踪统计，摸索出一些规律。

1. 涨停短期走势

（1）涨停股次日走势。通过对出现过涨停的股票进行分析，涨停次日最高点平均涨幅为5.90%，按次日收盘价计算平均收益为2.85%，因此，如果短线介入涨停股后，次日平均收益也大大高于目前二级市场的收益率，即使按平均收益率推算，年收益率也至少在65%左右。

（2）涨停股次日走势与其股价高低有着密切关系。7元以下涨停股的次日收盘平均涨幅在4%以上，远远高于2.85%的平均收率，因此，介入低价涨停股的投资收益会更高。同时，介入20元以上的高价涨停股收益率也相对较高。

（3）涨停股次日走势与其流通盘大小之间的关系。在涨停各股中，流通股本在3000万至8000万股间的股票次日走势较好，其平均涨幅远高于平均值。也许是中盘股放量涨停，较大级别的主力介入，而不同与小盘股（仅为势力大户所为）和超大盘股（盘子太重，继续拉升有一定难度）的缘故。因此，介入3000万至8000万股盘子的涨停股，收益率较高。

2. 涨停股的中期走势分析

个股涨停后的中期走势共有四种：涨停后单边上行，涨停后单边下跌，涨停后先小幅上扬后下跌，涨停后先小幅下跌后上扬。研究涨停股中期走势的目的在于：假如介入涨停股后未及时卖出，中线持有的话，收益率有多大？我们发现，单边上行和先小幅下跌后上扬走势所占比例高达65%，即涨停股中期走势上行的概率较大，涨停股的走势明显好于其他股。当然对于涨停股的中线持股，还宜参照大盘的走势及个股的基本面行进。

三、小资金买卖法则

1. 如何买入爬楼梯股

一只股票爬楼梯的阶段往往是庄家在缓慢建仓的初期，这就导致估价逐步走高，形成了初步的楼梯形态（见图2-57）。一旦庄家建仓完毕，接下来就是洗清仍在此股票里的散户。庄家在拉抬之前，洗盘有两个目的：其一是为了减轻在股价到高位之间散户的抛盘压力，其二是增加平均持股成本，目的也是为了减轻抛盘。

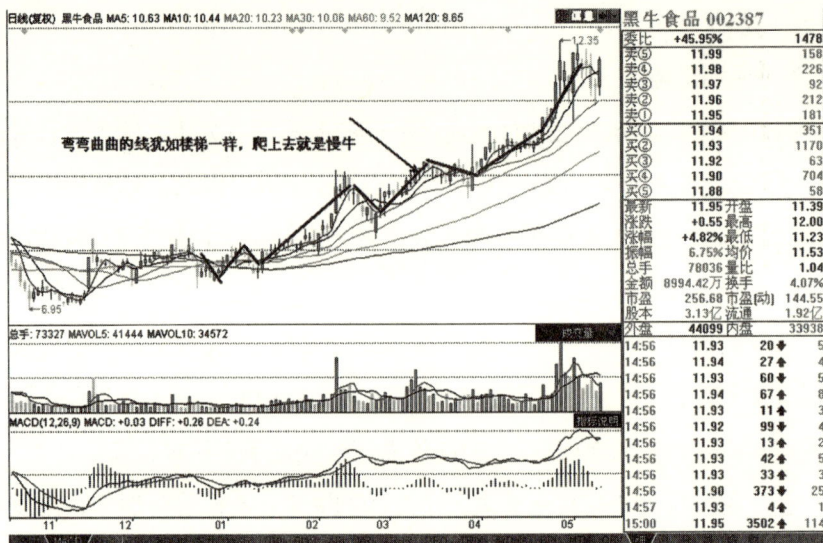

图 2-57　黑牛食品（002387）日线走势中的楼梯形态

2. 如何买入涨停股

（1）选股对象。笔者认为，介入涨停股时应以短线操作为主，而且应选择低价（7 元以下）或高价（20 元以上）的股票（说明：低价和高价视当时大盘、股价等具体情况而定），流通盘在 3000 万至 8000 万股之间的个股作为首选对象。如遇流通盘一亿左右的涨停股，次日应及时出货。

（2）介入时间。统计数据显示，个股涨停时间离开盘越早则次日走势越佳，如果某只股票在收盘前涨停，其次日走势均不理想。况且，大部分个股涨停后在盘中总是有一次打开涨停板的机会，最佳介入时间应为再次封涨停的瞬间。

（3）注意事项。

①在极强的市场中，尤其是每日都有 5 只左右股票涨停的情况下，要大胆追涨停板。极弱的市场切不可追涨停板，概率相对偏小一些。

②追涨停板首先要选有题材的新股，上市数日小幅整理，某一日忽然跳空高开并涨停的；其次是选股价长期在底部盘整，未大幅上涨涨停的；第三选强势股上行一段时间后强势整理结束而涨停的。

③一定要涨停后再追，未达到涨停时（差一分也不行）不要追。一旦发现主力有三位数以上的量向涨停板打进立即追进，动作要快、狠、准。

④要坚持这种操作风格，不可见异思迁，以免当市场无涨停时手痒介入其他股

被套而失去出击的机会。

⑤盘中及时搜索涨幅排行榜，对接近涨停的股票翻看其当前价格、前期走势及流通盘大小，以确定是否可以作为介入对象。当涨幅达9%以上时应做好买进准备，以防主力大单封涨停而买不到。

⑥追进的股票当日所放出的成交量不可太大，一般为前一日的1~2倍为宜，可在当日开盘半小时之后简单算出。

⑦整个板块启动，要追先涨停的，即领头羊，在大牛市或极强市场中更是如此，要追就追第一个涨停的。

3. 卖出法则

抛出一只股票一定要抛在它涨时，千万不要看见它跌时再想到去抛它，一般来说，一只股票连拉三根中阳线后就是考虑短线抛出去的时候了。

（1）"楼梯股"的卖点。"楼梯股"的上升高度，一般是它第一次震仓后前期走势长度的一倍，也就是说，震仓点正好是楼梯上升角度的中点处。同时需要密切注意成交量的变化，一旦出现连续（至少三个交易日以上）放量的情况，就要注意随时做好出局准备。

（2）涨停股的卖出时机。

①会看均线者，则当5日均线走平或转弯时可立即抛出股票，或者MACD指标中红柱缩短或走平时立即予以抛出。

②不看技术指标，如果第二天30分钟左右又涨停的则大胆持有。如果不涨停，则上升一段时间后，股价平台调整数日时则予以立即抛出，也可第二天冲高抛出。

③追进后的股票如果三日不涨，则予以抛出，以免延误战机或深度套牢。

④一段行情低迷时期无涨停股，一旦强烈反弹或反转要追第一个涨停的，后市该股极可能就是领头羊，即使反弹也较其他个股力度大很多。

四、短线实战精髓

短线是个宽泛而相对的概念，是指完成一个建仓平仓回合时间很短的操作方式。其实似乎也并无严格的时间标准，日内交易算短线，一周完成一个回合似乎也能叫短线的。我这里不用时间，而用操作理念来作为划分标准。换句话说，我采用狭义的短线定义。即：所谓短线，是一种不依据基本面，只依据短期市场状态进行交易的操作方式，其操作依据在于市场的惯性和自我验证，而操作回合时间较短只是这种操作自然而然的必然属性。

短线交易者的特点有以下几点。

（1）短线交易者不关心基本面。依据基本面的操作实质上是因果逻辑在市场和操作中的运用。而短线交易者依据的不是因果逻辑，他早已抛弃了这种似乎已经被人类社会反复证明的通用逻辑方式。更何况，从时间上来看，较大时间跨度的基本面变化对日内反复双向操作也根本无意义。

（2）短线交易者不依赖技术指标，只判断作为整体的市场演化阶段。技术指标先天就是描述性的，换句话说，是一种滞后的描述性。运用技术指标虽然可以通过缩短时间层次，并在不同时间层次上进行相互校验来降低滞后性，却改变不了其滞后的本质。在短线交易者眼中，时间常常是一种错觉，虽然他似乎在时间内交易，其交易依据却在时间之外，时间只是行情展开和演化的形式而已。

（3）短线交易者眼中不存在市场和品种的区别，只选择最适合短线交易的类型：在短线交易者眼中，世界上只有一个市场，也只有一个产品，那就是：聚集在一起交易的人群。而诸如不同市场的空间、节奏和韵律等区别，都是表面性的。短线交易者最大程度地过滤区别。如果实在要说市场和品种的区别的话，那只是短线交易者更喜欢交易量较大、演化韵律较平滑、更容易进出和隐藏自己的市场和品种而已。

（4）短线交易者只运用最简单的操作：那些套利、锁仓、仓位和资金管理、操作纪律、止损、操作计划等诸如此类的东西，除了降低他的操作快感和效率之外，没有其他任何作用。

（5）短线交易与其说是种技术，不如说是一种修养。短线交易者的交易基础不在任何外在的分析、技术和技术组合之中，而在于将市场内化、操作具备本能化基础、依据观察市场惯性和自我验证的修炼之中，并因之获得了极强的处理单子的能力，连判断的对错都不是最重要的。至于风险嘛，他要么是比风险更快，要么就是不会将自己置于无法操作与反应的境地之下。

短线交易是快乐者的游戏：短线交易的心理和生理基础是快乐的，而绝对不是那种火中取栗、刀口上舔血的游戏。他的快乐来自几个基础：对盈亏的漠然并在这种漠然中保持非常好的心理与生理弹性、敢于盈利（与大家的想法不同，不敢盈利是这个市场中比不敢亏损更大的问题）、没有任何附加功课的交易方式（一离开市场之后，他的心中就不再有市场存在了)。

短线实战精髓可以概括如下：出击低位首次放量，跳空高开，涨停板，伏击龙头，只做短线爆发力极强的个股。

值得注意的是，短线的进出，一定要建立在中线安全的基础上，把握爆发的精确时间。只有高速行进才能创造利润，小行情中也有天堂。

第三章

形态掘金

形态分析是技术分析的重要组成部分，它通过对市场横向运动时形成的各种价格形态进行分析，并且配合成交量的变化，推断出市场现存的趋势将会延续或反转。价格形态可分为反转形态和整理形态，反转形态表示市场经过一段时期的酝酿后，决定改变原有趋势，而采取相反的发展方向，整理形态则表示市场将顺着原有趋势的方向发展。形态理论是通过研究股价所走过的轨迹，分析和挖掘出曲线的一些多空双方力量的对比结果，然后行动。本章就主要介绍反转形态和整理形态这两类形态。

第一节 反转形态

反转形态是指股票价格改变原有的运行趋势所形成的形态。

反转形态存在的前提是市场原先确有趋势出现，而经过横向运动后改变了原有的方向。反转形态的规模，包括空间和时间跨度，决定了随之而来的市场动作的规模，也就是说，形态的规模越大，新趋势的市场动作也越大。在底部区域，市场形成反转形态需要较长的时间，而在顶部区域，则经历的时间较短，但其波动性远大于底部形态。交易量是确认反转形态的重要指标，而在向上突破时，交易量更具参考价值。

常见反转形态有双重顶和双重底、头肩顶和头肩底、三重顶和三重底、圆弧顶和圆弧底。

一、双重顶和双重底

1. 双重顶

（1）双重顶的定义。双重顶，又称"双顶"或"M"头，是 K 线图中较为常见的反转形态之一，由两个较为相近的高点构成，其形状类似于英文字母"M"，因而得名。在连续上升过程中，当股价上涨至某一价格水平，成交量显著放大，股价开始掉头回落；下跌至某一位置时，股价再度反弹上行，但成交量较第一高峰时略有收缩，反弹至前高附近之后第二次下跌，并跌破第一次回落的低点，股价移动轨迹像 M 字，双重顶形成。如图 3-1 所示。

（2）双重顶的特征。双重顶形态是在股价上涨至一定阶段之后形成的，形态中出现的两个顶峰，分别称为左峰、右峰。理论上，双重顶两个高点应基本相同，但在实际 K 线走势中，左峰一般比右峰稍低一些，相差 3% 左右比较常见。另外，在第一个高峰（左锋）之后形成回落的低点，在这个位置画水平线，就形成了通常说的颈线，当股价再度冲高回落并跌破这根水平线（颈线）的支撑，双重顶形态正式宣告形成。在双重顶形成过程中，左峰成交量较大，右峰成交量次之。成交量呈现

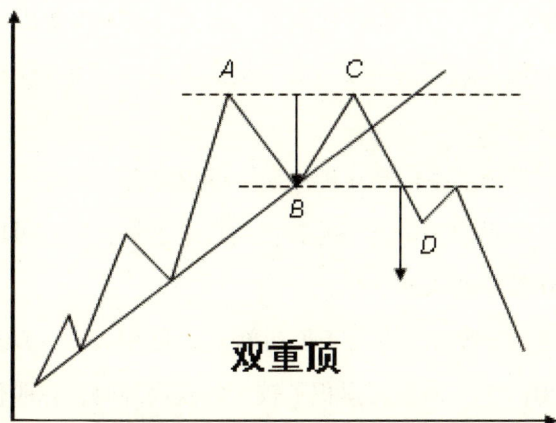

图 3-1 双重顶形态示意图

递减状态，说明股价在第二次反弹过程中资金追涨力度越来越弱。双重顶形态形成后，股价在下跌过程中往往会出现反抽走势，但是反抽力度不强，颈线位置会成为强阻力。

（3）形态分析。双重顶在形成过程中，需要注意以下这些知识。

①双重顶的两个顶部最高点不一定在同一高度，一般相差 3% 是可以接受的范围。通常来说，第二个头部可能比第一个头部稍微高一些，意味在回落反弹过程中有看好的资金试图进一步拓展上涨高度，但因成交量不配合，主力没法使股价上涨到第一个顶峰 3% 以上的高度就掉头向下。如果第二个顶峰比第一个超过 3%，会有更多的做多资金进场，双重顶形态就会演变成上升途中的调整。

②形成第一个顶部时，其回落的低点约是第一个高点的 10% ～ 20%。

③双重顶形态有时候不一定都是反转信号，如果长时间没有向下跌破颈线支撑，将有可能演变为整理形态。这需要由两个波峰形成的时间差决定，时间间隔越大，有效性越高。通常两个高点形成时间间隔超过一个月比较常见，但如果日线双重顶的时间间隔超过半年，其判断价值就很小。

④双重顶形成两个高峰过程都有明显的高成交量配合，这两个高峰的成交量同样也会尖锐和突出，在成交量柱状图中形成两个高峰。但第二个高峰的成交量较第一个显著收缩，反映市场的购买力量在减弱。如果第二个高峰的成交量反而放大，双顶形态则有失败的可能。

⑤通常两个顶峰形成，股价有效跌破颈线后，双重顶形态才能宣告形成。之后

股价会有短暂的反抽动作，但将在颈线遇阻，同时反抽不需要成交量的配合亦可。

⑥双重顶形态的最小跌幅是颈线与双顶最高点之间的垂直距离。后市股价跌幅理论上至少是这个跌幅。

⑦一般来说，双重顶的跌幅都较理论最小跌幅要大。

（4）市场含义。双重顶是市场不容忽视的技术走势，我们可以根据双重顶形成过程窥视主力资金在其中的激烈争夺。

在双重顶出现之前，股价一直处于长期单边上涨的过程，市场对后市一片看涨，成交量配合放大。但因为长期上涨累积了较大的获利筹码，在股价继续上冲过程中开始有获利资金了结出局，成交量也大幅放大，股价开始震荡回落，出现调整走势。但在回落过程中，一直错过前期上涨过程的投资者在调整期间逐步买入，股价回落至一定位置后前期获利资金再度进场逢低介入，股价不再下跌，反而掉头反弹走高。表面看市场依然乐观和看涨，但是成交量并没有跟进配合，较第一波高峰时的量能稍有萎缩，市场弱势逐步显现。在股价反弹至第一次回落的高位附近，获利资金因担心无法突破再度获利出局，主力也沽售，于是股价再度回落，引发市场恐慌资金跟出，跌破第一次回落低点，双重顶形态形成。

双重顶形成过程除了上面提到的市场心理变化之外，也反映出以下几点。

①市场或股价基本面发生了一定的变化。股票长期保持单边上涨，除了有技术面的支撑外，在基本面或者消息面上也会发生一定的变化。一旦市场或股价基本面、消息面出现了重要的利空预期，则会引发股价的下跌。

②第一个顶峰形成时势必产生一定的套牢盘，当股价出现第二波反弹，并上涨至前期高点附近，套牢盘及短线获利盘均会涌出，致使股价无法继续向上突破。

③当股价跌破颈线支撑后将引发更多的套牢盘割肉出局。

（5）操作建议：双重顶是一种常见的顶部反转信号，一旦形成，股价下跌几乎成为定局。因此，一旦股价出现构筑双重顶的势头，投资者应该认清大势，及时停损离场是最佳操作策略。

①双重顶形态正式形成，股价正式跌破颈线支撑，持股者应及时清仓，持币者继续持币观望。所谓正式跌破颈线支撑，是指股票收盘价在颈线之下，并满足百分比原则和时间原则。百分比原则要求股价跌破一定的百分比，时间原则要求跌破颈线后保持多日（至少两日）。

②如果只是下影线刺穿颈线位置，不算有效跌破颈线，继续持股观望。

③在颈线没有被有效跌破之前，不可先入为主断定为双重顶。潜在的双重顶形态，也可能会演化成三重顶、矩形或者三角形形态。

④股价有效跌破颈线后未能及时止损的投资者，可以等待股价再度反抽至颈线阻力位置时逢高出局。

（6）典型案例。如图3-2、图3-3所示。

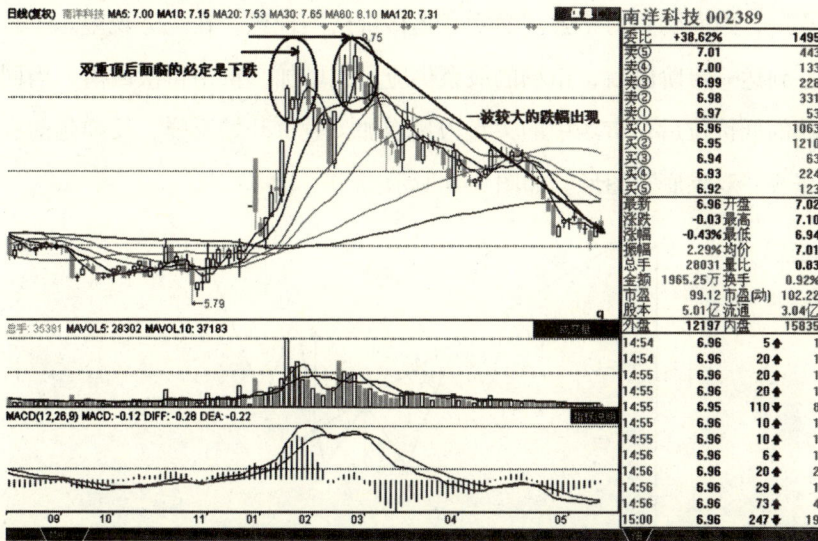

图 3-2 南洋科技（002389）日线走势中的双重顶形态

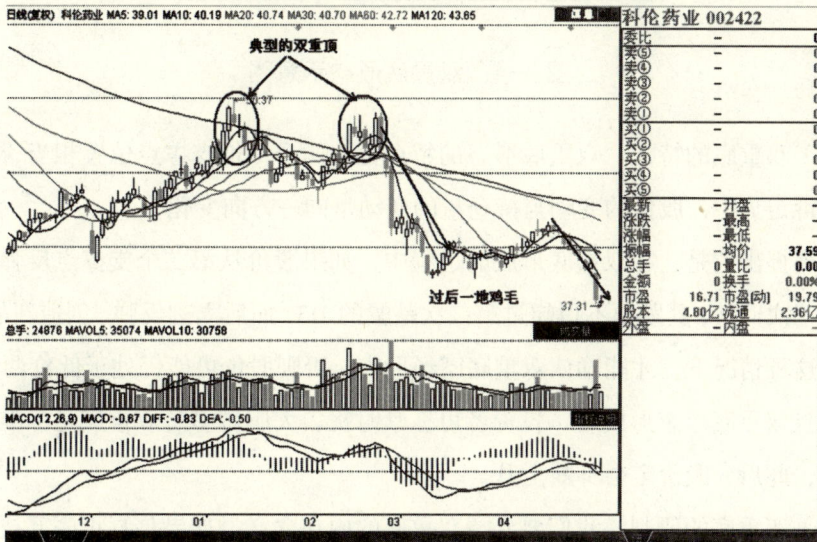

图 3-3 科伦药业（002422）日线走势中的双重顶形态

2. 双重底

（1）双重底定义。双重底也称"W底"，是指股票的价格在连续两次下跌的低点大致相同时形成的股价走势图形。两个跌至最低点的连线称为支撑线。它的形成一般是在下跌行情的末期，市场里股票的出售量减少，股价跌到一定程度后，开始不再继续下跌，与此同时，有些投资者见股价较低，开始进入市场吃进，这样，在买盘力量的推动下，股价又慢慢地回升。但这时投资者仍受下跌走势的影响，不敢大胆地买进，因而购买力不强。而卖者觉得价格不理想，在一旁观望。于是股价涨涨停停，到达一定阶段后，市场的股票供应量在增加，价格再次回落。当回落到前一次下跌的低价位后，市场中的买盘力量增加，股价开始反弹，反弹到前次的高点后，便完成"双重底"图形。如图 3-4 所示。

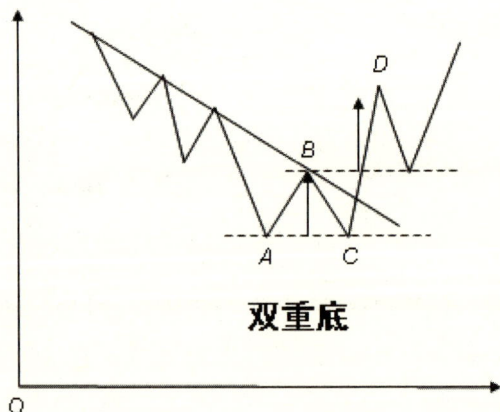

图 3-4　双重底形态示意图

（2）双重底的特征。双重底形态的特点是，两个低价支撑点位置相当，而且在整个股价走势中，股价的变动与持仓量的变动呈同一方向变化。

值得提出的是，在双重底形成的过程中，如果股价从第二个支撑点反弹后，出现了第三次回跌，其跌幅不得超过第二次跌幅的 1/3，而后立刻反弹，创造新的高点。只有在这种情况下，才能确认双重底已经形成，否则股价可能仍处于低价调整期。

一旦双重底形态形成后，投资者可抓紧时机，大胆做多。双重底是标准的低价反转型，此后，股价定会不断上升。

（3）双重底的研判。我们要弄清双重底的内在含义。如果是真正底部技术意义的双重底形态，其反映的是市场在第一次探底消化获利筹码的压力后下探，而后再度发力展开新的行情。既属于技术上的操作，也有逢低吸筹的意义，也就是在第一次上涨中获得的筹码有限，为了获得低位的廉价筹码，所以再度下探。这就反映出两重含义：一是做多的资金实力有限并且参与的时间仓促，所以通过反复的方式获得低位筹码，同时消化市场压力，否则市场的底部就会是 V 形的；二是市场的空方压力较大，市场上涨过程中遇到了较大的抛盘压力，市场并没有形成一致看多的共识，不得不再次下探。

（4）双重底的技术形态。在两个底部中第二个底部的位置更高，意味着市场做多的力量占据上风，否则就表明当前走势是弱势，即这种双底是很弱的。

（5）典型案例。如图 3-5、图 3-6 所示。

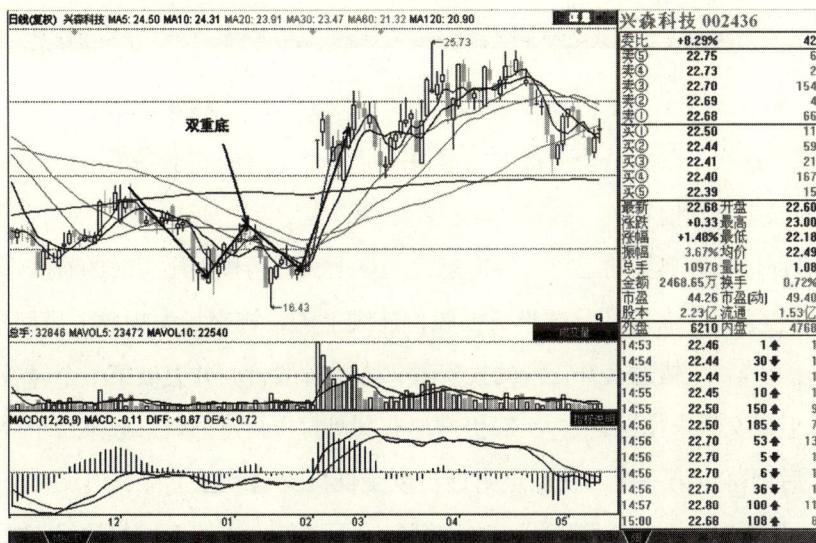

图 3-5　兴森科技（002436）日线走势中的双重底形态

二、头肩顶和头肩底

1. 头肩顶

（1）头肩顶定义。头肩顶是投资技术分析使用的描述股票价格或市场指数的一种形态，图中的曲线犹如人的两个肩膀扛一个头，如图 3-7 所示。股票价格从左肩处开始上涨至一定高度后跌回原位，然后重新上涨超过左肩的高度形成头部后再度下跌回原位；经过整理后开始第三次上涨，当涨幅达到左肩高度形成右肩后开始第

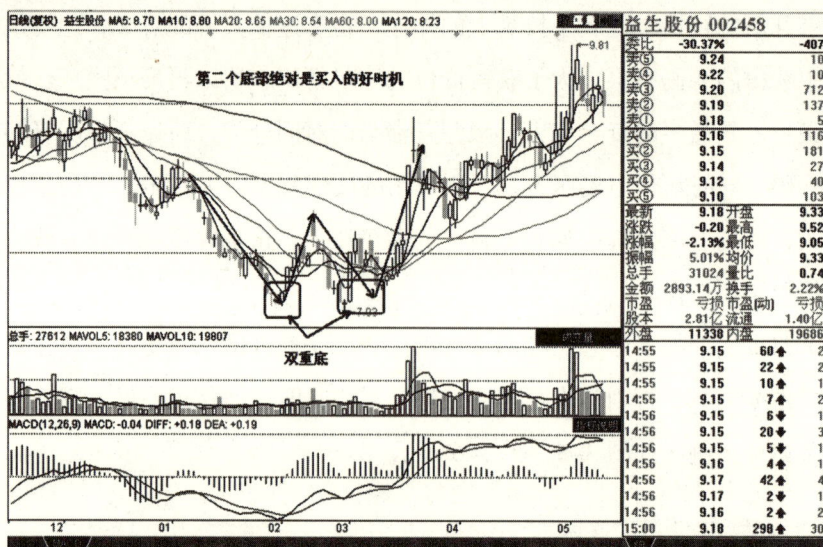

图 3-6　益生股份（002458）日线走势中的双重底形态

三次下跌，这次下跌的杀伤力很大，很快跌穿整个形态的底部并不再回头。头肩顶为典型的熊态出货信号。

头肩顶形态为典型的趋势反转形态，是在上涨行情接近尾声时的看跌形态，图形由左肩、头部、右肩及颈线形成。股价连续上涨，成交量大幅放大后回落整理，形成第一个峰谷，错过上升行情的投资者买入推升股价，并突破第一个峰谷位置创出新高，但成交量未见连续放大，股价遭遇获利盘打压再度回调形成第二个峰谷（头部），之后回落至第一次下跌低点附近再度受低位买盘刺激上涨，但反弹至第一个峰谷附近就掉头向下，并跌穿第一次和第二次回落低点连线形成的颈线支撑，第三个峰谷形成，头肩顶形态形成。当形态形成之后，股价下跌幅度为最高点与颈线之间的垂直高度。

（2）形态分析。头肩顶走势，可以划分为以下四个部分。

①左肩。持续一段上升的时间，成交量很大，过去在任何时间买进的人都有利可图，于是开始获利沽出，令股价出现短期的回落，成交较上升到其顶点时有显著的减少。

②头部。股价经过短暂的回落后，又有一次强力的上升，成交亦随之增加。不过，成交量的最高点较之左肩部分，明显减退。股价升破上次的高点后再一次回落。成交量在这回落期间亦同样减少。

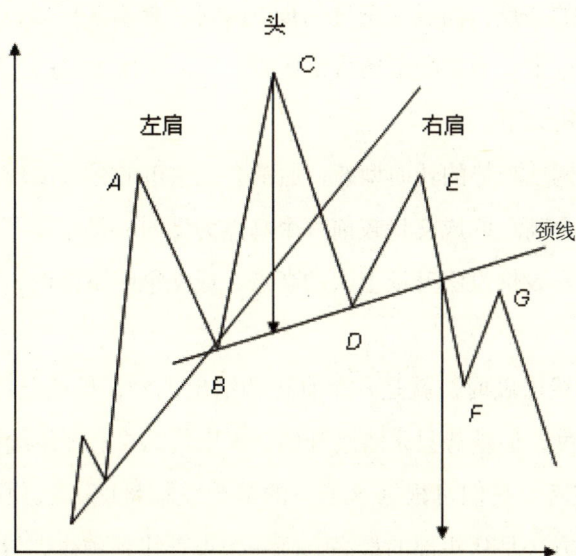

图 3-7 头肩顶形态示意图

③右肩。股价下跌到接近上次的回落低点又再获得支持回升，可是，市场投资的情绪显著减弱，成交较左肩和头部明显减少，股价没法抵达头部的高点便告回落，于是形成右肩部分。

④突破。从右肩顶下跌穿破由左肩底和头部底所连接的底部颈线，其突破颈线的幅度要超过市价的 3% 以上。

简单来说，头肩顶的形状呈现三个明显的高峰，其中位于中间的一个高峰较其他两个高峰的高点略高。至于成交量方面，则出现梯级下降。

（3）市场含义。头肩顶是一个不容忽视的技术性走势，我们从这形态可以观察到多空双方的激烈争夺情况，行情上升后下跌，再上升再跌，买方的力量最后完全放弃，卖方完全控制市场。

初时，看好的力量不断推动股价上升，市场投资情绪高涨，出现大量成交，经过一次短期的回落调整后，那些错过上次升势的人在调整期间买进，股价继续上升，而且越过上次的高点，表面看来市场仍然健康和乐观，但成交量已大不如前，反映出买方的力量在减弱。那些对前景没有信心和错过了上次高点获利回吐的人，或是在回落低点买进作短线投机的人纷纷沽出，于是股价再次回落。

第三次的上升，为那些后知后觉错过了上次上升机会的投资者提供了机会，但股价无力越过上次的高点，而成交量进一步下降时，差不多可以肯定过去看好的乐观情绪已完全扭转过来。未来的市场将是疲弱无力，一次大幅的下跌即将来临。

对此形态的分析如下。

①这是一个长期性趋势的转向型态，通常会在牛市的尽头出现。

②当最近的一个高点的成交量较前一个高点为低时，就暗示了头肩顶出现的可能性；当第三次回升股价没法升抵上次的高点，成交继续下降时，有经验的投资者就会把握机会沽出。

③当头肩顶颈线击破时，就是一个真正的沽出讯号，虽然股价和最高点比较，已回落了相当的幅度，但跌势只是刚刚开始，未出货的投资者继续沽出。

④当颈线跌破后，我们可根据这形态的最少跌幅量度方法预测股价会跌至哪一水平。这量度的方法是从头部的最高点画一条垂直线到颈线，然后在完成右肩突破颈线的一点开始，向下量出同样的长度，由此量出的价格就是该股将下跌的最小幅度。

（4）要点提示。

①一般来说，左肩和右肩的高点大致相等，部分头肩顶的右肩较左肩为低。但如果右肩的高点较头部还要高，形态便不能成立。

②如果其颈线向下倾斜，显示市场非常疲乏无力。

③成交量方面，左肩最大，头部次之，而右肩最少。不过，有些统计显示，大约有三分之一的头肩顶左肩成交量较头部为多，三分之一的成交量大致相等，其余的三分之一是头部的成交大于左肩的。

④当颈线跌破时，即使成交量不增加也该信赖，倘若成交量在跌破时激增，显示市场的抛售力量十分庞大，股价会在成交量增加的情形下加速下跌。

⑤在跌破颈线后可能会出现暂时性的回升（后抽），这情形通常会在低成交量的跌破时出现。不过，暂时回升应该不超过颈线水平。

⑥头肩顶是一个杀伤力十分强大的形态，通常其跌幅大于量度出来的最少跌幅。

⑦假如股价最后在颈线水平回升，而且高于头部，又或是股价于跌破颈线后回升高于颈线，这可能是一个失败的头肩顶，不宜信赖。

⑧头肩顶形态可能会失败，但未"完工"的头肩顶形态说明行情虽然还有生命力，可是真正的反转可能很快就要到来。

（5）特征分析。在上升途中出现了 3 个峰顶，这 3 个峰顶分别称为左肩、头部和右肩。从图形上看，左肩、右肩的最高点基本相同，而头部最高点比左肩、右肩最高点要高。另外股价在上冲失败向下回落时形成的两个低点也基本上处在同一水平线上。这同一水平线，就是通常说的颈线，当股价第三次上冲失败回落时，这根颈线就会被击破。于是头肩顶正式宣告成立。在头肩顶形成过程中，左肩的成交量最大，头部的成交量略小些，右肩的成交量最小。成交量呈递减现象，说明股价上升时追涨力量越来越弱，股价有涨到头的意味。

（6）操作建议。头肩顶是一种见顶信号，一旦头肩顶正式形成，股价下跌几乎成定局。一根中阴线使多方赖以生存的颈线被击破，股价收于颈线下方，头肩顶已基本成立，行情走到这个地步，投资者应该认清大势，停损离场是目前的最佳选择。

头肩顶是杀伤力很强的一种技术走势，为了避免头肩顶对投资者造成的重大伤害，投资者在实战中操作时要密切注意以下几个问题。

①当某一股价形成头肩顶雏形时，就要引起高度警惕。这时股价虽然还没有跌破颈线，但可先卖出手中的一些筹码，将仓位减轻，日后一旦发觉股价跌破颈线，就将手中剩余的股票全部卖出，退出观望。

②上涨时要放量，下跌时量可放大，也可缩小，对头肩顶这种形态来说，先是用很小的量击破颈线，然后再放量下跌，甚至仍旧维持较小的量往下滑落也是常有的事。投资者对此一定要有清醒的认识。

③头肩顶对多方杀伤力的大小与其形成时间长短成正比。因此，投资者不能只关心日 K 线图，对周 K 线图、月 K 线图出现的头肩顶更要高度重视。如果周 K 线图、月 K 线图形成头肩顶走势，说明该股中长期走势已经转弱，股价将会出现一个较长时间的跌势。

④头肩顶形态突破颈线后有两种走势，一是突破颈线后有一个回抽，这时就会出现明显的两个卖出；二是突破颈线后一路下跌，这时只有一个明显的卖点出现。一般认为，股价击破颈线 3 天后不能收于颈线上方，头肩顶形态才算真正成立。不过看到头肩顶真正成立时，可能股价已跌了很多，此时才停损立场，损失就大了。

（7）经典案例。如图 3-8、图 3-9 所示。

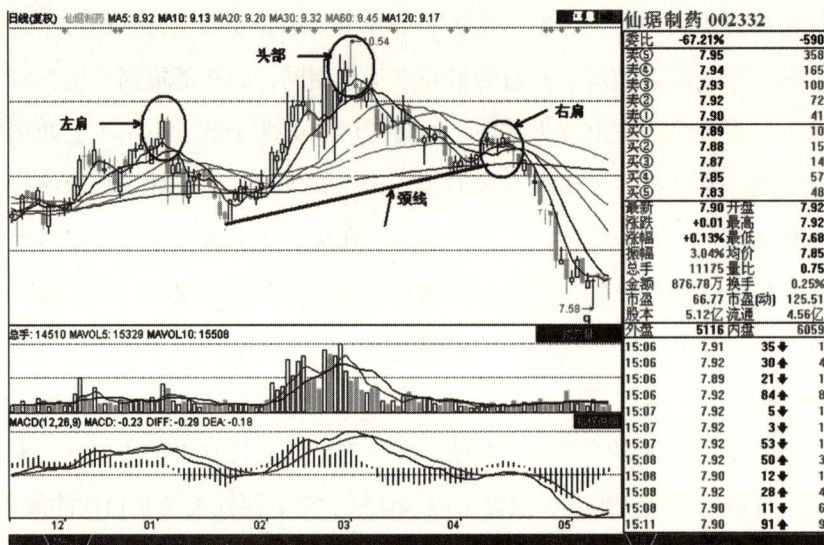

图 3-8　仙琚制药（002332）日线走势中的头肩顶形态

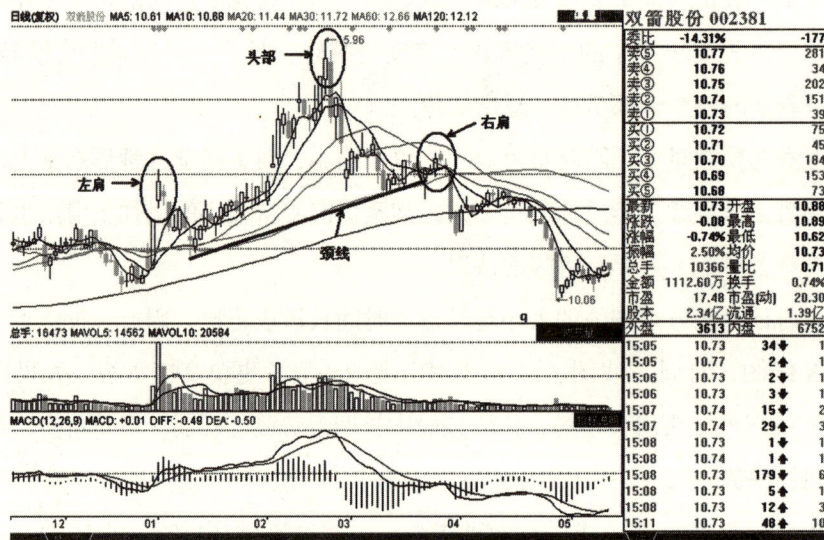

图 3-9　双箭股份（002381）日线走势中的头肩顶形态

2. 头肩底

（1）头肩底定义。头肩底是投资技术分析使用的描述股票价格或市场指数的一种形态，图中的曲线犹如倒置的两个肩膀扛一个头，如图 3-10 所示。股票价格从左肩处开始下跌至一定深度后弹回原位，然后重新下跌超过左肩的深度形成头部后再度反弹回原位；经过整理后开始第三次下跌，当跌至左肩位置形成右肩后开始第三次反弹，这次反弹的力度很大，很快穿过整个形态的顶部并且一路上扬。头肩底为典型的牛态入市信号。

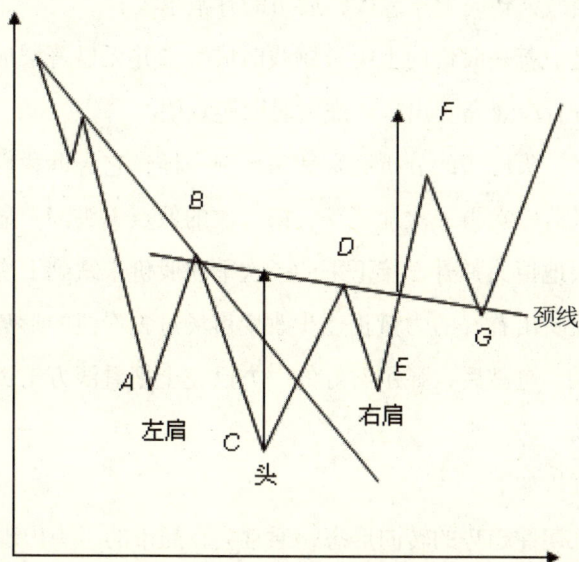

图 3-10　头肩底形态示意图

（2）形态分析。头肩底走势，可以划分为以下四个部分。

①左肩。急速的下跌，随后止跌反弹，形成第一个波谷，这就是通常说的"左肩"。形成左肩部分时，成交量在下跌过程中出现放大迹象，而在左肩最低点回升时则有减少的倾向。

②头部。第一次反弹受阻，股价再次下跌，并跌破了前一低点，之后股价再次止跌反弹形成了第二个波谷，这就是通常说的"头部"。形成头部时，成交会有所增加。

③右肩。第三次反弹再次在第一次反弹高点处受阻，股价又开始第三次下跌，但股价到与第一个波谷相近的位置后就不下去了，成交量出现极度萎缩，此后股价再次反弹形成了第三个波谷，这就是通常说的"右肩"。第三次反弹时，成交量显著增加。

④突破。第一次反弹高点和第二次反弹高点，用直线连起来就是一根阻碍股价上涨的"颈线"，但当第三次反弹时会在成交量配合下，将这根"颈线"冲破，使股价站在其上方。

头肩底的变体形态：

①颈线不一定是平行的，实际上可以向上或向下倾斜；

②头肩底有时会出现一头多肩或多头多肩的转向形态，此类形态较为复杂，但万变不离其宗。当然，转向形态愈大，后市的升幅越大。

值得注意的是，若是股价向上突破颈线时成交量并无显著增加，很可能是一个假突破，这时投资者应逢高卖出，考虑暂时回避观望。

（3）市场含义。头肩底的分析意义和头肩顶一样，它告诉我们过去的长期性趋势已扭转过来，股价一次再一次地下跌，第二次的低点（头部）显然较先前的一个低点为低，但很快地掉头弹升，接下来的一次下跌股价未跌到上次的低点水平已获得支持而回升，反映出看好的力量正逐步改变市场过去看淡的形势。当两次反弹的高点阻力线（颈线）打破后，显示看好的一方已完全把看淡方击倒，买方代替卖方完全控制整个市场。

对此形态的分析如下。

①这是一个长期性趋势的转向形态，通常会在熊市的尽头出现。

②当最近的一个低点的成交量较前一个低点为高时，就暗示了头肩底出现的可能性；当第三次下跌股价未降到前次的低点，成交继续上升时，有经验的投资者就会把握机会建仓。

③当头肩底颈线击破时，就是一个真正的买入讯号，虽然股价和最低点比较，已提升了相当的幅度，但升势只是刚刚开始，未建仓的投资者陆续买进。

④当颈线突破后，我们可根据这形态的最少跌幅量度方法预测股价会升至哪一水平。这量度的方法是从头部的最高点画一条垂直线到颈线，然后在完成右肩突破颈线的一点开始，向上量出同样的长度，由此量出的价格就是该股将上涨的最小幅度。

（4）要点提示。

①当头肩底颈线突破时，就是一个真正的买入讯号，虽然股价和最低点比较，已上升一段幅度，但升势只是刚刚开始，尚未买入的投资者应该继续追入。其最少升幅的量度方法是从头部的最低点画一条垂直线相交于颈线，然后在右肩突破颈线的一点开始，向上量度出同样的高度，所量出的价格就是该股将会上升的最小幅度。

②当颈线阻力突破时，必须要有成交量激增的配合，否则这可能是一个错误的突破。不过，如果在突破后成交逐渐增加，形态也可确认。

③一般来说，头肩底形态较为平坦，因此需要较长的时间来完成。

④在升破颈线后可能会出现暂时性的回跌，但回跌不应低于颈线。如果回跌低于颈线，又或是股价在颈线水平回落，没法突破颈线阻力，而且还跌低于头部，这可能是一个失败的头肩底形态。

⑤头肩底是极具预测威力的形态之一，一旦获得确认，升幅大多会多于其最少升幅的。

（5）特征分析。在空头市场中，看空做空的力量不断下压股价连创新低，出现一定递增成交量，由于已有一定的跌幅，股价出现短期的反弹，但反弹时成交量并未相应放大，主动性买盘不强，形式上还受到下降趋势线的压制，这就形成了"左肩"。接着股价又再增量下跌且跌破左肩的最低点。之后，随着股价继续下挫，成交量和左肩相比有所减少，说明下跌动力有所减小。此后股价反弹，成交量比左肩反弹阶段时放大，冲破下降趋势线，形成"头部"。当股价回升到左肩的反弹高点附近时，出现第三次的回落，这时的成交量很明显少于左肩和头部，股价回跌至左肩的低点水平附近时，跌势便基本稳定下来形成"右肩"。最后股价正式发动一次升势，伴随成交大量增加，有效突破颈线阻挡，成交更是显著上升，整个形态便告完成。一波较大涨势即将来临。

①头肩底形态的形成时间较长且形态较为平缓，不像头肩顶形态那样剧烈而急促。

②头肩底形态的总成交量比头肩顶形态的总成交量要少，这是由于底部供货不足而顶部恐慌抛售所致。

③头肩底形态突破颈线时必须要有量的剧增才算有效，而头肩顶形态突破颈线时则可以是无量下跌。

④头肩底形态的价格在突破颈线后更习惯于反抽，原因是落袋为安的交易者比较多。

⑤头肩底形态的颈线常常向右方下倾，如果颈线向右方上倾，则意味着市场更加坚挺。

（6）操作建议。头肩底形态形成过程，股价向上突破本轮下降趋势线为第一买点；当头肩底颈线突破时，为第二买入信号；当股价回调至颈线位置时为第三个买点，此时虽然股价和最低点比较，已上升一段幅度，但升势只是刚刚开始，尚未买入的投资者应该继续追入。

①在回抽颈线位时买入，适合稳健型投资者，但如果遇到走势强劲的黑马股，往往突破之后不做回抽，可能会因失去机会。

②在突破颈线位当天收市前买入，适于进取型投资者，但由于追进价较高，可能要承担回抽时暂时套牢，也可能是无效突破而有被高位套牢的风险。

③更为大胆的投资者为获取更大利润，往往在头肩底的右肩形成中即开始建仓，也就是根据一般情况下形态对称的特性，在右肩接近左肩低点时买入。

（7）典型案例。如图 3-11、图 3-12 所示。

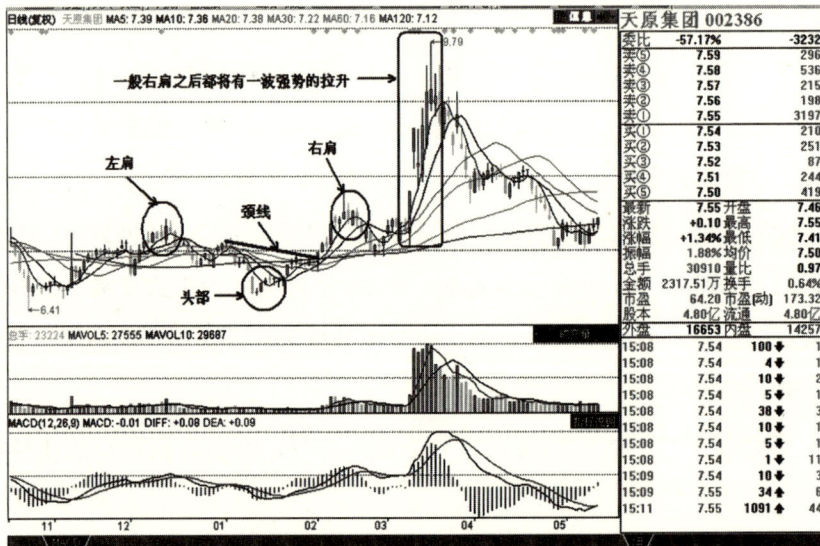

图 3-11　天原集团（002386）日线走势中的头肩底形态

三、三重顶（底）形态

三重顶（底）形态是双重顶（底）的扩展形式，也是头肩顶（底）的变形，由三个一样高或一样低的顶和底组成。与头肩顶（底）的区别是头的价位回缩到与肩差不多相等的位置，有时甚至低于或高于肩部一点。如图 3-13 所示。

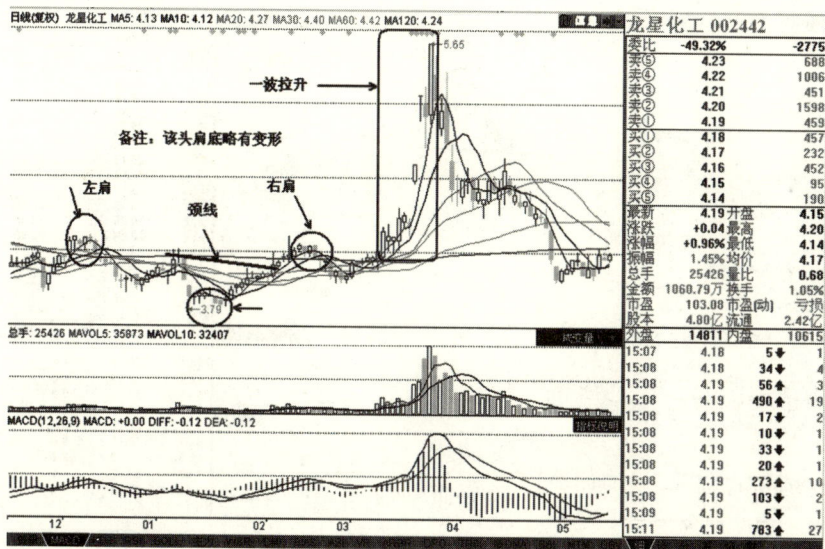

图 3-12 龙星化工（002442）日线走势中的头肩底形态

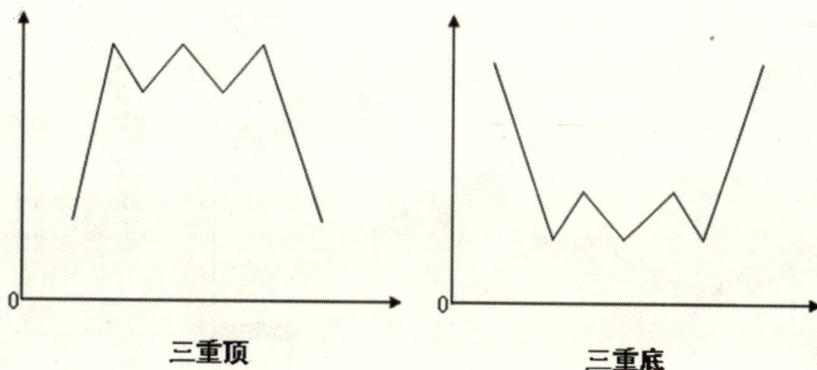

图 3-13 三重顶（底）形态示意图

应用和识别三重顶（底）的方法主要是用识别头肩顶（底）形态的方法。头肩顶（底）形态适用的方法三重顶（底）都适用，这是因为三重顶（底）从本质上说就是头肩顶（底）形态。

与一般头肩顶（底）形态最大的区别是，三重顶（底）的颈线和顶部（底部）连线是水平的，这就使得三重顶（底）具有矩形的特征。与头肩顶（底）形态相比，三重顶（底）更容易演变成持续形态，而不是反转形态。

典型的三重顶（底）案例如图 3-14、图 3-15 所示。

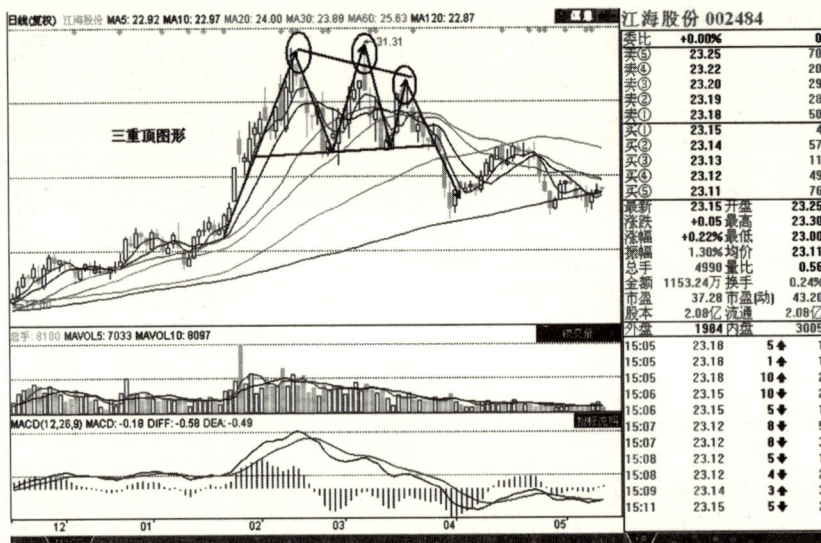

图 3-14　江海股份（002484）中的三重顶形态

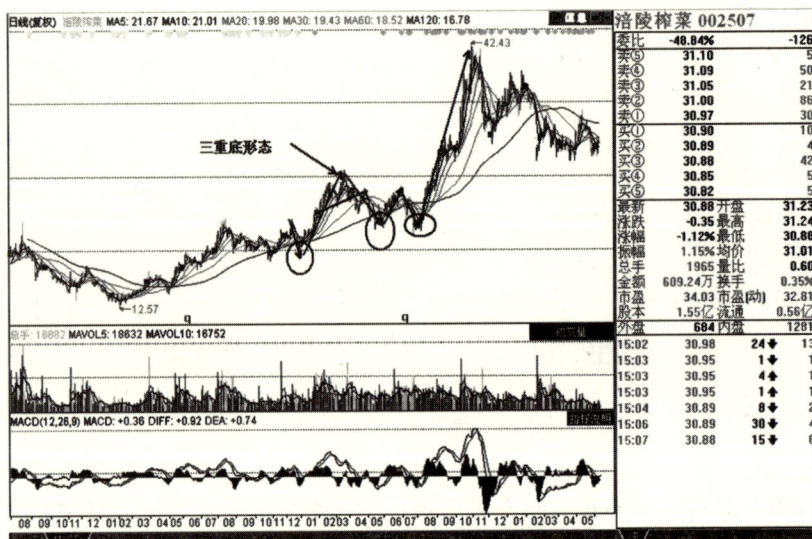

图 3-15　涪陵榨菜（002507）中的三重底形态

四、圆弧形态

圆弧形态和双重底、双重顶一样，也是两种形态，一种是圆弧底，一种是圆弧顶。我们分别来介绍。

1. 圆弧底

（1）圆弧底定义。圆弧底形态属于一种盘整形态，多出现在价格底部区域，是极弱势行情的典型特征。其形态表现在 K 线图中宛如锅底状。如图 3-16 所示。

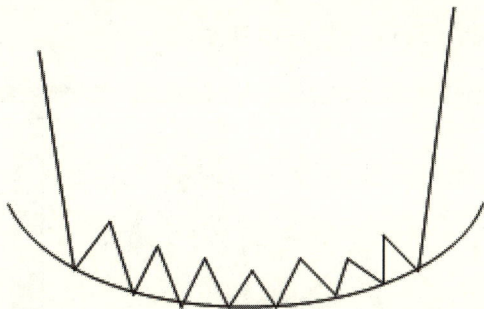

圆弧底

图 3-16　圆弧底形态示意图

一旦圆弧底形态形成后，投资者可抓紧时机，大量买进。圆弧底是标准的股价反转形态，此后，股价定会不断上升。如果伴随着股价前期一直放量横盘，则是明显的吸筹。阳线放量，阴线缩量，股价横盘，一旦形成圆弧底洗盘，一般涨幅会非常大。

（2）形成的原因。圆弧底形态的形成是由于价格经过长期下跌之后，卖方的抛压逐渐消失，空方的能量基本上已释放完毕，许多高位深度套牢盘，因价格跌幅太大，只好改变操作策略，继续长期持仓不动。但由于短时间内买方也难以汇集买气，价格无法上涨，加之此时价格元气大伤，价格只有停留在底部长期休整，以恢复元气，行情呈极弱势。持仓人不愿割肉，多头也不愿意介入，价格陷入胶着状态，震幅小的可怜，此时，价格便会形成圆弧底形态，该形态也被称之为价格"休眠期"。

（3）形态解析。在圆弧底形态中，由于多空双方皆不愿意积极参与，价格显得异常沉闷，这段时间也显得漫长，在形态内成交量极小。圆弧底形态通常是大型投资机构吸货区域，由于其炒作周期长，故在完成圆弧底形态后，其涨升的幅度也是惊人的。投资者如在圆弧底形态内买进，则要注意大型投资机构在启动价格前在平台上的震仓。价格在完成圆弧底形态后，在向上挺升初期，会吸引大量散户买盘，给大型投资机构后期拉抬增加负担，故大型投资机构会让价格再度盘整，形成平台整理，清扫出一批浮动筹码与短线客，然后再大幅拉抬价格。在价格上涨途中，大型投资机构不断地利用旗形与楔形调整上升角度，延续涨升幅度。所以，圆弧底形态从某种角度上说也可以称为黎明前的黑暗。在形态内，价格貌似平静如水，实际上是在酝酿着一波汹涌的滔天大浪。

（4）典型案例。如图 3-17、图 3-18 所示。

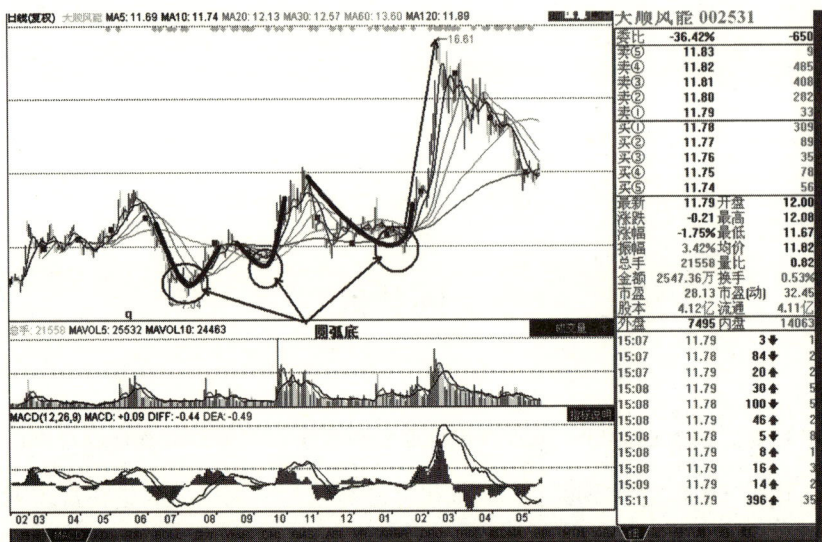

图 3-17　天顺风能（002531）日线走势中的圆弧底形态

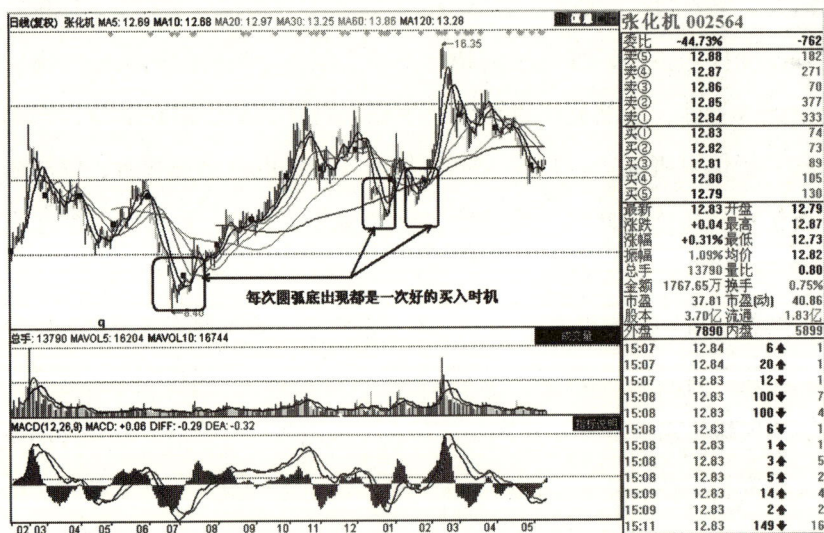

图 3-18　张化机（002564）日线走势中的圆弧底形态

2. 圆弧顶

（1）圆弧顶定义。圆弧顶指 K 线在顶部形成的圆弧形状。如图 3-19 所示。圆弧顶形态比较少见。圆弧顶形态代表着趋势很平缓的变化。在顶部，交易量随着市场的逐步转向而收缩。最后，当新的价格方向占据主动时，成交量又相应地逐步增加。一般认为，圆弧顶是股价下跌的预兆。如 2001 年中国股市在历史高点 2245.44 时大盘周 K 线就是一个典型的圆弧顶。

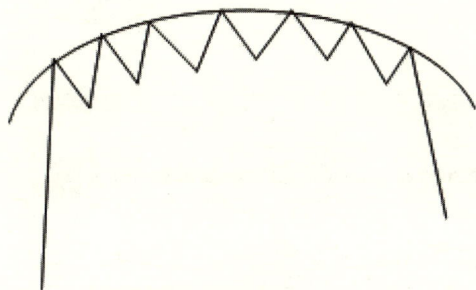

圆弧顶

图 3-19　圆弧顶形态示意图

在圆弧顶形态中股价呈弧形上升，虽然顶部不断升高，但每一个高点微升即回落，先是出现新高点，尔后回升点略低于前点，如果把短期高点相连接，就可形成一个圆弧顶状。同时在成交量方面也会呈圆弧状。多方在维持一段股价或指数的升势之后，力量逐步趋弱，难以维持原来的购买力，使涨势缓和，而空方力量却有所加强。导致双方力量均衡，此时股价保持平台整理的静止状态。一旦空方力量超过多方，股价开始回落，起初只是慢慢改变，跌势不明显，但后来空方完全控制市场，跌势转急，表明一轮跌势已经来临，先知先觉者往往在形成圆弧顶前抛售出局，不过在圆弧顶形成后，出局也不算太迟。

有时圆弧顶部形成后，股价不一定马上下跌，只是重复横向发展形成平台整理区域。这平台整理区域称作碗柄。不过，这碗柄很快会被突破，股价继续朝预料中的趋势下跌。

圆弧反转在股价的顶部出现，等股价跌破前一次形成圆弧顶始点时形态才能确立。

圆弧顶的最小跌幅一般是圆弧头部颈线到圆弧顶最高点之间的直线距离。

（2）典型案例。图3-20中，长江投资（600119）就出现大小三个圆弧顶。

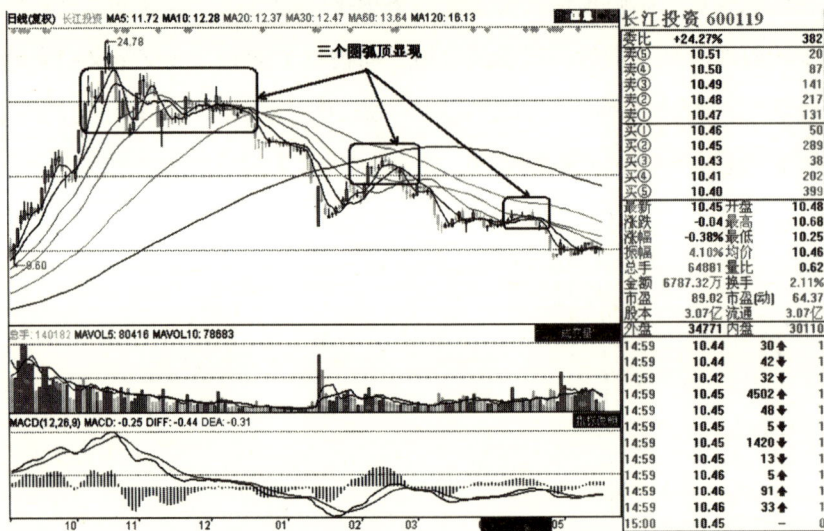

图 3-20　长江投资（600119）日线走势中的三个圆弧顶形态

图3-21中，杭钢股份（600126）也是三个圆弧顶出现后股价下跌。

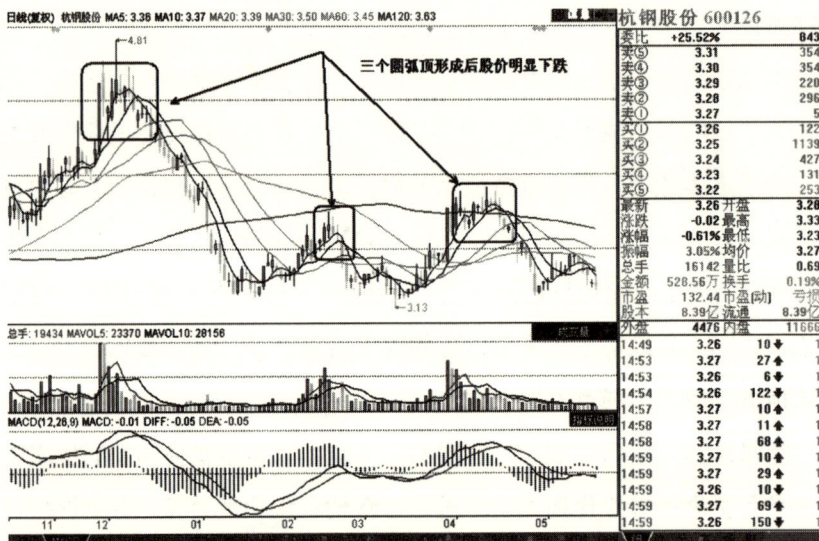

图 3-21　杭钢股份（600126）日线走势中的三个圆弧顶形态

五、喇叭形

1. 喇叭形定义

当股价经过一段时间的上升后下跌，然后再上升再下跌，上升的高点较上次的高点高，下跌的低点亦较上次的低点低，整个形态以狭窄的波动开始，然后向上下两方扩大。如果我们把上下的高点和低点分别用直线连接起来，就可以呈现出喇叭形状（见图 3-22），所以称之为扩散喇叭形。不管喇叭形向上还是向下倾斜其含义是一样的，喇叭形最常出现在涨势多头末期，意味着多头市场的结束，常常是大跌的先兆。

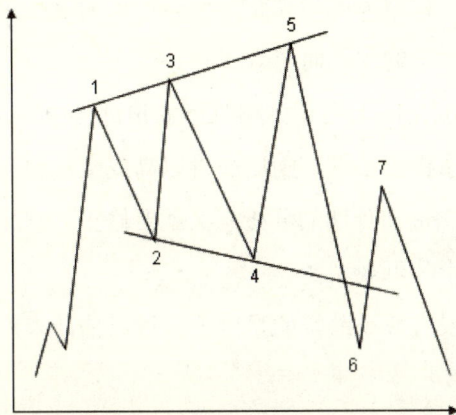

图 3-22 喇叭形示意图

2. 形成原因

扩散喇叭形是由于投资者冲动的投机情绪所造成的，通常在长期性上升阶段的末期出现，在一个缺乏理性和失去控制的市场中，投资者被市场炽烈的投机风气所感染，当股价上升时便疯狂追涨，但当股价下跌时又盲目地加入抛售行列疯狂杀跌。这种市场极度冲动和杂乱无序的行动，使得股价不正常地狂起狂落，上升时高点较前次高，低点则较前次低，也容易产生成交不规则及巨额差幅成交量，反映出投资者冲动的买卖情绪。

我们也可以将扩散喇叭形看作是市场最后的消耗性上涨，最后的疯狂往往会将股价推高到很高的价位，但也暗示着市场购买力得到充分的发挥，升势已到了尽头，随后的多杀多式的下跌也会较为惨烈，准确地说扩散喇叭形是市场情绪化、不理智的产物，因此它绝少在跌市的底部出现，原因是股价经过一段时间的下跌之后，在低沉的市场气氛中市场投资意愿薄弱，不可能形成这种形态。

3. 特征及条件

扩散喇叭形形成的特征及条件如下。

（1）标准完美的喇叭形有三个高点两个低点，这三个高点一个比一个高，中间的两个低点则一个比一个低，当股价从第三个高点回跌，其回落的低点较前一个低点为低时，可以假设形态成立。和头肩顶一样，喇叭形属于"五点转向"形态，故此一个较平缓的喇叭形也可视之为一个有较高右肩和下倾颈线的头肩式走势。当然实战中不可教条，不可按图索骥，掌握原理方可准确判断。

（2）成交量方面，扩散喇叭形在整个形态形成的过程中，保持着高而且不规则的成交量，并且不随形态的发展而递减。

（3）形态也有可能会向上突破。喇叭形的顶部是由两个同一水平的高点连成，并且第三次下探成交量极度萎缩，随后股价以高成交量向上突破（收市价超越阻力水平3%），那么此形态最初预期的分析意义就要修正，它显示前面上升的趋势仍会持续，未来的升幅将十分可观。

（4）这种形态并没有最小跌幅的量度公式可以估计未来跌势，但一般来说跌幅都很大。

（5）向下突破无需放量配合，只要跌破下边两点连线即可确认。

4. 操作策略

由于扩散喇叭形态绝大多数是向下突破，所以投资者尽量不要参与其买卖活动，注意以减磅操作为主。最佳的卖点为上冲上边线附近时卖出，其次为跌破下边线或待其反抽时果断止损离场。

图3-23中，华新水泥（600801）日线分时图的喇叭形态。

敦煌种业（600354）的日线走势图中也出现了喇叭形，如图3-24所示。

六、V形反转

在形态战法中，V形底是最富戏剧性的，可谓否极泰来，物极必反。在人们最恐慌的时候，在股价下跌最猛烈的时候，突如其来的因素扭转了急跌的下降趋势，股价出现了绝地反击的变化，急跌变成了急涨。无论是超跌反弹中的小型V字形尖底，还是中级趋势逆转中的 V 形反转，都令人向往和期待。因为一旦 V 形反转形态出现，个股表现通常非常惊人，上涨的力度都比较大，而且是短期内急速的拉升。因此，把握 V 形底这种走势是让账户增值最快的一种战法。

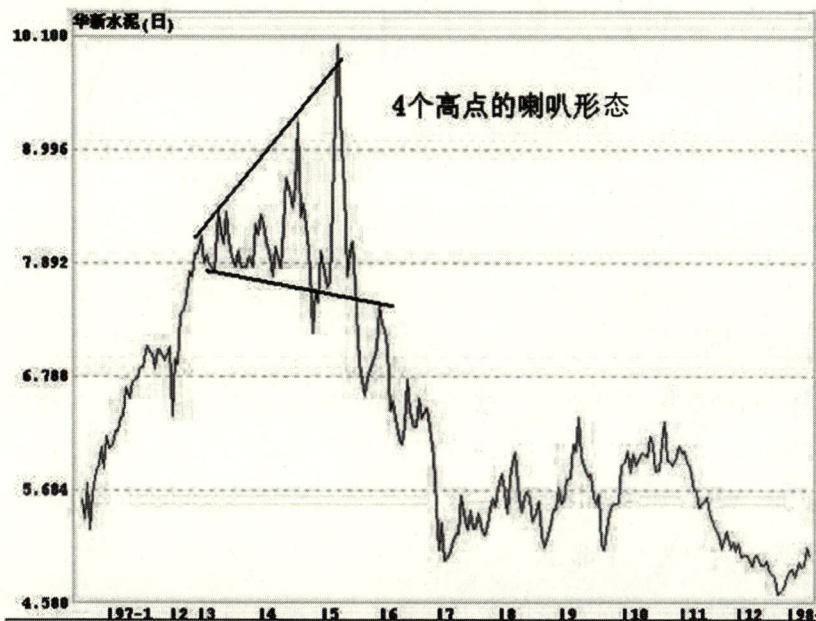

图 3-23　华新水泥（600801）日线走势中的喇叭形态

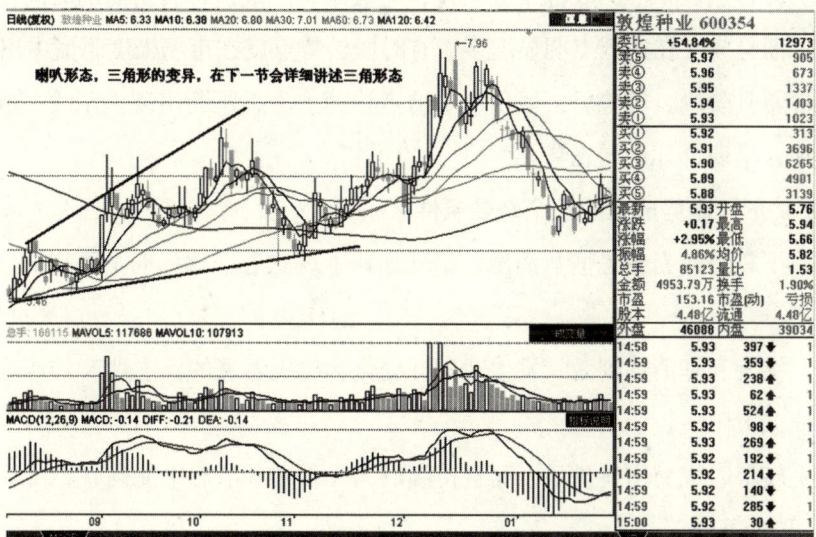

图 3-24　敦煌种业（600354）日线走势中的喇叭形态

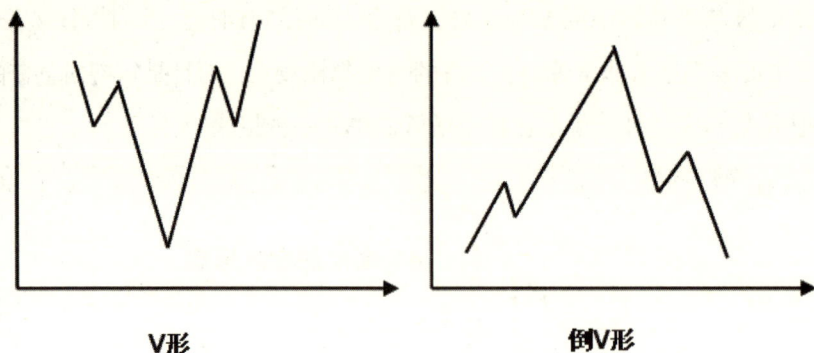

V形   倒V形

图 3-25　V形反转形态示意图

1. 形态特征

V形底也称尖底，股价先是一路连续下跌，让人沮丧绝望，后来又一路持续攀升，令人欣喜若狂，这种冰火两重天的走势，反映在 K 线图上就像一个大写的英文字母"V"（或倒"V"）。如图 3-25 所示。

V形形态可分为三个部分。

（1）急跌阶段。通常 V 形的左方跌势十分陡峭，而且是连续急跌，甚至无量空跌。

（2）转折点。V 形的底部十分尖锐，一般来说形成这种转折点的时间仅两三个交易日，而且成交在这低点明显增多，有时候转势点就在市场极度恐慌中出现。

（3）急升阶段。转势后，股价从最低点快速上涨，不断出现大阳线，成交量亦随之增加，呈现价升量增态势。

2. "V 形"走势成立的三个必要条件

（1）下跌趋势当中恐慌盘涌出，出现加速下跌状态，比如向下跳空缺口，大阴线等。

（2）突发利好消息刺激，发生戏剧性变化，出现看涨的标志性 K 线组合，如长下影阳线或大阳线。

（3）转势时成交明显扩量，而且持续放大，否则该形态不能确立。

3. 形成条件

（1）V 形底主要是由于前期恐慌性抛售、过度急跌导致的，之所以能在短期之内出现惊人的上涨，是超跌之后报复性急涨的结果。此类行情往往在发生之前就有较大的跌幅，继之出现超跌，之后在一些利好消息的刺激下开始急涨。也就是说，它是由于内外双重因素合力形成的结果，内因是累计跌幅巨大（超跌），外因是突发利好消息刺激。

（2）V形反转是由于突发性利多引发的上涨，一般都是有改变上市公司基本面的重要信息突然公布，而在此之前其股价并没有特别的反应，在消息明确之后股价往往持续上涨，有的甚至连续涨停，此类例子数不胜数。其特点是利好属于突发性，事前保密性极强，因此当信息公布时，股价反应极为强烈。或者是之前股价虽有所反应但并不充分，因利好的力度极大，前期上涨不足以反映公司基本面的变化，当信息公布时，股价便急速上涨。当然，也有一些V形反转个股是技术上的炒作，是主力资金借助短期题材进行疯狂的拉升，介入的主力资金往往是快进快出。但一般说来，V形反转多数还是由于重大利好刺激而引发的行情。

4. 市场意义

（1）在下跌趋势中，由于抛压很大，股价会持续下跌，最后出现恐慌性杀跌。当空头能量极度发泄之后，强大的买盘逢低进场，于是乎买方的力量完全占据上风，引发抢筹行情，使得股价走势发生戏剧性的逆转，出现暴涨，几乎以下跌时同样的速度收复失地，因此在K线图上股价的运行轨迹就像一个V形字母。

（2）V形走势是个趋势转向形态，显示过去的下跌趋势已发生逆转，所以称之为V形反转。

（3）V形反转行情一般是可遇而不可求的，具有突发性，机会比较难把握。但V形反转行情也并非没有脉络可寻，当股价经过急跌，暴跌到非常低的位置，价值被严重低估，此时只要有任何利好就会成为刺激反转的导火索，所以，超跌是V形反转的前提。

5. 经验体会

（1）V形底形态虽然没有明确的量度升幅，但一般都会回到原来的下跌起点区域。

（2）V形底的买点没有其他底部形态的买点易于把握，而且最佳买入时机稍纵即逝。通常介入点位就是股价在底部区域放量跌不下去的回升初期，或是出现放量标志性看涨K线组合之时。

（3）V形底不易在形态完成前被确认，在超跌之后抄底的投资者，应该密切关注股价的发展方向，只要底部出现后三日不再创出新低，就应锁定筹码，此时不应有短线心态，涨了一点点就急忙卖出。性格比较激进的，在拉出第一根长阳放出巨量时就可先买入一些股票，当后几天V形走势逐渐明朗时，可继续加仓；而性格比较温和的，从稳健角度出发，在V形走势基本形成后再买进，这样虽然少赚一点，但风险也小一点。前期下跌的幅度越大，则后市上涨的空间也就越大。

（4）主力机构对一只连续下跌的超跌股进行吸筹时，有时会用打压式建仓手法，突然将股价砸到更低的位置，做出破位走势，技术指标非常难看，目的是引诱恐慌盘抛出，然后迅速拉回，再接手解套盘。此类股票之前的走势都较弱，不受人关注，主力砸盘可以引发散户的割肉盘涌出，但却很少有散户敢于在此时低位承接。由于股价位置较低，即便V形底已经完成，散户还是不敢看好，那么主力就可以从容低吸。

（5）当股价出现急攻现象时，无论是向上攻击（井喷），还是向下攻击（暴跌），也无论是盘中分时的一气呵成，还是日线上的连续涨停、跌停，都是贯穿着一口气的原理在里面。当这口气出尽时，攻击一方的能量自然就处于衰竭中，这时，也是攻击一方最脆弱的时候，而阻击的一方如果采用"先撤再出击"（就是主动的一退然后全力一击）的手段，比如跳空低开高走的长阳线。攻击一方的最后能量就会在对方一退之中被泻掉了，之后阻击一方的全力一击攻击方难以招架，败退也就是必然了。之后阻击一方将主导一段时间的市场全局，攻击一方重新积蓄能量则需要时间，这期间最多只能搞些短时间的偷袭。以上只是描述了股价在攻击中"急攻一口气"的双方逻辑上的对抗方式。但这也揭示了一个规律，即任何情况下的急攻，都只是一口气（持续攻击能量）在支撑着。而且攻击的时间越长，一旦这口气衰竭了，积蓄能量需要的时间越长，在技术攻击形态上也需要相当时间来重新修正。

6. 经典案例

如图3-36、图3-27、图3-28所示。

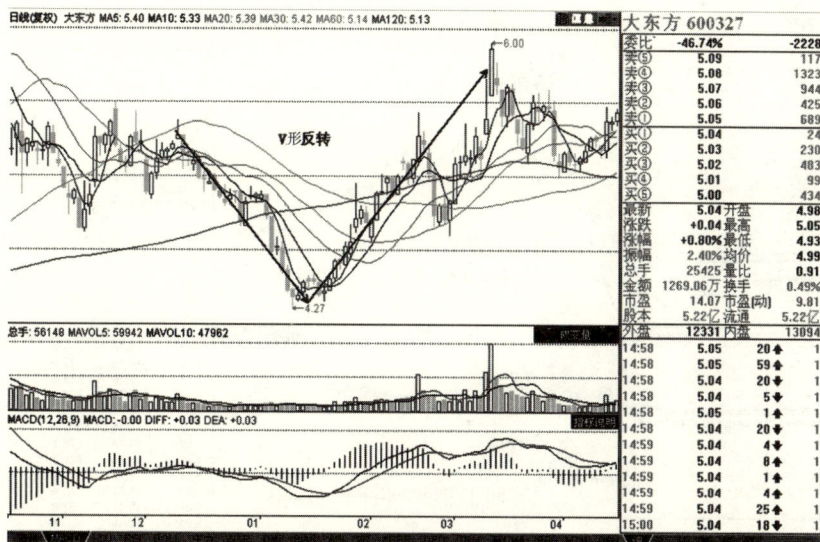

图 3-26　大东方（600327）日线走势中的 V 形反转

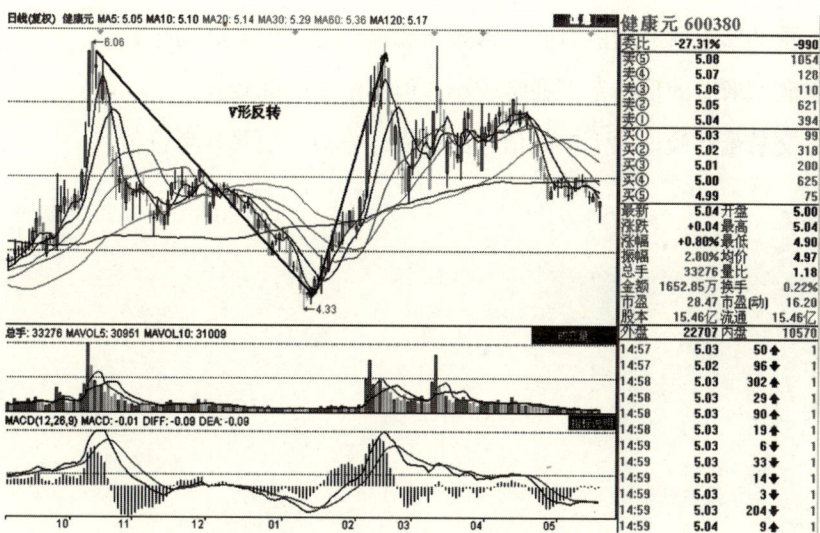

图 3-27　健康元（600380）日线走势中的 V 形反转

七、反转形态的共性

（1）在市场上事先确有趋势存在，是所有反转形态存在的前提。

（2）现行趋势即将反转的第一个信号，经常是重要的趋势线被突破。

（3）形态的规模越大，则随之而来的市场动作也越大。

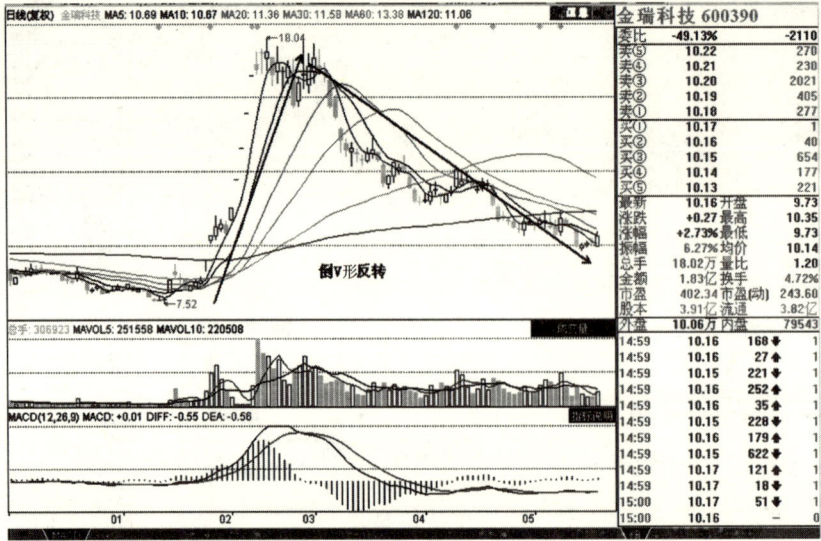

图 3-28　金瑞科技（600390）日线走势中的倒 V 形反转

（4）顶部形态所经历的时间通常短于底部形态，但其波动性较强。

（5）底部形态的价格范围通常较小，但其酝酿时间较长。

（6）交易量在验证向上突破信号的可靠性方面，更具参考价值。

第二节 整理形态

　　所谓整理是指股票价格维持原有的运动轨迹。市场事先确有趋势存在，是整理形态成立的前提。市场经过一段趋势运动后，积累了大量的获利筹码，随着获利盘纷纷套现，价格出现回落，但同时对后市继续看好的交易者大量入场，对市场价格构成支撑，因而价格在高价区小幅震荡，市场采用横向运动的方式消化获利筹码，重新积聚了能量，然后又恢复原先的趋势。整理形态即为市场的横向运动，它是市场原有趋势的暂时休止。

　　与反转形态相比，整理形态形成的时间较短，这可能是市场惯性的作用，保持原有趋势比扭转趋势更容易。整理形态形成的过程中，价格震荡幅度应当逐步收敛，同时，成交量也应逐步萎缩。最后在价格顺着原趋势方向突破时。应伴随着大的成交量。

本节介绍三角形整理、矩形整理、旗形和楔形四种整理形态。

一、三角形形态

三角形是股市图表中比较常见的一种形态，在实际走势中常出现于各个时间段，虽然有时也作为反转形态出现，但大多数时候属于中继整理形态。所谓整理是指股价经过一段时间的快速变动后，即不再前进或后退，而在一定区域内上下窄幅变动，等时机成熟后再决定以后的走势。这种显示以往走势的形态称之为整理形态，三角形整理形态大体可分为两类：收敛三角形和发散三角形，由于篇幅所限，本部分内容主要谈谈收敛三角形中常见的三种形态：对称三角形、上升三角形和下降三角形。如图 3-29 所示。

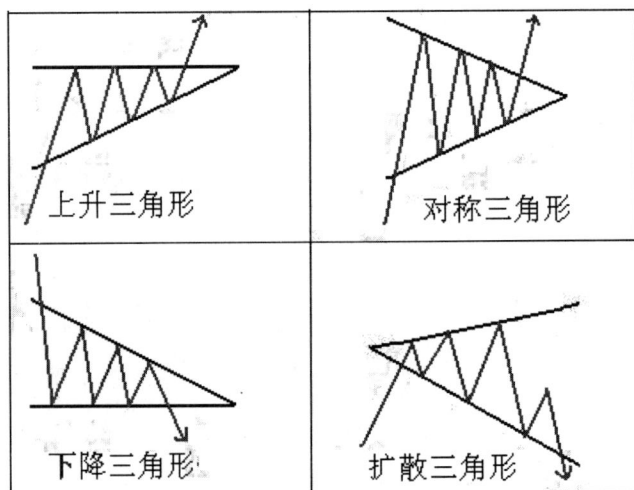

图 3-29　三角形整理形态示意图

1. 对称三角形

（1）对称三角形定义。对称三角形又称等腰三角形，虽然对称三角形亦有可能在升市的顶部或跌市的底部中出现，但一般情形下，对称三角形是属于整理形态。它是由一系列的价格变动点所组成，其变动幅度逐渐缩小，即每次变动的最高价，低于前次的水准，而最低价比前次最低价水准高，呈一压缩图形。如从价格变动的领域看，其上沿为向下斜线，下沿为向上倾线，把短期高点和低点，分别以直线连接起来，就可以形成一对称的三角形。如图 3-30 所示。对称三角形的成交量，因愈来愈小幅度的价格变动而递减，反映出多空力量对后市犹疑不决的观望态度，上升趋势中的对称三角形最终选择向上突破可作为比较经典的中继形态。

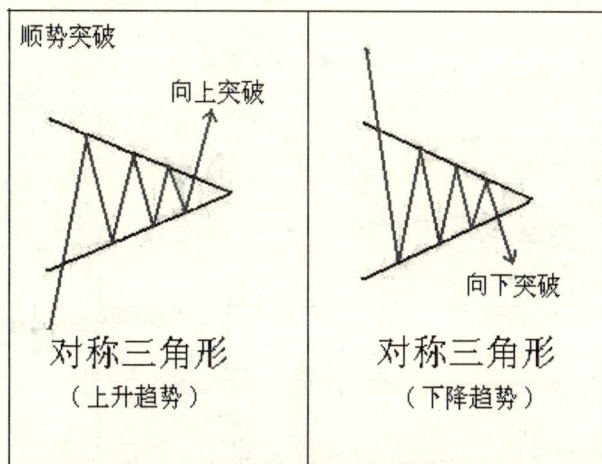

图 3-30　对称三角形形态示意图

（2）对称三角形的要点提示。

①一个对称三角形的形成，必须要有明显的两个短期高点和短期低点出现。

②对称三角形的股价变动愈接近其顶点而未能突破界线时，其力量愈小，若太接近顶点的突破即失效。通常在距三角形底边一半或四分之三处突破时会产生最准确的移动。

③向上突破需要大成交量伴随，向下突破则不必。有一点必须注意，假如对称三角形向下跌破时有极大的成交量，可能是一个错误的跌破讯号，股价在跌破后并不会如理论般回落。倘若股价在三角形的尖端跌破，且有高成交量伴随，情形尤为准确；股价仅下跌一两个交易日后便迅速回升，开始一次真正的升市。有假突破时，应随时重划界限形成新的三角形。

④虽然对称三角形大部分是属于整理型态，不过亦有可能在升市的顶部或跌市的底部中出现。根据统计，对称三角形中大约四分之三属整理形态，而余下的四分

之一则属转势形态（反转形态）。

⑤对称三角形突破后，可能会出现短暂的反方向移动（反抽），上升的反抽止于高点相连而成的形态。下跌的反抽则受阻于低点相连的线之下，倘若股价的反抽大于上述所说的位置，形态的突破可能有误。

（3）典型案例。如图 3-31、图 3-32 所示。

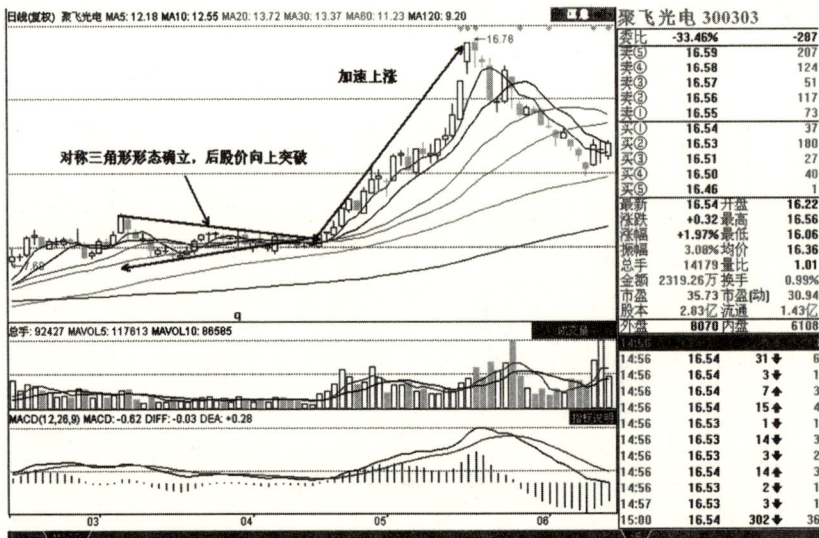

图 3-31　聚飞光电（300303）日线走势中的对称三角形形态

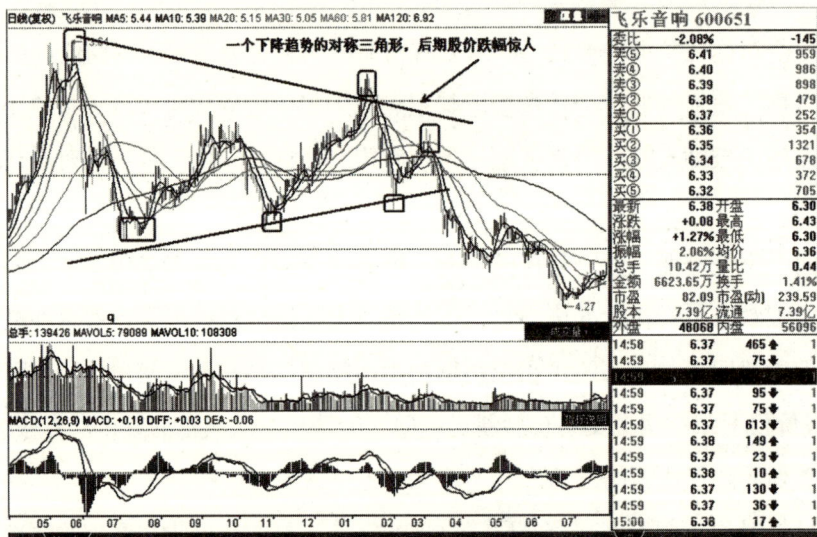

图 3-32　飞乐音响（600651）日线走势中的对称三角形形态

2. 上升三角形

（1）上升三角形定义。通常在回升高点的连线趋近于水平而回挡连线的低点，逐步垫高，因而形成往上倾的上升斜线，而在整理形态的末端，伴随着攻击量能的扩增，一般往上突破的机会较大。价格在某水平呈现强大的卖压，价格从低点回升到水平位置便告回落，但市场的购买力仍十分强，价格未回至上次低点便即时反弹，持续使价格随着阻力线的波动而日渐收窄。我们若把每一个短期波动高点连接起来，便可画出一条阻力线；而每一个短期波动低点则可相连出另一条向上倾斜的线，便形成上升三角形。如图 3-33 所示。成交量在形态形成的过程中是不断减少的。

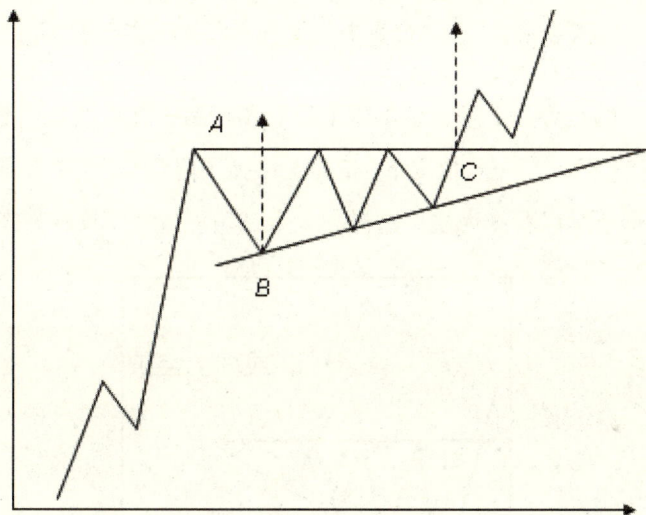

图 3-33　上升三角形形态示意图

（2）上升三角形的要点提示。

①如果股价原有的趋势是向上，遇到上升三角形后，几乎可以肯定今后是向上突破。如图 3-34 所示。但在上升行情的末端出现则容易发生假的向上突破。

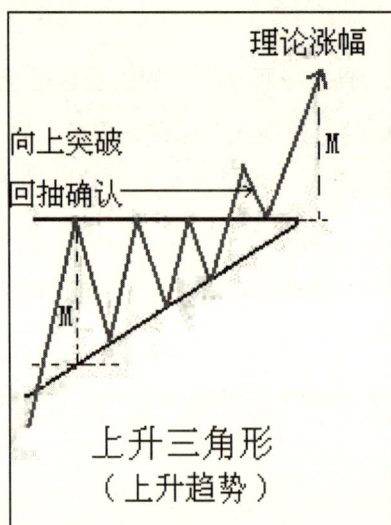

图 3-34　上升趋势中的上升三角形形态示意图

②如果原有的趋势是下降，则出现上升三角形后，前后股价的趋势可能会发生变化。如图 3-53 所示。一般情况下，依然会维持下降趋势，但在下降趋势处于末端时，上升三角形还是以看涨为主。这样。上升三角形就成了反转形态的底部。

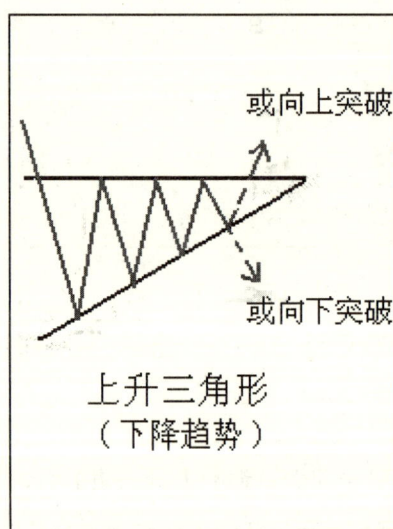

图 3-35　下降趋势中的上升三角形形态示意图

③上升三角形在突破顶部水平的阻力线时，有一个短期买入讯号，如图 3-36 所示。但上升三角形在突破时须伴有大成交量。

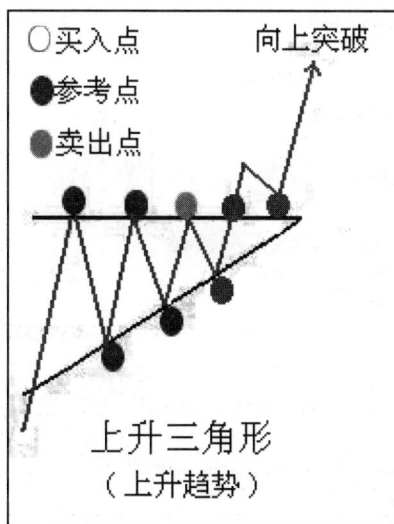

图 3-36　上升三角形形态突破顶部阻力线时示意图

④上升三角形被突破后，也有高度测算功能，方法与对称三角形类似。

（3）典型案例。如图 3-37、图 3-38 所示。

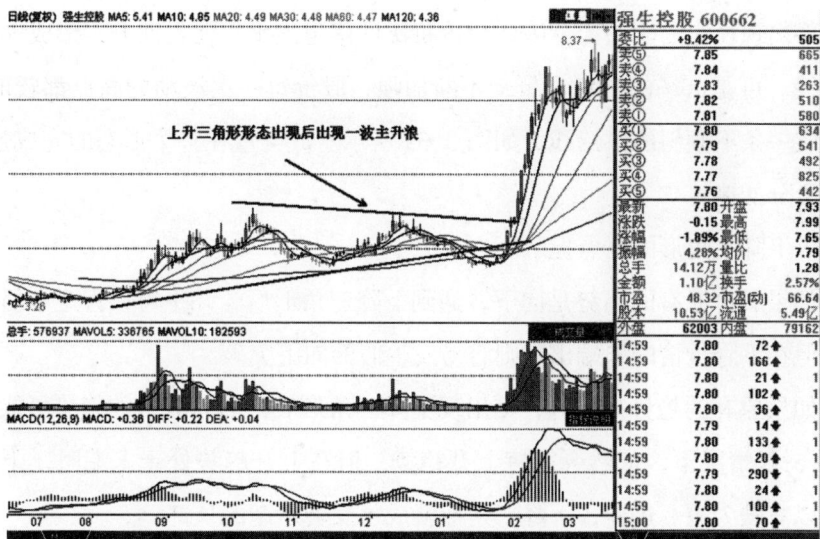

图 3-37　强生控股（600662）日线走势中的上升三角形形态

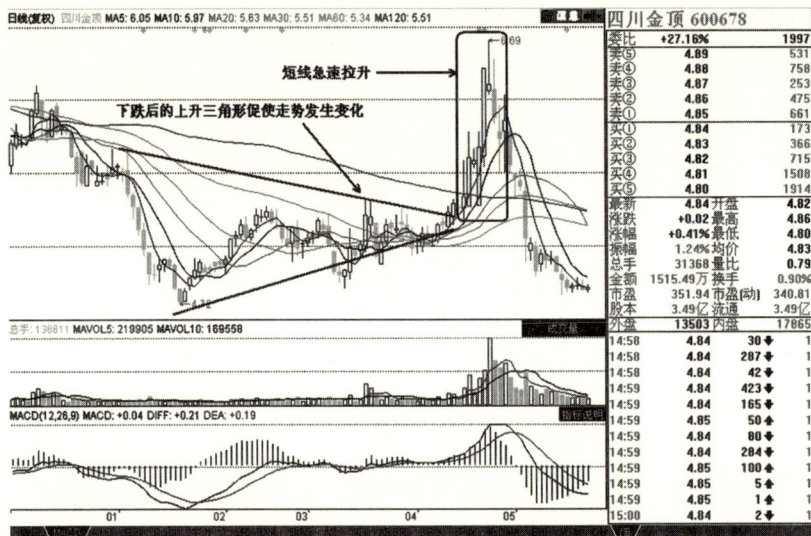

图 3-38　四川金顶（600678）日线走势中的上升三角形形态

3. 下降三角形

（1）下降三角形定义。下降三角形的形状与上升三角形恰好相反，股价在某特定的水平出现稳定的购买力，因此股价每次回落至该水平便告回升，形成一条水平的需求线。可是市场的沽售力量却不断加强，股价每一次波动的高点都较前次低，于是形成一条下倾斜的供给线。如图 3-39 所示。成交量在整个形态的完成过程中，一直会十分低迷。

（2）下降三角形的要点提示。

①如果股价原有的趋势是向下，遇到下降三角形后，几乎可以肯定今后是向上突破。但在下降行情的末端出现则容易发生假的向下突破。

②如果原有的趋势是上升，则出现下降三角形后，前后股价的趋势可能会发生变化。一般情况下，依然会维持上升趋势，但在上升趋势处于末端时，下降三角形还是以看跌为主。这样，下降三角形就成了反转形态的顶部。

③下降三角形在突破底部水平的阻力线时，有一个短期卖出信号，但下降三角形在突破时不必有大成交量来证实。

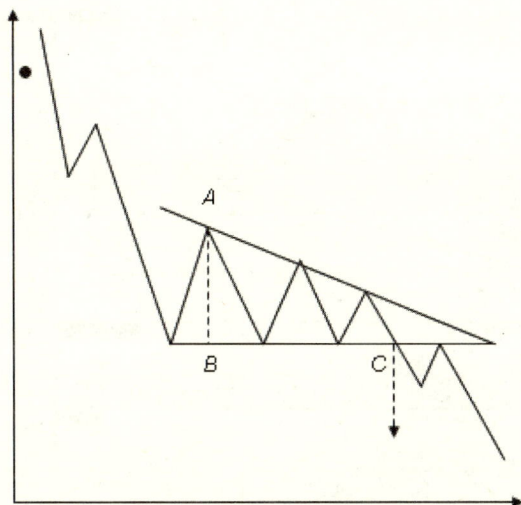

图 3-39 下降三角形形态示意图

④下降三角形被突破后，也有高度测算功能，方法与对称三角形类似。

（3）典型案例。如图 3-40、图 3-41 所示。

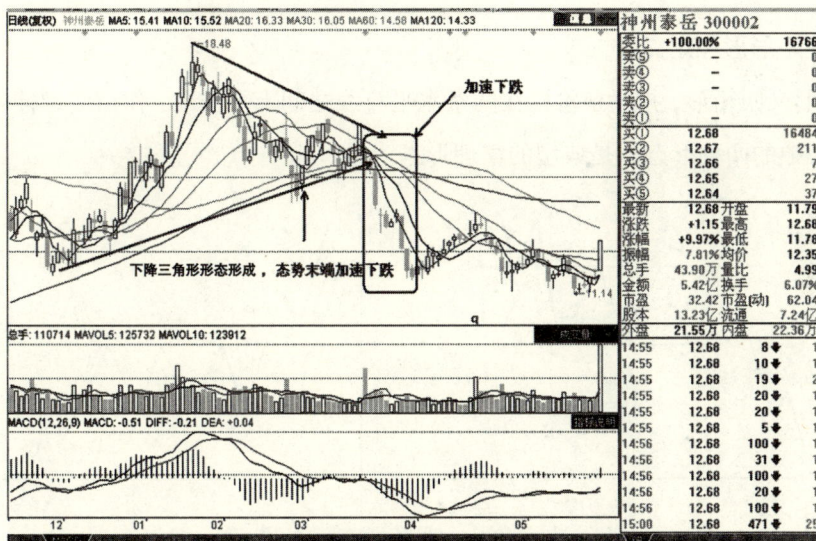

图 3-40 神州泰岳（300002）日线走势中的下降三角形形态

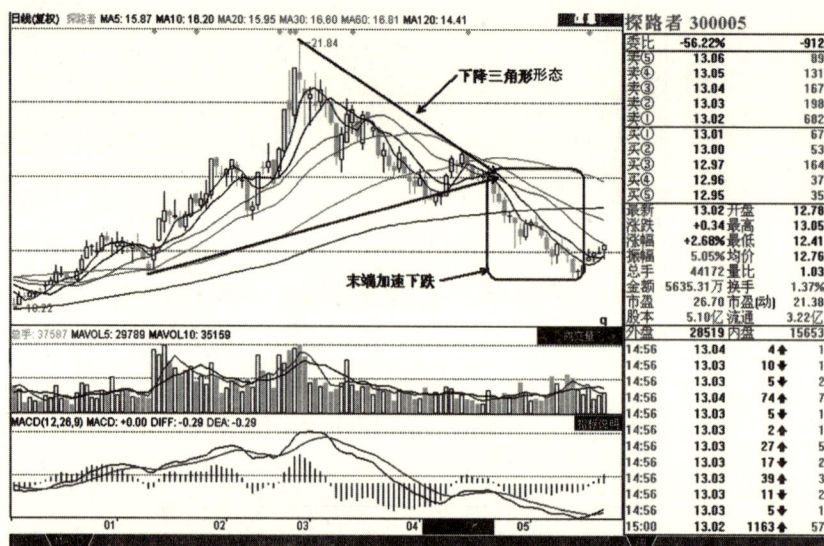

图 3-41　探路者（300005）日线走势中的下降三角形形态

二、矩形形态

1. 矩形形态定义

矩形又叫箱形，指股票价格在两条水平直线之间上下波动，作横向延伸的运动。图 3-42 中的两种形态都是典型的整理形态。

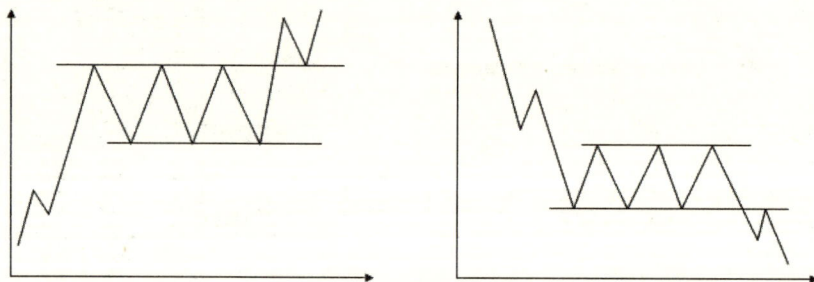

图 3-42　矩形形态示意图

2. 矩形形态特点

矩形形态在形成之初，多空双方全力投入，各不相让。空方在价格涨到某个位置就抛出，多方在股价下跌到某个价位就买入，时间一长就形成两条明显的上下界线。随着时间的推移，双方的战斗热情会逐步减弱，市场趋于平淡。

矩形形态是调整型，只有当收盘价在矩形上（下）颈线之外时，矩形形态才会完成。长且窄的矩形常出现在底部；短而宽的矩形如出现在顶部要当心它演变成如三重顶转折形态。

3. 操作要点

（1）在形成的过程中，如出现交易量大时，形态可能失败。

（2）突破上颈线需有大交易量配合，跌破下颈线不需有大交易量出现。

（3）涨跌幅度约等于矩形的宽度。

（4）比较窄的矩形威力要大些。

4. 典型案例

如图 3-43、图 3-44 所示。

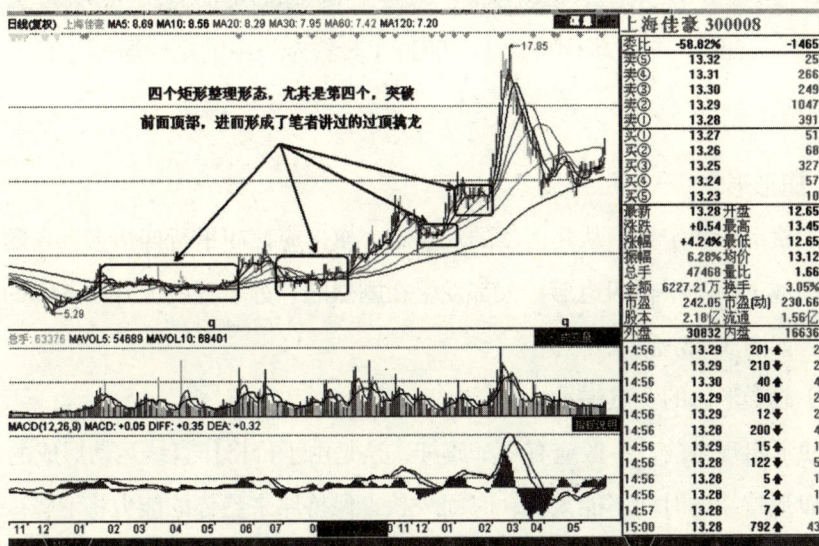

图 3-43　上海佳豪（300008）日线走势中的矩形形态

三、旗形和楔形

旗形和楔形是两个著名的持续整理形态，它们都是一个趋势的中途休整过程，休整之后，还要保持原来的趋势方向。这两个形态的特殊之处在于，它们都有明确的形态方向，如向上或向下，并且形态方向与原有的趋势方向相反。

图 3-44　华测检测（300012）日线走势中的矩形形态

1. 旗形形态

（1）旗形形态定义。从几何学的观点看，旗形应该叫平行四边形，它的形态是一个上倾或下倾的平行四边形。大都发生在剧烈的、近乎直线上升或下降的方式的情况下。如图 3-45 所示。

（2）旗形形态的要点提示。

①旗形出现之前，一般应有一个旗杆，这是由于价格作直线运动形成的。

②旗形持续的时间不能太长，时间一长，保持原来趋势的能力将下降。经验告诉我们，持续时间应该短于三周。

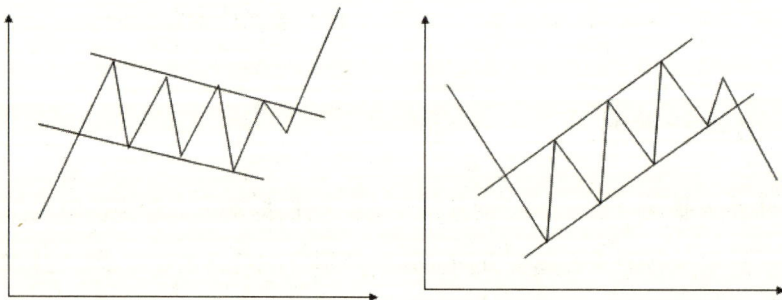

图 3-45　旗形形态示意图

③旗形形成之前和被突破之后，成交量都很大。在旗形的形成过程中，成交量从左向右逐渐减少。

（3）经典案例。如图3-46、图3-47所示。

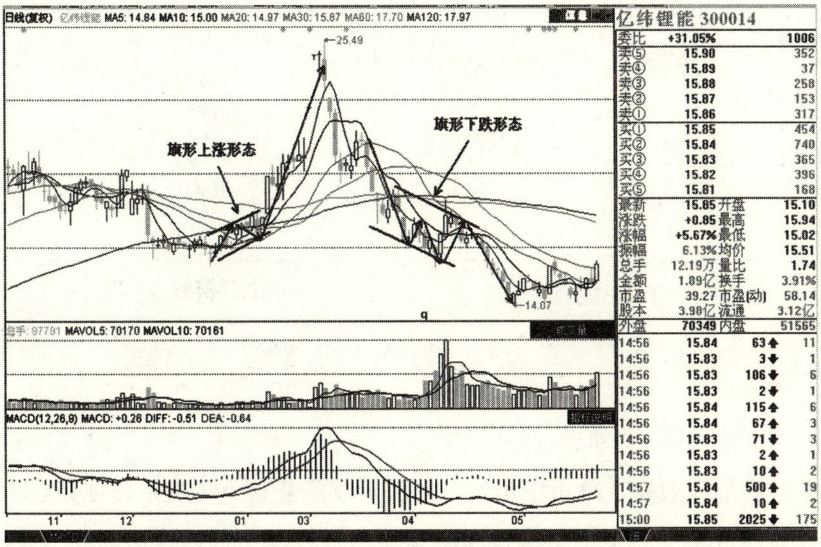

图3-46 亿纬锂能（300014）日线走势中的旗形形态

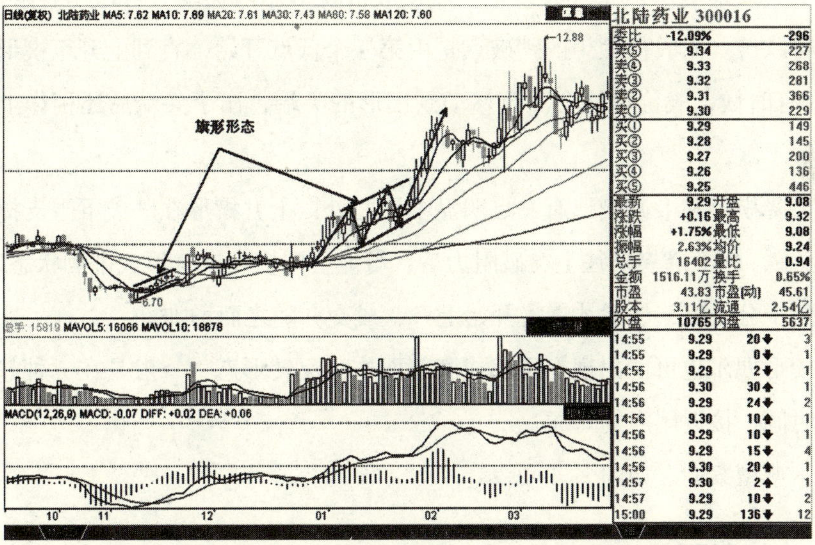

图3-47 北陆药业（300016）日线走势中的旗形形态

2. 楔形

（1）楔形形态定义。将旗形中上倾或下倾的平行四边形变成上倾或下倾的三角形，就会得到楔形。楔形可分为上升楔形和下降楔形两种。如图 3-48 所示。

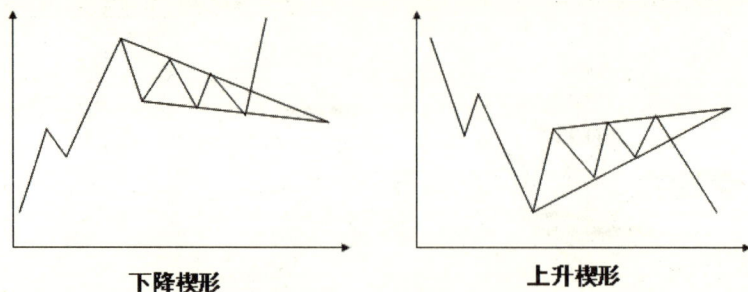

下降楔形　　　　　　　　　　上升楔形

图 3-48　楔形形态示意图

（2）楔形形态的要点提示。

①上升楔形一般在下跌市中出现，并将延续跌势；下降楔形则往往在上升市中出现，并延续升势。楔形上下两条线必须明显地收敛于一点，如果形态太过宽松，形成的可能性就该怀疑，一般来说楔形需要两个星期以上时间完成。

②上升楔形上下两条线收敛于一点，股价在形态内移动只可以作有限的波动，最终会告跌破。而股价理想的跌破点是由第一个低点开始，直到上升至楔形尖端的 2/3 处。有时候，股价可能会一直移动到楔形的尖端，出了尖端后还稍作上升，然后才大幅下跌。

③下降楔形和上升楔形有一点明显不同之处，上升楔形在跌破下限支撑后经常会出现急跌；但下降楔形往上突破阻力后，可能会向横发展，形成徘徊状态或圆状，成交仍然十分低沉，然后才慢慢开始上升，成交亦随之而增加。

④楔形偶尔也可能出现在顶部或底部而作为反转形态，一般是在一种趋势经过了很长时间，接近尾声的时候。

（3）典型案例。如图 3-49 所示。

四、关于颈线

在讲述了反转和整理形态后，这里有必要提一下颈线。在具体的实战中，准确判断颈线位可以说是操盘成功的关键所在。

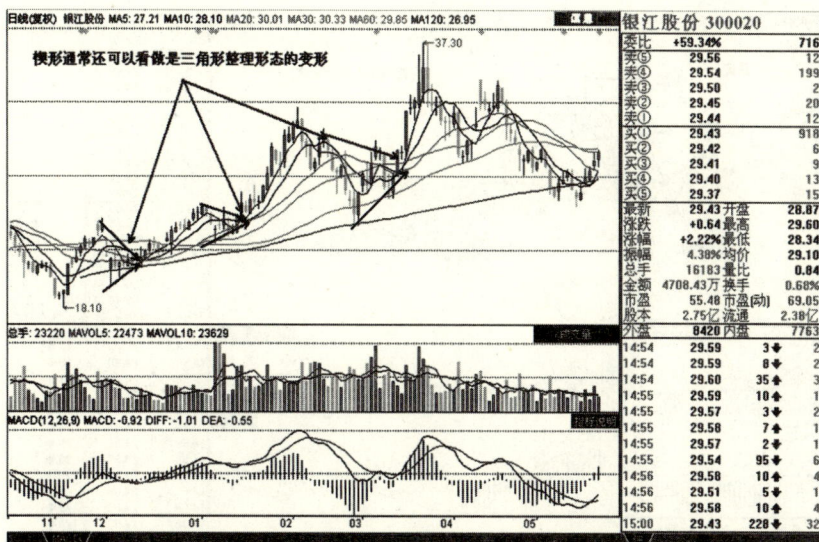

图 3-49 银江股份（300020）日线走势中的楔形形态

何谓颈线？我们都知道，每个正常人都有颈（俗称脖子），它是头部与身体的分水岭。一般而言，颈属于头的一部分，而头部与身体真正的分界线是由左肩贯穿左颈部、右颈部而与右肩相连之直线，这条线被称为颈线。

股价波动进入盘局时，会出现各种不同形态，费时较久的则有头肩形态，诸如头肩顶、头肩底、复合头肩顶、复合头肩底。将形态用简单图形表示，便可看出颈线何在？它是确定后市价格形态进一步发展以及测算最小价格目标的要点。

1. 头肩顶形态中的颈线

头肩顶形态中的颈线是左肩底点与右肩底点的连线，向左右延伸出去。一般来说，人的左肩与右肩不一定等高，因此有三种可能：一为左肩底较右肩底高，则颈线由左向右下斜；二为左肩底与右肩底等高，颈线平直穿过左肩底与右肩底；三是右肩底较左肩底高，则颈线由左向右上倾。股价波动虽不规则，只要是头肩顶形态就不会脱离此标准模式。如图 3-50 所示。

2. 头肩底形态中的颈线

头肩底形态的颈线的取法与头肩顶相同，也有三种不同图形：一是左肩顶较右肩顶高，颈线由左向右下斜；二是左右肩顶齐高，则颈线平直穿过左肩顶与右肩顶；三是右肩顶较左肩顶高，颈线由左向右上倾。如图 3-51 所示。

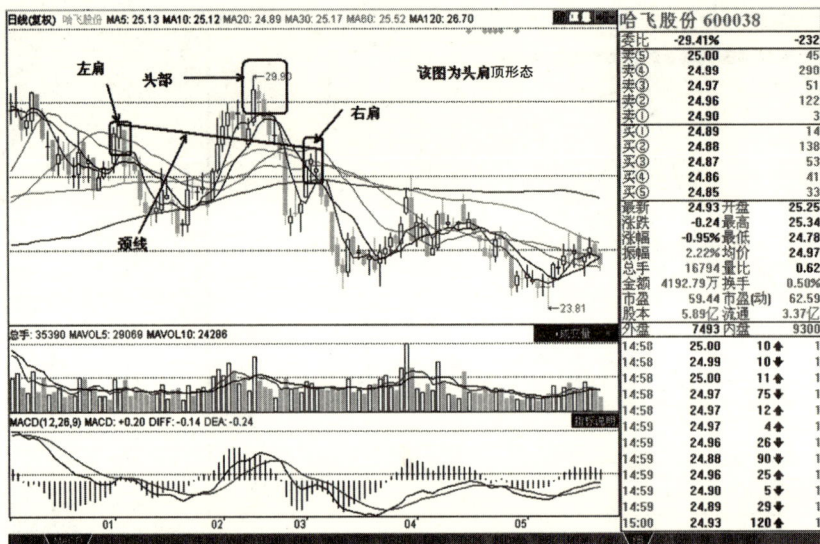

图 3-50 哈飞股份（600038）日线走势中的头肩顶形态及其颈线

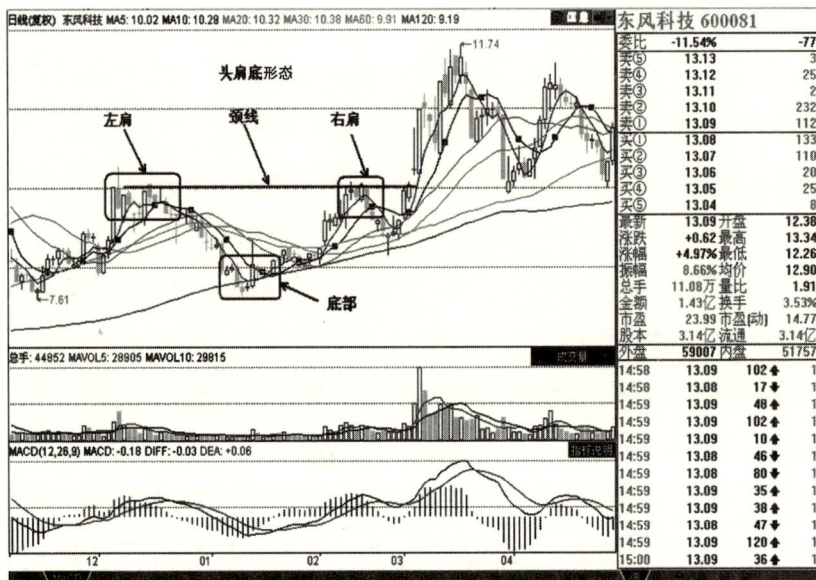

图 3-51 东风科技（600081）日线走势中的头肩底形态及其颈线

3. 复合头肩顶形态中的颈线

股价波动形态里除了头肩顶形外，还会出现复杂的图形，由两右肩、两左肩与一头或二头组成。因此，技术分析者在取颈线时就较为困难。一般来说，最简单而有效的方法就是取最靠近头部的左肩底与右肩底两点连线的延伸线。

4. 复合头肩底形态中的颈线

这是复合头肩顶的相反形态，颈线取法与复合头肩顶类似，取最靠近头部之左肩顶与右肩顶两点连线之延伸线。

5. 分析颈线的意义

在波浪理论中，颈线的意义十分重大，它是划分浪形的基本手段，特别是在各种底部和顶部形态接近完成时，大都会出现一个可以用水平连线构成的颈线位置。

股价在被连续推高或被连续打压后，通常会形成一个 M 头或 W 底的形态，在接近这个圆形构成的最初阶段，会有一波较大的成交量冲击这个 M 头或 W 底的连线位置，这个位置就是颈线位置。一般来说，突破了 M 头的颈线位，空头就开始肆虐了，而冲过 W 底的颈线，则意味着一轮升势的开始。所以投资者应在交易过程中密切关注这个形态的出现，一旦出现应果断了结或建仓追涨。需要提醒的是，水平连线下的颈线对操作具有实战意义，而那种将数学中凡是两点皆可以连成一条直线的原理硬套在颈线头上的做法并不可取，对准确把握颈线位置没有好处，况且倾斜度过大的两点连线并不构成真正意义上的颈线，所以对从斜线位置出现的反弹机会不可看得过于乐观。同样，对于这种斜线的放量下挫，也不能认为是一种 M 头的颈线破位，把握好这两点十分重要，它将让我们看清真正颈线的意义和作用，从而指导我们的操作。

（1）底部颈线的意义。

①心理预期。股价在连续下跌之后反弹，随后在某一价位处止涨回落，当股价再次上涨至这一价位处时，投资人就自然而然地担心这一价位是否会再次产生阻力，于是产生卖出观望的心理。同时短线客会产生高抛低吸的念头，在低点买进在反弹高点卖出，以求利润最大化，每当股价涨至高点处就开始卖出。因为这些原因，使颈线处出现很大的卖压。

底部颈线还往往是主力吸筹的区域，利用自己资金及筹码的优势进行高抛低吸，连续几次波段之后，形成一个比较明显的阻力位；另一方面，这阻力还引导着其他人做高抛低吸，一旦想突破并进一步收集筹码时，在突破颈线位能更多地收集到筹码。因此多次在颈线遇阻，而股价并没有进一步下跌，此时要注意向上突破的可能。散户往往是抛了就大涨。

②平均成本。在整个底部形成过程中，很多投资人在这一价格区域买进股票，

他们的平均成本都在颈线之下，一旦股价向上突破颈线，这些买进的投资人就全部获利，获利卖出的欲望，使颈线处出现强大卖压。

因为以上原因，所以颈线很难被突破。形态持续时间越长，颈线被冲击次数越多，越不易被突破，除非强大的购买力量介入，才会造成被突破的局面。既然有大量的资金介入，后市就极有可能开始大幅上涨。

（2）顶部颈线的意义。

①心理预期。当股价在连续上涨过程中突然回落，在一价位处止跌继续上涨，当股价再次回落这一价位处时，很多投资人预期这一价位还会出现支撑，因而减少卖出。另一些高位卖出的短线客预计股价不会再跌，产生高抛低吸的念头在此买进，形成惜售和买进的力量。和底部颈线相同的是，这一点位被冲击的次数越多，这一价位处买进的意愿就越强。

主要原因是多头思维没改，所以有抢反弹和补仓降低成本的冲动。但一旦突破颈线位，技术派的止损盘会抛出，另外主力如果顶部已出货，则会借势打压，以利于以后再建仓时降低成本，因此一旦颈线位突破确立，则会有一波较大的下跌浪产生。

②平均成本。一个顶部形成不是一朝一夕的事，很多投资人在这一价位区域买进，当股价跌至形态低位处时，这些投资人就毫无利润可言，因此产生强烈的惜售心理，造成卖压减少，因此不容易突破。另一方面，一旦股价跌破颈线，会造成大量投资人被套，股价再次回升到颈线处，投资人就会产生少亏出局的念头卖出股票，形成强大卖压，造成股价继续下跌。

因为有以上原因，颈线不易被突破，一旦被有效突破，通常意味着行情已经发生反转。

对整理形态来说，上升过程中的整理形态颈线的意义，与底部形态的颈线意义相同；而下跌过程中的整理形态的颈线意义，与顶部形态的颈线意义较为一致。

不论是上涨过程还是下跌过程中，只要一个形态形成，我们就应该迅速寻找这个形态的支撑与阻力，而不仅仅是支撑或阻力。因为只要股价没有明显的选择波动方向，我们就不能断定它必然是涨是跌，而寻找支撑与阻力就是为了在第一时间判断股价波动的方向，从而正确投资。

很多时候，颈线并不是水平的，常常略微向上或向下倾斜，这都不影响颈线的意义。重要的是，它必须正确地反映股价的支撑或压力。所以说颈线的意义是非常简单的，一言以蔽之，就是代表一个形态的支撑与阻力。

（3）确认股价向上突破颈线的有效性。

①突破颈线的有效性，必须以当日收盘价高于颈线的3%以上为依据，幅度越大越好。要求必须3%以上涨幅，是因为大多数投资人在形态形成过程中，平均成本都在颈线附近，加上交易费用，股价仅涨至颈线处没有什么利润可言。另外还有一些投资者在其中屡次坐车，产生固执的念头——除非在新高价卖出，否则决不卖。只有新进场的力量，有能力使股价一口气推高至颈线3%以上，释放这些急于出局的筹码，才表明行情是由大资金推动造成的，确实选择了突破的方向。

将收盘价作为确认突破的依据，是因为当投资人发现股价某一天大幅突破之后，他们就会赶到交易所认真注视股价的波动，经过一天充分思考，在收盘价之前已经作出了买卖的指令，所以最具参考价值。而开盘价或者最高价，往往不是在大多数的持股人的关注中出现的，因此意义较小。

②当天的成交量必须放出大量。巨大的成交量代表高额的换手，表示低位买进的投资人获利回吐遭遇大资金进场产生。但是放大到怎样的程度才算有效放大，在所有的技术分析书籍中并没有一个明确的说法。根据以往经验，一般来讲，向上突破之日的成交量，最少是在整个形态日均换手率2倍以上，才可以称为有效成交量，在这一基础上换手率越高越好。

③观察突破当日日曲线图的走势。当日分时走势必须强势上扬，股价在上午收市之前，就已经经过较大幅度的上涨，而不是在下午收市前才突然大幅拉高。有效突破的当日成交量往往极为均匀，在价跌量减、价涨量增的健康走势中完成突破。均价不断随着股价的上涨增加，随着股价的回落迅速萎缩，只有这样的走势，才有可能是有效突破，否则很可能是一次假突破。

对于确认股价向下突破的有效性，以突破当日收市价低于颈线的3%以上为依据即可，而不需要有成交量的配合。因为只要实质造成投资人较大的亏损，就可以造成恐慌。每当股价靠近颈线时，就会出现卖压，而不需要实质换手。

第四章

盘口秘密

何为盘口？所谓盘口，在股票交易中，是看盘观察交易动向的俗称。比如，你仔细观察某一只股票在开盘之后的分时走势；买盘、卖盘的每一笔成交；观察大笔成交的动向；观察无论是涨还是跌的主力意图，等等。看"盘口"是需要一定的功夫的，看懂了"盘口"有助于你对买卖股票的决策。看"盘口"更需要经验积累、需要熟悉主力做盘的种种手法，这样才能不被主力欺骗。但是由于个股的主力和操盘手的操作手段和方法不一样，因此"盘口"表现通常是固定的，需要投资者经过长时间的观察、不断的分析、最重要的是要在交易实战中总结经验，不断提高，才能得到更准确的信息。

盘口信息主要包括：分时走势图、委托盘、委托买卖表、每笔成交量、价量成交明细图表、大手笔成交、内盘、外盘、总笔、当日均价线等。当然还包括当日最大成交量价格区域、最高最低价、开盘和收盘价等。如图 4-1 所示。以上盘口信息构成综合的盘口信息语言。

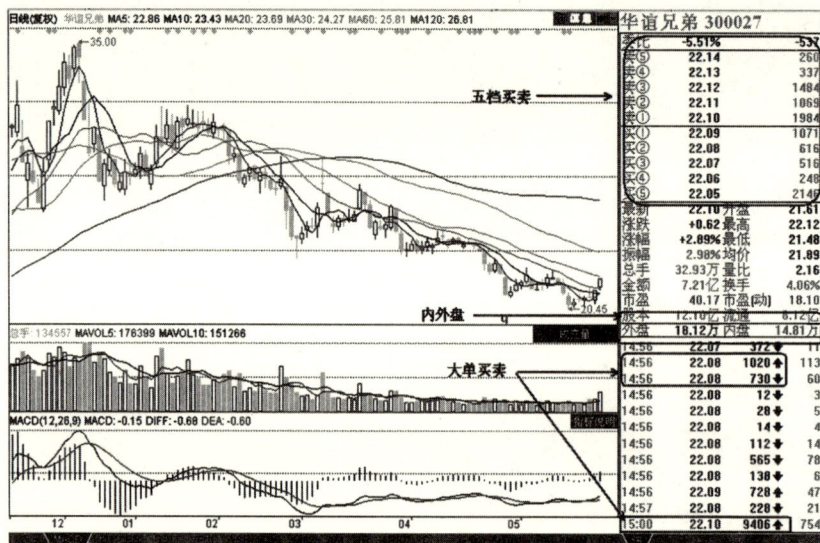

图 4-1　盘口示例

第一节　盘口成交量分析

盘口成交可细分为大单买入、大单卖出、小单买入、小单卖出四种成交模式。

一、大单买入

大单，即每笔成交中的大手笔单子。当委托买卖中出现大量买卖盘，且成交大单不断时，则往往预示着主力资金动向。假如一只股票长期极少出现连续大手成交卖买单，也就是说多是小单买卖的时候，基本上可以认定为散户行情，易跌难涨。

大单买入通常情况下是在某一只股票在利好的刺激或者长期被市场看好的情况下，将常出现一些大手笔的买进成交。对于这类股票，意味着该股后期被主力看好，对于这种有大单连续买入的股票，其成交量必定放大，投资者可以进行实时跟踪买进，以等待收获时期的到来。

其盘口意义可以解释如下：连续的单向大买单，显然非中小投资者所为，而大户也大多不会如此轻易买卖股票而滥用自己的钱。通常情况下大买单数量以整数居多，但也可能是零数。但不管怎样都说明有大资金在活动。比如用大的买单或卖单告知对方自己的意图，像88手、666手等，或者用特殊数字含义的挂单比如1818手（要发要发）、5188（我要发发）等，而一般投资者是绝不会这样挂单的。

大单相对挂单较小且并不因成交量有大幅改变，一般多为主力对敲所致。成交稀少的较为明显，此时应是处于吸货末期，进行最后打压吸货之时。大单相对挂单较大且成交量有大幅改变，是主力积极活动的征兆。如果涨跌相对温和，一般多为主力逐步增减仓所致。

一般情况下，委买盘越大，说明欲买进的投资人越多，股价看涨。

二、大单卖出

大单卖出通常出现在主力获利盘已经较多，而且不看好后市、或者突然遭遇利空的情况下，投资者为了减少自己的损失而不计成本争先恐后地抛售时所出现的一种情况，对于这种情况下的股票，其后市通常会延续下跌行情，投资者应该予以回避。

其盘口意义可以解释如下：连续的单向大卖单和连续的单向大买单类似，也绝非中小投资者所为，这是一个后期股价看跌的信号，尽管有时候相关消息我们未能及时得到，但是连续的大单卖出肯定是有相关对股票不利的消息出现。通常情况下大单的卖出和买入一样，也是以整数为主，但是有时候也有一些非整数的大单。

一般情况下，委卖盘越大，说明欲卖出的投资人越多，股价后期看跌。

三、小单买入

小单买入是相对于大单买入而言的，一般这种买进的数额比较小，通常情况下都是散户行为，当然不排除一种可能，那就是主力为了迷惑投资者而将准备买入的大单化整为零，分批吸筹。

其盘口意义可以解释如下：小单的买入通常出现在那些交投不活跃，短期不会出现大涨大跌的个股之中；对于那些下跌了一定幅度，通常所说的跌不倒的个股中也会出现这种小单买入的现象；而对于股价处于底部的个股来说，如果出现连续的小单买入，则很可能是主力分拆大单的隐蔽性买入所造成的，这样的股票后期根据走势是值得积极关注的。

四、小单卖出

小单卖出也是相对于大单卖出而言的，一般这种卖出的数额比较小，通常情况下也都是散户行为，当然同样不排除一种可能，那就是主力为了迷惑投资者，而将准备卖出的大单化整为零，从而达到从容出货的目的。

其盘口意义可以解释如下：和小单买入的股票相类似，这种情况也通常出现在那些交投不活跃，短期不会出现大涨大跌的个股之中，属于主力不关照的个股。对于价格处于高位而出现连续小单卖出的股票来说，投资者一定要密切关注，这种行为很可能是主力分拆抛盘所造成的结果。

总之，大单买入笔数、大单卖出笔数和笔数差这三项数据非常重要，一定要正确理解它们的意义。大单买入笔数是所有买入大单的成交笔数累加值，可以看作是所有大单吃掉的小单数量；大单卖出笔数是所有卖出大单的成交笔数累加值，可以看作是大单抛出导致的小单接单数量。笔数差是大单买入笔数和大单卖出笔数的差值。而散户跟风系数小单买入比例和小单卖出比例的差值，用于衡量小单的主买和主卖程度，反映散户的参与程度。

在大智慧软件的分时图里，大家打开盘口可以看到当天大小单买卖占比以及差值，通常大单买卖差值是正值，而且越大的时候该股当天的涨幅就会越大，相反就会是下跌的局面。

第二节　盘口内外盘的解读

在通用的大智慧软件和其他大多数软件中，以委卖价成交的主动性买盘称为外盘，以委买价成交的主动性卖盘称为内盘。从其含义中，我们可以理解为：外盘大于内盘，股价看涨；反之，则看跌。但在具体判断上，则需考虑股价所处的价格位置的高与低，目前的技术走势形态等，这需要靠盘口以外的功夫。正所谓买卖一分钟，功夫在股外。对于盘口内外盘的解读通常分为四类：低位外盘大于内盘；高位外盘小于内盘；低位外盘小于内盘；高位外盘大于内盘。具体解释如下。

当股价处于低位的上升初期或主升期，外盘大于内盘时，是大资金进场买入的表现。例如 2014 年 4 月 2 日，露笑科技（002617）在主升浪行情中外盘明显大过内盘，显示有较大资金继续看好后市行情。后期短线连续拉出五个涨停板。如图 4-2 所示。

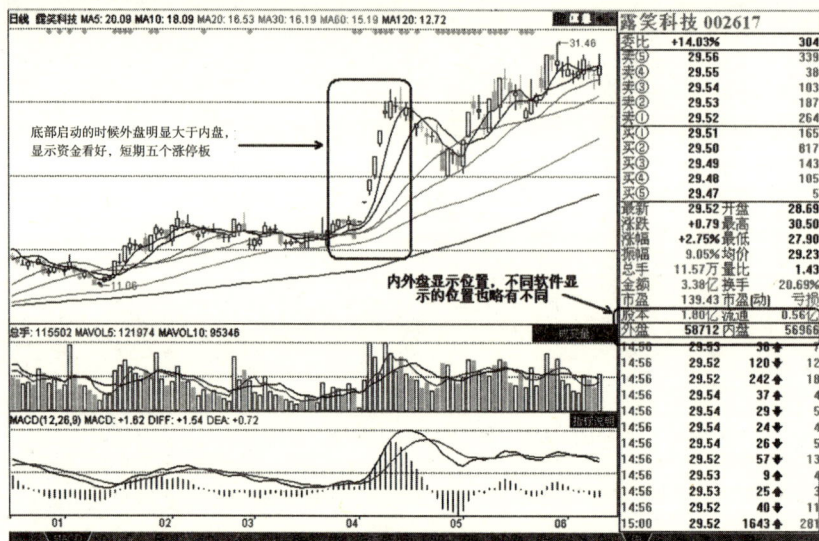

图 4-2 上升初期外盘大于内盘实例

当股价处于高位的上升末期，外盘小于内盘时，是大资金出场卖出的表现。例如 2014 年 5 月 27 日，大富科技（300134）创新高后外盘明显小于内盘，由于是高位，显示后期估计会有下跌，对于该类股一定要谨慎，其走势也显示有较大资金在出局派发筹码。如图 4-3 所示。

当股价处于低位的上升初期或横盘区，外盘远小于内盘时，不管日线收阴还是收阳，只要在未来的两到三个交易日内该股止跌向上，往往是大资金假打压、真进场买入的表现，是一种典型的诱空现象。冠豪高新（600433）自 2014 年 6 月 4 日见底后虽然短线股价有所拉升，但是一直是外盘小于内盘，这是一个诱空现象，如图 4-4 所示。

当股价处于高位的上升末期或高位横盘区，外盘远大于内盘，但股价滞涨或尾市拉升时，无论日线阴阳，往往是大资金假拉升、真出场卖出的表现，是在诱多。例如四方股份（601126）在 2014 年 3 月 25 日前连续几个交易日都是在高位，外盘明显大过内盘，显示有较大资金借高位拉升派发筹码。下一交易日（3 月 27 日）放量收阴线的时候就应该果断建仓，否则后期的下跌将套人无数。如图 4-5 所示。

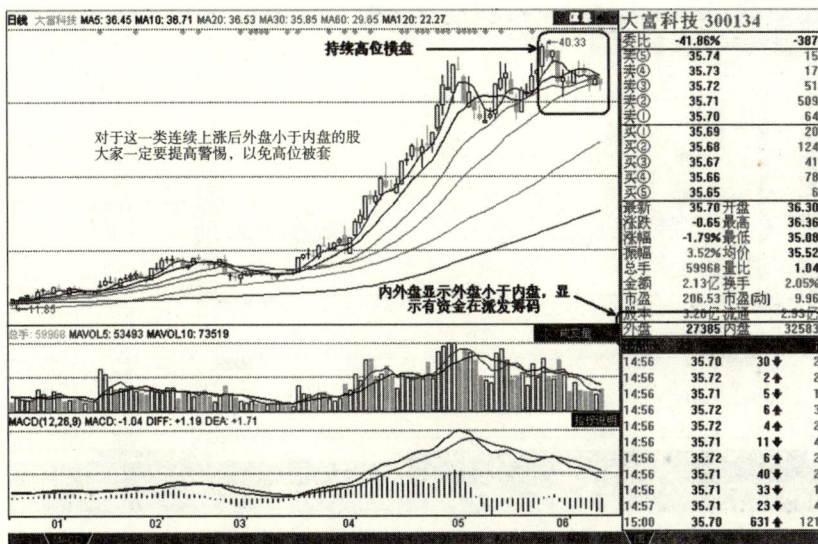

图 4-3　高位外盘小于内盘实例

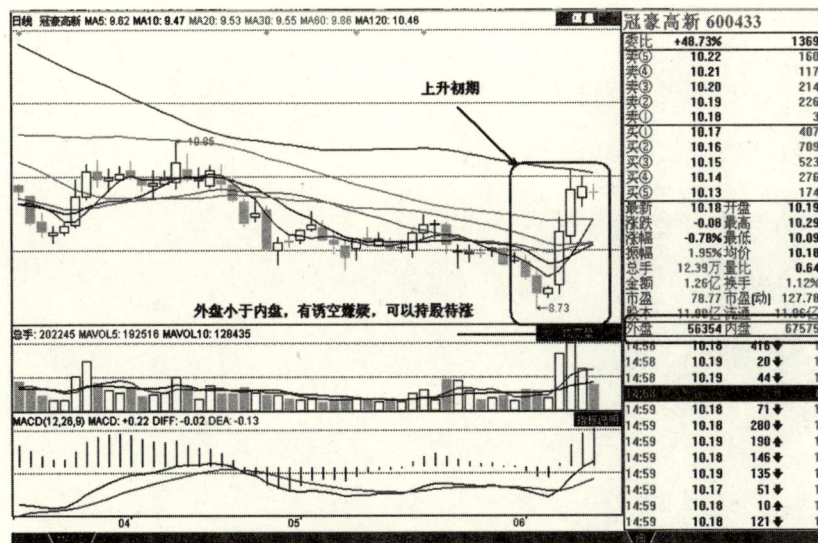

图 4-4　横盘区外盘小于内盘实例

值得注意的是，内外盘的解读应该作为一种辅助技能，即无论你是用均线还是通道线进行操作分析，在关键压力位、支撑位、拐点附近，不妨用内外盘的解读方式来验证，往往能收到不错的效果。脱离了基本的技术分析，内外盘解读则不足以定论。

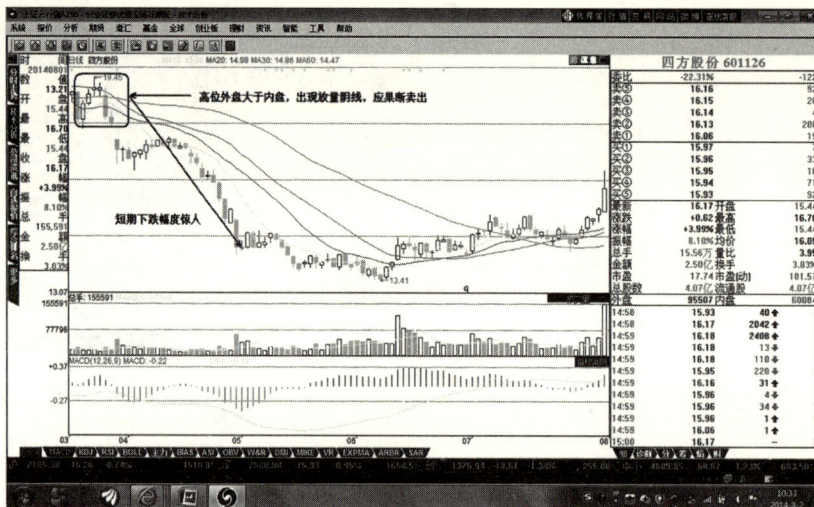

图 4-5　高位区外盘大于内盘实例

第三节 盘口能量的解读

一、盘口能量的概念

盘口能量是综合细分成交、扣除对冲的大单买卖净量、大单买入均价和大单卖出均价、大单买入笔数、大单卖出笔数和笔数差、散户跟风系数等各项指标得出的上涨能量值，该值越大越好。

盘口能量是关键数据。一般来说，该值越大越可参与：如果大单买入比例大，可买入；反之，则卖出。当然，还要结合其他参数及公司的基本面，否则可能会掉入庄家的陷阱。

对于新股，上市首日一般盘口能量值大于50

才有参与价值，但市场环境不同，该参考值也要做相应调整。相同市场环境下新股之间的比较更具价值。新股上市首日，如果盘口能量异常高，就说明有大资金积极买入建仓，筹码被大量吸纳，后市有很大潜力。

二、盘口能量的计算

在大智慧上，"龙虎看盘"的下面有三个数字，分别表示的是：今日盘口能量、五日盘口能量和十日盘口能量。

总买量 =sum（TRANSACTVOL（1，0），0）；

总卖量 =sum（TRANSACTVOL（2，0），0）；

总净量 = 总买量 – 总卖量；

特买量 =sum（TRANSACTVOL（1，3），0）；

特卖量 =sum（TRANSACTVOL（2，3），0）；

大买量 =sum（TRANSACTVOL（1，2），0）；

大卖量 =sum（TRANSACTVOL（2，2），0）；

中买量 =sum（TRANSACTVOL（1，1），0）；

中卖量 =sum（TRANSACTVOL（2，1），0）；

散买量 = 总买量 – 特买量 – 大买量 – 中买量；

散卖量 = 总卖量 – 特卖量 – 大卖量 – 中卖量；

大买比 = 大买量 /（总买量 + 总卖量）；

大卖比 = 大卖量 /（总买量 + 总卖量）；

三、今日盘口能量

今日盘口能量是指根据某一只个股当天的细分成交、扣除对冲的大单买卖净量、大单买入均价、大单卖出均价、大单买入笔数、大单卖出笔数和笔数差、散户跟风系数指标得出的上涨能量值。同理，五日和十日盘口能量也是结合了上述数据的综合所得到的上涨能力值，该能量值同样是越大越好，越大说明投资者买进的意愿越强烈。盘口能量能够反应出某日或某段时间某只个股被主力所关注的程度，是一个需要重点关注的指标。除了今日盘口能量、五日盘口能量和十日盘口能量之外，另一个需要我们关注的指标就是散户跟风系数。

四、散户跟风系数

1. 定义

散户跟风系数指的是小单买入比例和小单卖出比例的差值，用于衡量小单的主买和主卖程度或散户的跟风程度，反映散户的参与程度。因为在股市中，散户的疯狂跟风行为往往预示着行情的反转，而散户跟风越少，说明了主力已高度介入，拉升的机会越大。因此，在研判主力行为时，跟风系数绝对值越小越容易判断主力的动向。当散户跟风系数的绝对值在 30 以内，表示当天的交易为大资金推动，上涨的潜力就越大；绝对值在 3 以上，数值越大，说明散户主导行情，后市调整的动力越大。

2. 散户跟风系数分析

散户跟风系数分析所依据的指标线是我们所使用的软件中的散户线。其使用原理是该指标给出散户线值，通过观察散户值增减变化可以了解主力的操作行为。具体用法如下。

（1）股价在相对低位震荡整理，散户值逐渐减少，表明主力在悄悄建仓，投资者可在该股起涨时果断介入。

（2）随着股价节节攀升，散户值继续减少，表明主力还在搜集筹码，该股将有大行情，可逢低买入，进行波段操作。

（3）股价攀升，散户值显著增加，表明主力在拉高出货，应及时获利了结。此时投资者应该逢高减持为主，以免被套。

（4）股价高位盘整，散户值明显增加，表明主力在出货，此类股票不宜轻易参与。

3. 散户跟风系数反映散户参与程度

对于散户跟风系数所反映出来的散户买卖程度可以分为以下四档：

（1）散户跟风系数（参与程度）在 60 以上并且股票上涨的个股，通常是散户行情；

（2）散户跟风系数（参与程度）在负 60 以上并且股价下跌的个股，则为散户抛售行为，如果此后股价不再继续大幅下跌，说明有主力在散户抛售中吸筹，后市可以看涨；

（3）散户跟风在 30 以下并且股票上涨，通常是主力做盘的结果；

（4）散户跟风在负的 30 以下并且股价下跌，如果是在低位则可以看作是主力故意打压，如果是在某一只股票的高位出现这种走势，则应看作是主力在出货，投资者要谨慎参与。

第四节　庄家如何做盘

一、做收盘

做收盘指的是收盘前瞬间拉高或砸低。

1. 收盘前瞬间拉高

在收盘前几分钟突然出现一笔大买单把股价拉至高位。这样做的目的是由于庄家（或主力，以下略）资金实力有限，为节约资金而能使股价收盘收在较高位或突破具有强阻力的关键价位，尾市突然袭击，瞬间拉高。假设某股 10 元，庄家欲使其收在 10.8 元，若上午就拉升至 10.8 元，为把价位维持在 10.8 元高位至收盘，就要在 10.8 接下大量卖盘，需要的资金必然很大。而尾市偷袭由于大多数人未反应过来，反应过来也收市了，无法卖出，庄家因此达到目的。例如长青集团（002616）在2014年8月1日尾盘十分钟就被主力明显做了一个收盘。如图4-6所示。

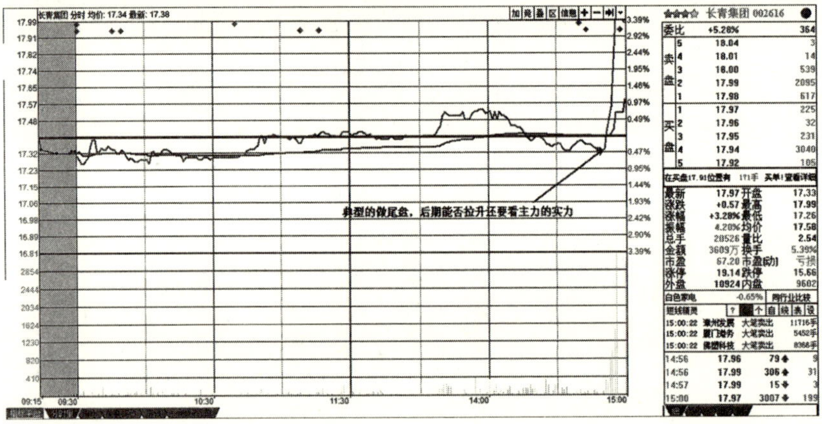

图4-6　长青集团（002616）2014年8月1日分时走势图

2. 收盘前瞬间下砸

在收盘前几分钟突然出现一笔大卖单减低很大价位抛出，把股价砸到很低位置。这样做的目的是：

（1）使日K形成光脚大阴线，或十字星，或阴线等较难看的图形，使持股者恐惧而达到震仓的目的；

（2）使第二日能够高开并大涨跻身升幅榜，吸引投资者的注意；

（3）操盘手把股票低价位卖给自己或关联人。

二、做开盘

1. 瞬间大幅高开

开盘时以涨停或很大升幅高开，很快又回落。这样做的目的是：

（1）突破了关键价位，庄家不想由于红盘而引起他人跟风，故做成阴线，也有震仓的效果；

（2）吸筹的一种方式；

（3）试盘动作，试上方抛盘是否沉重。

2. 瞬间大幅低开

开盘时以跌停或很大跌幅低开。这样做的目的是：

（1）出货；

（2）为了收出大阳使图形好看；

（3）操盘手把筹码低价卖给自己或关联人。

三、盘中瞬间大幅拉高或打压

盘中瞬间拉升或打压的目的主要为做出长上、下影线。

1. 瞬间大幅拉高

盘中以涨停或一笔拉至一个很高的点位，瞬间又回落。这是试盘动作，试上方抛盘是否沉重。

2. 瞬间大幅打压

盘中以跌停或很大跌幅一笔打低，瞬间又回升。这样做的目的是：

（1）试盘动作，试下方接盘的支撑力及市场关注度；

（2）操盘手把筹码低价卖给自己或关联人；

（3）做出长下影，使图形好看，吸引投资者；

（4）庄家资金不足，抛出部分后用返回资金拉升。

四、钓鱼线

在个股当日即时走势中，开始基本保持某一斜率上行，之后突然直线大幅跳水，形成类似一根鱼杆及垂钓的鱼线的图形。此为庄家对倒至高位，并吸引来跟风盘后突然减低好几个价位抛出巨大卖单所至。此时若接盘不多，出不了多少，可能庄家仍会拉回去，反之则一泻千里。

五、长时间无买卖

这是庄家全线控盘或多数筹码套牢在上方，又无买气所致。

六、在买盘处放大买单

此往往为庄家资金不雄厚的表现，企图借此吸引散户买入，把价位拉高。（庄家若欲建仓，并大幅拉高，隐蔽还来不及，怎么会露于世人：我要买货？）

七、买卖一、买卖二、买卖三上下顶大单

上下买卖一、买卖二、买卖三比平时下单多。庄家有可能想把价位控制在此处，外拉升时上面的大卖盘有可能是庄家的，有可能是以前被套的。但大卖单多数是庄家的！

当股价在底部区域，股票在慢涨了一段时间后横盘，K线图上连续拉阴线，但股价并未跌，这些阴线我们称之为串阴。此种情况往往是洗盘（串阴洗盘），为股价大幅拉升的前兆。再傻的庄家在出货时也不会让股价不跌而K线天天收阴。如果天天平台收阴，散户害怕怎敢接盘？那样散户不但不敢接盘还会因害怕而抛售。因此，此种串阴往往是庄家底位吸筹和股价拉升过程中中途洗盘时用以吓唬散户骗取筹码的操作伎俩（日K线天天在高位平台或下跌途中放量收阳但股价不涨或微涨即串阳时，往往是庄家出货的征兆）。当盘面出现串阴洗盘时，投资者可择机介入。

串阴洗盘的实战应用原则如下。

（1）串阴洗盘应用在上升途中和底部横盘时（经过充分炒作过的股票在大跌途中禁用）。

（2）阳线包吃串阴时，为最佳进货点。

（3）某些上升途中的股票，股价在缩量横盘串阴洗盘后，某日大单上压，横盘震荡，成交量放大，尾市收出阳线。此情况往往是股价快速拉升的前兆，应及时介入。因为操盘手在串阴洗盘后，在拉升前要场外带些资金进来。但由于极度缩量，很难买到，因此进行大单横盘对倒，实现把庄家的股票卖给亲朋一部分。由于此时一般看盘者亦会跟进，因此，往往该阳线出现后还要阴线洗盘1~4日，然后再进行拉升。

比如南天信息（000948）在停牌前主力用了很典型的串阴洗盘来要筹码，如图4-7所示。

北斗星通（002151）在停牌前更是连续运用了三次串阴洗盘，在出其不意的情况下停牌重组，如图4-8所示。

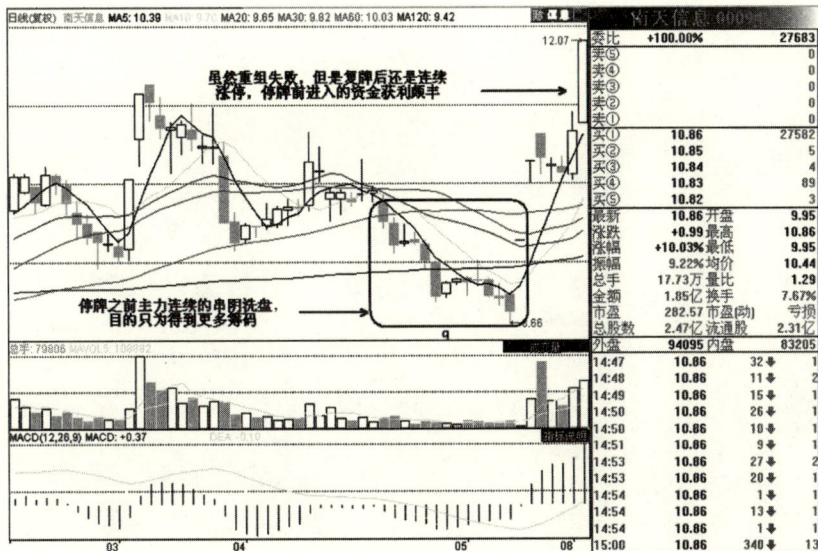

图 4-7 南天信息（000948）日线走势中的串阴洗盘

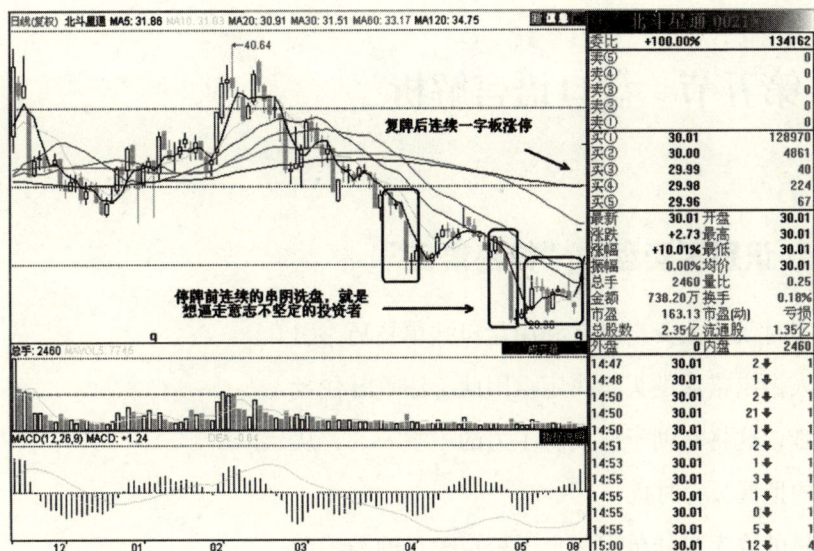

图 4-8 北斗星通（002151）日线走势中的串阴洗盘

第五节　盘口语言解析

一、识别买卖盘的"神秘语言"

许多时候，大资金时常利用盘口挂单技巧，引诱投资人做出错误的买卖决定。因此，注重盯住盘口是关键，这将有助于你发现主力的一举一动，从而更好的把握买卖时机。

大量的委卖盘挂单俗称上压板；大量的委买盘挂单俗称下托板。无论上压下托，其目的都是为了操纵股价，诱人跟风，且股票处于不同价区时，其作用是不同的。

当股价处于刚启动不久的中低价区时，主动性买盘较多，盘中出现了下托板，往往预示着主力做多意图，可考虑介入跟庄追势；若出现了下压板而股价却不跌反涨，则主力压盘吸货的可能性偏大，往往是大幅涨升的先兆。

当股价升幅已大且处于高价区时，盘中出现了下托板，但走势却是价滞量增，此时要留神主力诱多出货；若此时上压板较多，且上涨无量时，则往往预示顶部即将出现，股价将要下跌。

1. 连续出现的单向大买卖单

（1）盘口意义。连续的单向大买单，显然非中小投资者所为，而大户也大多不会如此滥用自己的钱买卖股票。大买单数量以整数居多，但也可能是零数。但不管怎样都说明有大资金在活动。比方如用大的买单或卖单告知对方自己的意图，像666手、555手，或者用特殊数字含义的挂单比如1818手（要发要发）等，而一般投资者是绝不会这样挂单的。

大单相对挂单较小且成交量并没有大幅改变，一般多为主力对敲所致。成交稀少的较为明显，此时应处于吸货末期，进行最后打压吸货之时。大单相对挂单较大且成交量有大幅改变，是主力积极活动的征兆。如果涨跌相对温和，一般多为主力逐步增减仓所致。

（2）扫盘。在涨势中常有大单从天而降，将卖盘挂单连续悉数吞噬，即称扫盘。在股价刚刚形成多头排列且涨势初起之际，若发现有大单一下子连续地横扫了多笔卖盘时，则预示主力正大举进场建仓，是投资人跟进的绝好时机。

比如浙报传媒（600633）在2014年8月18日的交易中，从9:30开盘开始到涨停前出现了连续的扫盘，可以说是涨势如虹，预示主力大举建仓，涨停之前绝对是跟进的好机会。如图4-9所示。

（3）隐性买卖盘。在买卖成交中，有的价位并未在委买委卖挂单中出现，却在成交一栏里出现了，这就是隐性买卖盘，其中经常有庄家的踪迹。单向整数连续隐性买单的出现，而挂盘并无明显变化，一般多为主力拉升初期的试盘动作或派发初期激活追涨跟风盘的启动盘口。

一般来说，上有压板，而出现大量隐性主动性买盘（特别是大手笔），股价不跌，则是大幅上涨的先兆。下有托板，而出现大量隐性主动性卖盘，则往往是庄家出货的迹象。

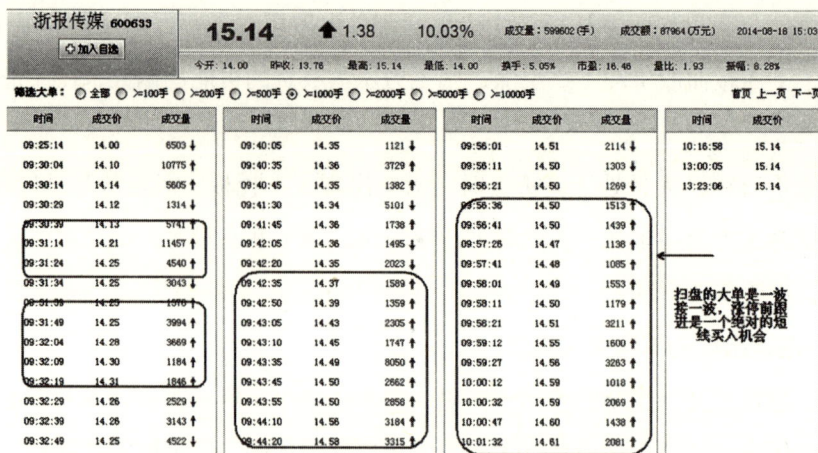

图 4-9　浙报传媒（600633）中的扫盘

2. 无征兆的大单解读

一般无征兆的大单多为主力对股价运行状态实施干预所致，如果是连续大单个股，现行运作状态有可能被改变。如不连续也不排除是资金大的个人大户或小机构所为，其研判实际意义不大。

（1）大单吸货。股价处于低位，买单盘口中出现层层大买单，而卖单盘口只有零星小单，但突然盘中不时出现大单炸掉下方买单，然后又快速扫光上方抛单，此时可理解为吸货震仓。

（2）买二、买三的解读。在盘面中不断有大挂单在卖三、卖二处挂，并且不断上撤，最后出现一笔大买单一口吃掉所有卖单，然后股价出现大幅拉升，此时主力一方面显示实力，一方面引诱跟风者。

（3）小规模暗中吸筹。有时买盘较少，买一、买二、买三处只有10~30几手，在卖单处也只有几十手，但大于买盘，却不时出现抛单，而买一却不是明显减少，有时反而增加，且价位不断上移，主力同时敲进买单、卖单。此类股票如蛰伏于低位，可作中线关注，在大盘弱市尤为明显，一般此类主力运作周期较长，且较为有耐心。

（4）经常性机会大买单。多指500手以上而卖单较少的连续向上买单。卖一价格被吃掉后又出现抛单，而买一不见增加反而减少，价位甚至下降，很快出现小手买单将买一补上，但不见大单，反而在买三处有大单挂出，一旦买一被打掉，小单又迅速补上，买三处大单同时撤走，价位下移后，买二成为买一，而现在的买三处又出现大单（数量一般相同或相似）且委比是100%以上，如果此价位是高价位，则可以肯定主力正在出货。小单买进，大单卖出，同时以对敲维持买气。

（5）低迷期的大单。首先，当某只股票长期低迷，某日股价启动，卖盘上挂出巨大抛单（每笔经常上百、上千手），买单则比较少，此时如果有资金进场，将挂在卖一、卖二、卖三的压单吃掉，可视为主力建仓动作。注意，此时的压单并不一定是有人在抛空，有可能是庄家自己的筹码，庄家在造量吸引注意。如大牛股中海发展，在启动前就时常出现这种情况。

（6）盘整时的大单。当某股在某日正常平稳的运行之中，股价突然被盘中出现的上千手大抛单砸至跌停板附近，随后又被快速拉起；或者股价被突然出现的上千手大买单拉升然后又快速归位。表明有主力在其中试盘，主力向下砸盘，是在试探基础的牢固程度，然后决定是否拉升。该股如果一段时期总收下影线，则向上拉升可能大，反之出逃可能性大。

（7）下跌后的大单。某只个股经过连续下跌，在其买一、买二、买三常见大手笔买单挂出，这是绝对的护盘动作，但这不意味着该股后市止跌了。因为在市场中，股价是护不住的，"最好的防守是进攻"，主力护盘，证明其实力欠缺，否则可以推升股价。此时，该股股价往往还有下降空间。但投资者可留意该股，因为该股套住了庄，一旦市场转强，这种股票往往一鸣惊人。

二、盘口秘诀：短线客必看之盘口分析

（1）上有压板，而出现大量隐形外盘，股价不跌，为大幅上涨的先兆。

（2）下有托板，而出现大量隐形内盘，为庄家出货迹象。

（3）外盘大于内盘，股价不上涨，警惕庄家出货。

（4）内盘大于外盘，价跌量增，连续两天，是明眼人最后一次出货的机会。

（5）内外盘都较小，股价轻微上涨，是庄家锁定筹码，轻轻地托着股价往上走的时候。

（6）外盘大于内盘，股价仍上升，看高一线。

（7）内盘大于外盘，股价不跌或反而有微升，可能有庄家进场。

三、对敲实战解读

对敲，即主力利用多个账号同时买进或卖出，人为地将股价抬高或压低，以便从中获益。当成交栏中连续出现较大成交盘，且委买委卖盘中没有此价位挂单或成交量远大于实际委买委卖盘中的挂单量时，则十有八九是主力刻意对敲所为，此时若股价在顶部多是为了掩护出货，若是在底部则多是为了激活股性。庄家对敲主要是利用成交量制造有利于庄家的股票价位，吸引散户跟进或卖出。庄家经常在建仓、震仓、拉高、出货、反弹行情中运用对敲。

1. 庄家对敲隐秘手法大曝光

本人认为庄家对敲的方式主要有以下几种。

（1）建仓。通过对敲的手法来打压股票价格，以便在低价位买到更多更便宜的筹码。在个股的K线图上表现为股票处于低位时，股价往往以小阴小阳沿10日线持续上扬。这说明有庄家在拉高建仓，然后出现成交量放大并且股价连续的阴线下跌，而股价下跌就是庄家利用大手笔对敲来打压股价。这期间K线图的主要特征是：股票价格基本是处于低位横盘（也有拉涨停的），但成交量却明显增加，从盘口看，股票下跌时的每笔成交量明显大于上涨或者横盘时的每笔成交量。这时的每笔成交会维持在相对较高的水平（因为在低位进行对敲，散户尚未大举跟进）。另外，在低位时庄家多运用夹板的手法，即上下都有大的买卖单，中间相差几分钱，同时不断有小买单吃货，其目的就是让股民觉得该股抛压沉重，上涨乏力，从而抛出手中股票。

（2）拉升。利用对敲的手法来大幅度拉抬股价。庄家利用较大的手笔大量对敲，制造该股票被市场看好的假象，提升股民的期望值，减少日后该股票在高位盘整时的抛盘压力（散户跟他抢着出货）。这个时期散户投资者往往有买不到的感觉，需要高报许多价位才能成交，从盘口看小手笔的买单往往不容易成交，而每笔成交量明显有节奏放大。强势股的买卖盘均有3位数以上，股价上涨很轻快，不会有向下掉的感觉，下边的买盘跟进很快，这时的每笔成交会有所减少（因为对敲拉抬股价，不可能像吸筹时那样再投入更多资金，加上散户跟风者众多，所以虽出现"价量齐升"，但"每笔成交"会有所减少）。

（3）震仓洗盘。因为跟风盘获利比较丰厚，庄家一般会采用大幅度对敲震仓的手法使一些不够坚定的投资者出局。从盘口看，在盘中震荡时，高点和低点的成交量明显放大，这是庄家为了控制股价涨跌幅度而用相当大的对敲手笔控制股票价格造成的。

（4）对敲拉高。当经过高位的对敲震仓之后，股评家也都长线看好，股价再次以巨量上攻。这时庄家开始出货，从盘口看，往往是盘面上出现的卖二、卖三上成交的较大手笔，而我们并没有看到卖二、卖三上有非常大的卖单，而成交之后，原来买一或者是买二甚至是买三上的买单已经不见了，或者减小了，这往往是庄家运用比较微妙的时间差报单的方法对一些经验不足的投资者布下的陷阱，散户吃进的往往是庄家事先挂好的卖单，而接庄家卖出的往往是跟风的散户。

（5）反弹对敲。庄家出货之后，股票价格下跌，许多跟风买进的中小散户已经套牢，成交量明显萎缩，庄家会找机会用较大的手笔连续对敲拉抬股价（这时庄家不会向以前那样卖力了），较大的买卖盘总是突然出现又突然消失，因为庄家此时对敲拉抬的目的只是适当地拉高股价，以便能够把手中最后的筹码也卖个好价钱。

2. 机构拉升手法

（1）拉。拉的本质是诱，成交与否并不重要，关键在于诱使他人向上买。通常是在第二或第三卖盘挂相对大量的抛单（一般个股在一般阶段 5 万为大单，1 万~2 万居中，5000 以下为小单）作为诱饵，使有意者跨越第一卖盘直上第二卖盘，从而使价位上升一个价档。此做法充分利用买盘人气较旺时，进货者不计几分钱的成本，只欲一次成交自己想要的股数的心理，从容地使股价"自动"上扬，庄家会在仓位较重的时候减出一定的筹码。

（2）推。此类单子属于无意成交类买单。具体做法为，在第二、第三甚至第一买盘（根据买方人气而定，人气鼎盛时挂第一买盘）挂中、大单，使有意买入者迫不得已将买盘挂在第一买盘甚至抛盘价位，以候成交。

向上拉抬的手法还有很多，这里不再一一列举。对敲型拉升靠吸引跟风盘，借力造势，四两拨千斤，不需太多资金可使股价有较多上升，且能惯性上行。此类手法需对大盘有较高要求，时机要选择好，即跟风买盘要远大于卖盘。在大盘不佳时不可运用，若逆市对倒拉升，抛盘强于买盘，庄家要接下大量沽盘，抬高了持仓成本及不必要的持仓量，事倍功半。

3. 震仓

洗盘是因为跟风盘获利比较丰厚，庄家一般会采用大幅度对敲震仓的手法使一些不够坚定的投资者出局。从盘口看，在盘中震荡时，高点和低点的成交量明显放大，这是庄家为了控制股价涨跌幅度而用相当大的对敲手笔控制股票价格造成的。庄家震仓时在卖盘上挂有大卖单，造成卖盘多的假象。若庄家对倒下挫时是分不清是震仓还是出货的，但在关键价位，卖盘很大而买盘虽不多却买入（成交）速度很快，笔数很多，股价却不再下挫，多为震仓。

第六节　常见盘口数字密码

一、买卖挂单密码

有些买卖挂单形成的盘口语言，通常都意味着某种约定，由于机构在做盘的时候，出于某种目的不能利用通信工具沟通，所以在挂单上打出特殊数字的买卖大单也就成为一种信号，这种信号可能意味着建仓或出货，也意味着警告做多或引诱。

1. 特殊挂单

下面笔者根据市场资料举一些常见的特殊挂单，仅供参考。

（1）111（1111）。代表"要要要"，如果压在卖单处，那代表该股可能下跌，将还有更低的卖点，如果是压在主动买盘处，那就预示该股可能即将拉升。需要注意的是，如果是在历史高位，拉升波段可能结束。

（2）222。代表"让让让"，是某一机构暗示单方面行动的表示。

（3）333。代表"赚赚赚"，表示即将上涨，无论挂在买盘还是卖盘；另外也代表"闪闪闪"，如果该股在高位，或连续在卖单出现此数字，那可能是机构要出货的一种暗示。

（4）444。代表"死死死"，被市场称为恶庄，不是用大单疯狂买就是疯狂卖，特别是在挂单上出现4444，代表机构实力极强，不惜成本买货或卖货。

（5）555。代表"捂捂捂"，预示即将上涨，如果该数字出现在买盘，那表示有人要接盘，如果出现在卖盘，那表明机构还在吸筹阶段，叫其他机构捂住，不要被短期的波动左右。

（6）666。代表"溜溜溜"或"留留留"，如果出现在卖单，则可判断是主力要出货的一种暗示，而出现在买单，是一种叫各大机构留住股票的暗示。

（7）777（7777）。代表"吃吃吃"，是主力要吃货，手中筹码不够的一种表现，也是多家机构共同买股的信号。

（8）888。代表"发发发"，通常代表发财的意思，出现此密码，代表该股将进入拉升阶段，但是随着近期该密码被市场所熟悉，现在的888多为发货的意思，即主力出货。

（9）999（9999）。代表"救救救"，一般是某一家机构的现金或筹码用光了，打出该密码，让另外一个合作机构接盘的意思。

（10）168。代表"一路发"，一般这种挂单如果出现在低位横盘时，是一种拉升前的征兆，代表一路持有，一路发财。但值得警惕的是，如果该股在高位，可能是主力机构放出的烟幕弹。

（11）158、1558、1588。代表"我要发"的多种组合，此数字表示机构仍然在建仓，一般在刚开始建仓和建仓进行到一半的过程中发出。

（12）5858。代表"捂发捂发"，此种密码出现，代表主力很可能将此股做成长线牛股，出现慢牛的可能性比较高。

（13）123、456、789。类似这种三个连续数字的密码，也值得关注，一般都是个股需要启动的信号。

2. 成交量数字密码

表 4-1　成交量数字密码表

数字	代表含义
1	是、要、你、依、意
2	让、为、爱、儿、哎、碍
3	赚、上、想、先、闪、升
4	只、速、死、是、时、适
5	捂、无、呜、误、我
6	溜、留、懒、了、老、聊
7	吃、起、弃、气、急、欺
8	发、分、别、拜、吧、不
9	求、最、救、走、久、就
0	令、你、动、定、懂

表 4-1 中密码多见于深圳市场，上海市场较难控制，由于深圳交易所最后三分钟是集合竞价时间，这就使得部分主力能利用这三分钟来制造最后一笔成交量的盘口语言密码。

比如，深天马（000050）在 2014 年 8 月 19 日收盘价为 23.82 元，最后一笔成交量 7366 手。该笔成交按密码翻译为：弃闪溜溜。主力似乎预示着该股短线将会出现调整。其实该股从今年 8 月 15 日就已经出现做头和调整的迹象。如图 4-10 所示。

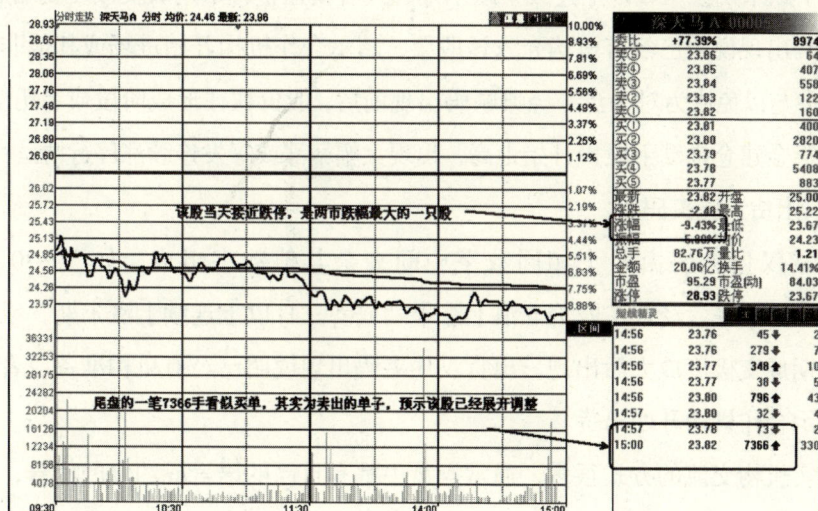

图 4-10　深天马（000050）2014 年 8 月 19 日分时走势图

二、其他密码

除了以上介绍的密码组合，笔者从私募口中还了解到其他的密码，某私募人士告诉笔者：4、6、8 等 3 个以上数字重叠和连用，通常均为盘口语言，444 或 4444 多为强庄示警，表明此股已有机构坐庄；6、8 重叠或与 4 连用如 4466、4488 等多表示主力态度或通知关系仓或锁仓机构，挂卖单表示将拉升，挂买单表示将打压；跌停在卖二或卖三、卖四挂重叠 8 或间隔 0，如 808，即请关系仓协助拉抬护盘；3 个以上 3 或 9 表示拉升或出货倒计时。其中末尾数字不定，可表示约定时间，如 3336 可能表示 6 分钟（也可能是小时）后拉升，9 则是出货信号；以 7 结尾表示下一步约定，与 4 或 8 结合挂卖单表示请关系仓协助打压，如 4007 挂卖二表示请关系仓压盘或在某一点位出货，807 挂买单表示请合作机构拉抬到某一点位；12345 或 54321 以及其中的 3 位以上多表示操盘手与关系仓或新机构的交流，可能是拉升或出货试盘信号，在得到对方回应后，将拉升或出货。

另外，笔者还通过网络论坛了解到市场一度流行的操盘语言密码。

1. 经典顺码

经典顺码是由非常吉利的数字或者递增序列与递减序列数字组成的密码，如"58、68、80、88、89、98、108、118"或者"123、234、456、321、876"等。经常在股价五浪下跌末期或三日以上连续下跌末期，或者横盘整理末期成交极度萎缩后出现。经典顺码出现说明已经有机构介入该股票，暗示合作机构开始进场或其他非合作机构不要参与以免成为对手盘。经典顺码出现前后，股价往往形成阶段或者历史底部，在机构资金建仓推动下股价开始走高，出现大幅暴涨或爆发连续涨停行情。

2. 出货汉堡夹码

出货汉堡夹码由两个相同数字中间夹杂其他数字组成，如"0870、1210、2982、5383"等。经常在股价五浪上涨末期或者三日以上连续上涨末期，或者高位横盘末期成交极度放大后出现。出货汉堡夹码出现说明已经有机构准备或者开始出货，暗示合作机构开始出货。

其实机构交流的方式很多，通常操盘手都有自己的语言或约定的信号，甚至约定按照通用语言的"反信号"来操作，所谓通用语言一旦被破译也就没有意思了。因此，上面说的大可不必太认真，大家留心观察，没准还能发现更多盘口语言。

第七节 四种征兆和卖出法则

一、四种征兆

每当我们实在忍受不了被套的痛苦而准备将筹码一割了之的时候，是否应该想一想：股价会不会回升一些呢？的确，经常会出现这样的事情：当我们下定决心把股票割掉以后股价却上涨了。也许最终股价还是会跌到我们的卖出价之下，但它确确实实涨到过超出我们的卖出价很多的价位上。

这其实是人们的心理因素在作怪。每当我们实在忍受不住的时候，往往是在股价大幅度下跌了一段时间以后。从概率上说，股价在此时形成一个相对底部区域的可能性非常大。所以我们即使要割肉也完全应该在股价回升以后，尽管它也许再也回不到我们的原始买入价，但总能减少一些亏损。

要避免割在相对底部，我们就有必要在卖出前仔细观察盘中的交易，以确认主力是否会在不久的将来拉升股价。假设是一只极其普通的股票，有主力而且是被套的主力，也不是市场的热点板块，走势以跟随大盘为主，成交比较少。这种股票尽管死气沉沉，但因为有主力陷在其中，就有可能在某一段时间内走强。由于是老主力，所以并不存在建仓的过程，行情来的时候似乎也是突然起来的。但实际上不一定，有相当一部分股票在行情起来之前是有一些征兆的，只是市场没有注意而已。

1. 第一种征兆：较大的卖单被打掉

尽管交易寡淡，但总会有一些较大的卖单出现。比如日成交在30万股以内的行情必定会有一些万股以上的单子出现，这是完全正常的。如果这些卖单的价位一旦离成交价比较近就会被主动性的买单打掉，那么这就是一种主力拉升前的征兆。众所周知，一旦股价拉起来以后主力最害怕的就是前面被市场接掉的相对低位的获利盘，因此只要主力的资金状况允许，在拉升前会尽可能地接掉一些稍大的卖单以减轻拉升股价时的压力。也可以理解为是主力在一个较小的范围内完成一个相对小量的建仓任务。一旦股价拉升成功，那么这些相对低位买进的筹码就成为主力自己的获利盘（至于原先的大量仓位并不在考虑之列）。如果操盘手技巧高超的话做一波回升行情是可以获利的，也就是说是可以降低自己的持仓成本的，尽管对于总的持仓盘子来说降低的幅度非常有限。

2. 第二种征兆：盘中出现一些非市场性的大单子

比如在日成交30万股的行情中出现3万股、5万股甚至10万股以上的单子，而且不至一两次，挂单的价位距离成交价较远，往往在第三价位以上，有时候还会撤单，有一种若隐若现的感觉。

这种较大数量的单子由于远离成交价，实际成交的可能性很小，因此，可能是主力故意挂出来的单子。其用意只能是告诉市场：主力已经在注意这家股票了。主力既然要市场知道，那么股价的结局就是上涨或者下跌而不会是盘整，当然主力希望市场认为股价要上涨，但我们不能排除下跌的因素，除非有其他的细节能够排除这一点。但有一点是可以肯定的，主力在大量出货前是有可能做一波上升行情的。

3. 第三种征兆：盘中出现脉冲式上冲行情

所谓脉冲式上升行情是指股价在较短的时间内突然脱离大盘走势而上冲，然后又很快地回落到原来的位置附近，伴随着这波行情的成交量有一些放大但并没有明显的对倒痕迹。

由于成交量相当寡淡，所以主力也肯定在一段时间内没有参与交易，对市场也没有什么感觉。因此主力在正式拉升股价前会试着先推一下股价，业内称为"试盘"，即试探市场的反应。也有一种可能是主力想多拿一些当前价位的筹码，通过往上推一下以引出市场的割肉盘，然后再选择适当的时机进行拉升。这种情况表明主力的资金相对比较充足，对股价的上升比较有信心。

4. 第四种征兆：大盘稳定，但个股盘中出现压迫式下探走势，尾市往往回稳

这种走势比较折磨人，盘中常常出现较大的卖压，股价步步下探，但尾市却又往往回升。

毫无疑问，这种走势的直接后果必然是引来更多的割肉盘。但若无外力的干扰，这种脱离大盘的走势在成交寡淡的行情中很难出现，因此一般是有主力在其中活动，否则的话，起码尾市股价是很难回升的。为了使这类走势成立，主力肯定需要施一些力，因此盘中会出现一些较大的卖单，甚至会加一些向下的对倒盘。总之我们可以仔细观察其交易的自然性，一般来说会有很多疑点让我们研判。

主力将市场上的割肉盘都吸引出来，那么目的也就很清楚了，无非是想加大建立短期仓位的力度，就是希望买到更多的低价筹码。这是一种诱空的手法，让市场在此位置大量割肉给主力，然后主力再做一波行情。通常主力会在股价的回升过程中尽可能地将前面买进的筹码倒给市场，从而达到了既维护股价又摊薄了原有持仓成本的目的。

我们分析的这四种情况都有一个特点，就是主力要建一些短期仓位。根据这些仓位的量，我们可以对后面股价的上升幅度有一个大概的判断。原则上建的仓位越多，股价的升幅就越高，但最终的结果还是取决于股价起来以后市场的认可程度。

二、卖出法则

怎样才能判断好卖出时机呢？笔者认为，在以下情况出现时可以考虑卖出股票。

1. 连续放量冲高，换手率突然放大

上升行情中股价上涨到一定阶段，累计涨幅超过 40% 时出现连续放量冲高，有时是连续 3~5 个交易日连续放量，有时 2 个交易日放量，每日的换手率都在 3% 以上，而当最大成交量出现时其换手率往往超过 10%，这意味着主力在拉高出货。如果收盘时出现长上影线，表明冲高回落。而次日股价又不能收复前日的上影线，成交开始萎缩，表明后市将调整，遇到此情况要坚决卖出。

2. 当日放量过急，而次日成交量锐减

主要指股价出现急拉使得成交量成倍放大，次日成交量急剧减少 50% 以上。可判断为机构为减仓或为洗盘而拉高股价。不管是在上升行情还是下跌调整过程中，只要出现这种情况就应坚决卖出。

比如凯乐科技(600260)在 2014 年 3 月 5 日出现的急拉就是出货，如图 4-11 所示。

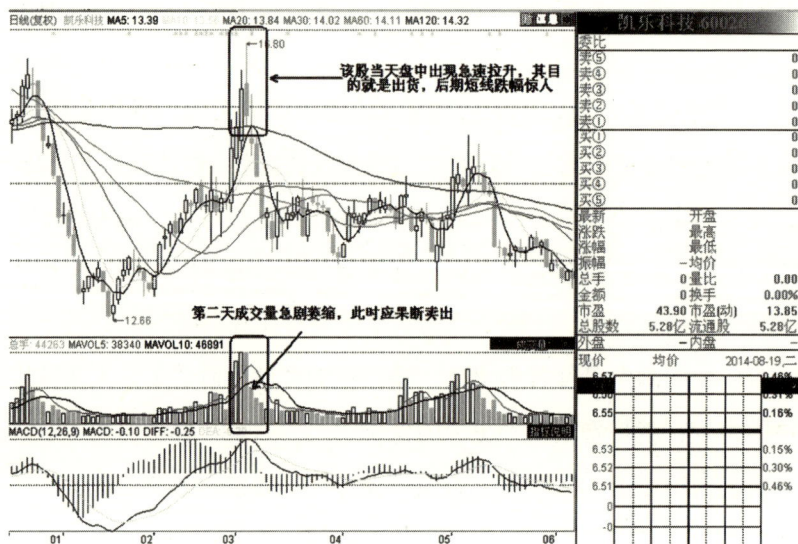

图 4-11　凯乐科技（600260）日线走势中的卖点

3. 击破重要日均线指标

放量后股价跌破 5 日均线并且 3~5 个交易日不能恢复，随后 5 周线也被击穿，应坚决卖出。对于刚被套的人此时退出特别有利。而且股价击破 30 或 60 日均线等重要均线指标，此时就要坚决清仓了，而许多投资者被套后往往漠视，难下决心，从而导致深度被套。

万向德农（600371）在 2014 年 5 月 27 日已经跌破 5 日均线且 3 天没有恢复，而当日收盘时又跌破 5 周均线，应卖出。如图 4-12 所示。

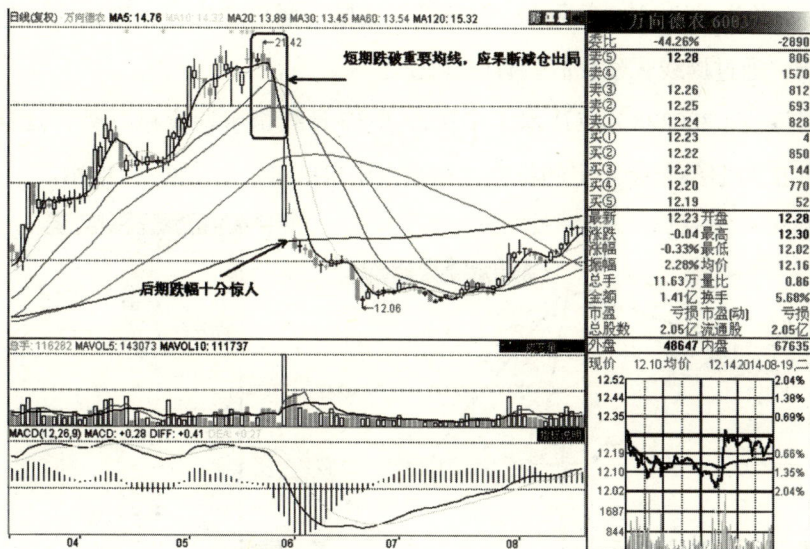

图 4-12　万向德农（600371）日线走势中的卖点

海越股份（600387）在 2014 年 4 月 25 日一个交易日跌破三条重要均线，此时短线应果断出局，否则注定要被套牢。如图 4-13 所示。

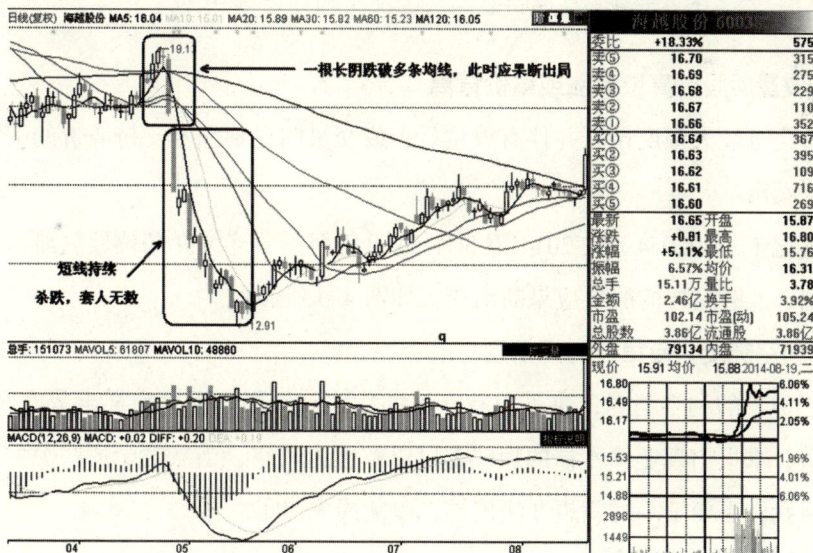

图 4-13　海越股份（600387）日线走势中的卖点

4. 反弹时冲击重要均线失败

随着股价下调，逐渐形成了下降通道，日、周均线出现空头排列。如果此后出现反弹，股价上冲 30 或 60 日均线没有站稳，则应坚决卖出。若周均线设定为 30、60、90 周，通过周线观察我们会有同样感受。

富瑞特装（300228）在技术上多次冲击 30 日线都未能突破，类似这样的股，每一次冲击 30 日线都是卖出的机会，否则会跌得更深。如图 4-14 所示。

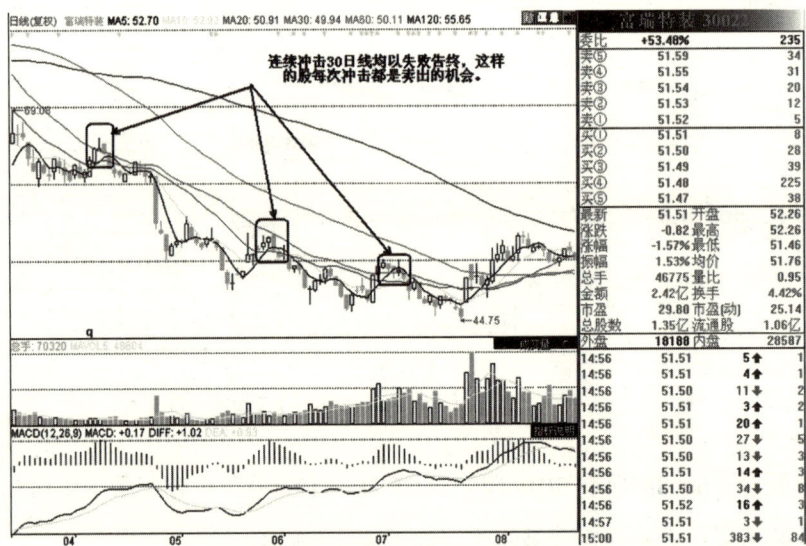

图 4-14 富瑞特装（300228）日线走势中的卖点

5. 放量后股价高位滞涨或量价背离

股价经过较大幅度拉升并伴有放量后，成交量明显萎缩不支持股价的上涨。此时应尽快卖出。

德美化工（002054）在 2014 年 3 月 24 日创新高后连续在高位放量滞涨，出现了顶背离，此时这样的股票应果断出局，如图 4-15 所示。

6. 利空突发，应第一时间斩仓

对于突发的利空消息，决不要有任何的犹豫与幻想，因为后期走势实在难测。一般年报、季报出现业绩亏损的短线都可以解读为利空，当然对于那些突发性的利空出来后我们更要第一时间想办法出局，以免损失惨重。

7. 第一时间成交急剧放大

上涨一定阶段后，如果开盘后股价迅速上涨，在 30 和 60 分钟图中第一时间成交量超过前一个交易日或与之接近，则应坚决卖出，因为此时机构正在集中出货。

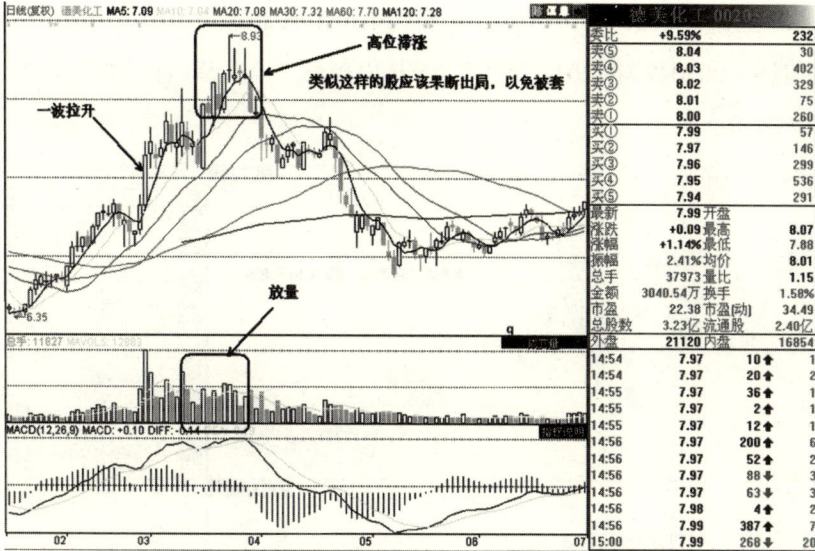

图 4-15 德美化工（002054）日线走势中的卖点

久联发展（002037）在上涨一段时间后，于 2014 年 8 月 18 日成交量突然急速放大，此时应果断出局，否则短线必定被套。如图 4-16 所示。类似这样的情况通常是出现在股票上涨了一段时间之后。

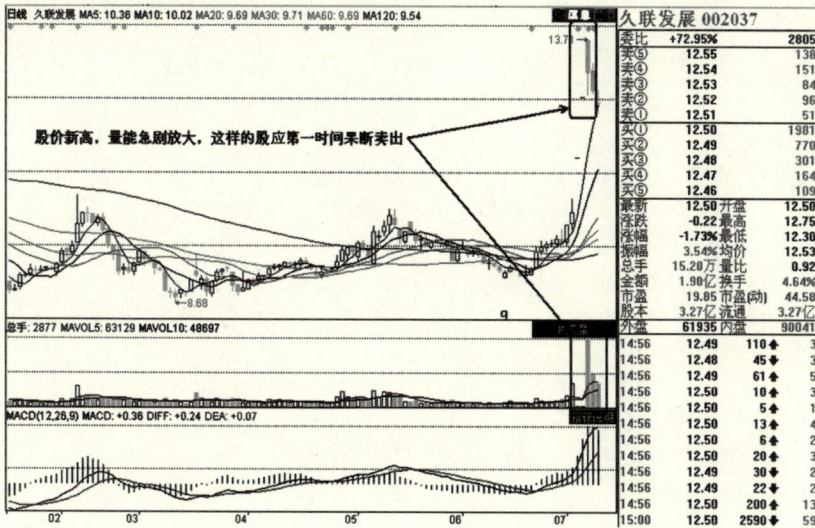

图 4-16 久联发展（002037）日线走势中的卖点

8. 出现"双头"形态

认清"双头"形态对于把握卖点很有帮助。当股价不再形成新的突破，形成第二个头时，应坚决卖出，因为从第一个头到第二个头都是主力派发阶段。

宝鹰股份（002047）在 2014 年 3 月 21 日出现第二个头部，这样的股应果断卖出，如图 4-17 所示。

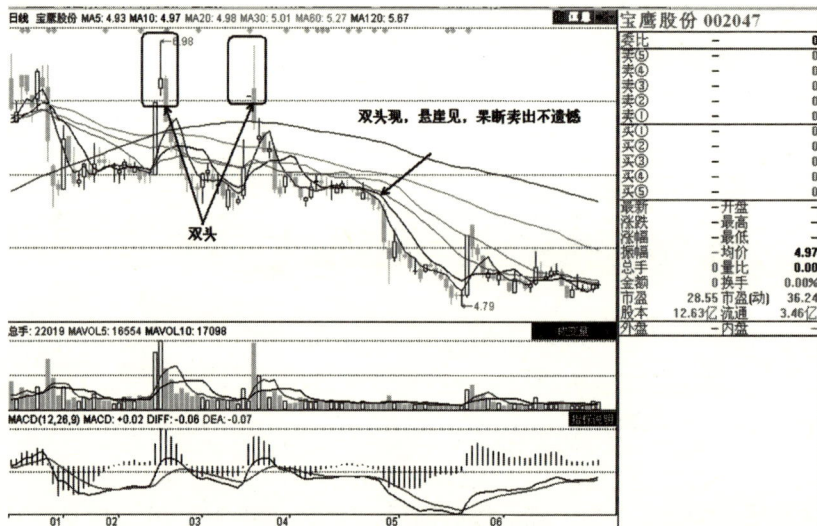

图 4-17　宝鹰股份（002047）日线走势中的卖点

第八节 巧用盘口抓起爆点

一、寻找起爆点

在讲述了上面那么多的盘口内容之后，其实我们就一个目的，利用盘口寻求股票的起爆点，通常具备下述特征之一我们就可初步判断庄家建仓已进入尾声。

1. 缩量便能涨停的次新股

新股上市后，相中新股的庄家进场吸货，经过一段时间收集，如果庄家用很少的资金就能轻松地拉出涨停，那就说明庄家筹码收集工作已近尾声，具备了控盘能力，可以随心所欲地控制盘面。

2. 走出独立行情的股票

有的股票，大盘涨它不涨，大盘跌它不跌。这种情况通常表明大部分筹码已落入庄家囊中：当大势向下，有浮筹砸盘时，庄家便把筹码托住，封死下跌空间，以防廉价筹码被人抢了去；当大势向上或企稳，有游资抢盘，但庄家由于种种原因此时仍不想发动行情，于是便有凶狠的砸盘出现，封住股价的上涨空间，不让短线热钱打乱炒作计划。股票的K线形态就横向盘整，或沿均线小幅震荡盘升。

3. 走势震荡成交萎缩的股票

庄家到了收集末期，为了洗掉短线获利盘，消磨散户持股信心，便用少量筹码做图。从日K线上看，股价起伏不定势，一会儿到了浪尖，一会儿到了谷底，但股价总是冲不破箱顶也跌不破箱底。而分时图上更是大幅震荡。给人一种莫名其妙、飘忽不定的感觉。成交量也极不规则，有时几分钟成交一笔，有时十几分钟才成交一笔，分时走势图画出横线或竖线，形成矩形，成交量也极度萎缩。上档抛压极轻，下档支撑有力，浮动筹码极少。

4. 该跌不跌的股票

突发性利空袭来，庄家措手不及，散户筹码可以抛了就跑，而庄家却只能兜着。于是盘面可以看到利空袭来当日，开盘后抛盘很多而接盘更多，不久抛盘减少，股价企稳。由于害怕散户捡到便宜筹码，第二日股价又被庄家早早地拉升到原来的水平。

二、夺命盘口手迹

盘口技术掌握了，你就掐住了股市的命脉。具体的盘面技术，我认为包括如下几个方面：

（1）大盘分时变化，价量动态变化，黄白线变化，成交绝对值；

（2）与大盘变化呼应的个股表现，比如指数涨跌时候个股怎么对应表现的；

（3）具体到个股的分时变化，其中单笔成交，价量配合，分时线的流畅程度等；

（4）同板块个股表现，与指数的强弱性比较，龙头股的抉择；

（5）涨跌幅榜，换手率榜，81/83综合排行榜；

（6）K线技术分析的重要点位上分时的表现，这个是核心。

具体在操作中，我们应注意以下几点。

（1）大盘分时变化，主要要注意早盘半个小时的变化，如果早盘比较强，则当日收阳概率大；如果早盘比较弱，则当日收阴概率大。

（2）指数价量动态变化是指指数的运行波浪中，每一个上行波浪和下行波浪的成交变化，一般而言，如果上行波浪发生在成交急剧放大的情况下，那就需要打起精神了。但如果急剧放大只有一次或者只有一天，没有持续的带量的上行波配合，那么指数仍无力气。这是在熊市指数变化中需要重点注意的一点。成交是否放大，以及成交放大能否持续是判断能否产生大级别波段行情乃至大牛行情的关键所在。

（3）黄白线里很有讲究。一般而言，指数上涨时候，如果黄线在上，那么当日的小盘股会比较活跃，盘面也可能会非常好看；反之，黄线在下的上扬则可能是大盘股带动的。如果黄线在上，白线突然抬头向上攻击合拢黄线甚至穿越，则可能是大盘股的诱多行为。

（4）成交绝对值。分单日成交量和单分钟成交量。单日成交，一般 100 亿~120亿以上为强势市场，如果指数能连续两日保持在这个成交之上，则指数反转概率颇大。单日成交在 40 亿以下为地量水平，当指数连续数日保持在该成交状况下，则指数蓄势反弹甚至有反转的可能。单分钟成交能连续两日保持在最高每分钟 8000万以上，则行情可能有新变化。如果单分钟经常出现 800 万以下，则行情可能会产生极端变化。如果单日成交超过 200 亿，则需要当心是否盛极转衰。如果高位成交超过 180 亿，而指数滞涨，要当心成为顶部。

（5）判断个股强势的依据：与大盘呼应程度是判断个股是否强于指数的重要依据。如果一只个股能够在指数进行一拨下行浪的时候保持不跌，或者进行一拨上行浪的时候首先放量，那么此股必须锁定。当一只个股在指数连续创新低的时候拒绝创新低，那么这只股票先锁定再说。

（6）个股分时的研究有分时形态，分时成交，流畅程度，单笔成交，大单，与大盘分时关系等。分时最多出现形态的是矩形、上升三角形、下降三角形、W 底形与 M 头形态等几种形态。当分时出现类似形态时候，选择突破方向的时候就是非常好的买点或卖点。具体的形态，可以求助于形态技术。

（7）分时成交主要是指量价配合程度，一般是量价齐升齐落为正常状态，但如果出现价升量减，需要注意当日可能见顶；如果出现价跌或价平，而成交却在放大，那可能是有资金在进行低吸。

（8）分时流畅程度是指分时价格曲线的美感，一般的龙头股的分时都十分流畅。所以分时是否流畅成为龙头股选择的重要依据。

（9）单笔成交很重要，关键位置需要比较大的单子来实现突破，否则突破的有效性就值得怀疑。大单一般为大资金所为，因此大单众多的个股应值得大家重点研究，一些小盘股如果屡屡出现级别较大的大单更需要重点关注。

（10）个股分时与大盘分时重叠，容易发现一只个股是强还是弱。这个很重要，要善于比较。

（11）同板块个股在表现的时候经常能够引发联动效应。对于一个板块，需要首先判断其与指数的强弱相关性，如果比指数强，强多少，是否为该阶段当之无愧的龙头板块。如果是龙头板块，再注意比较同板块类个股是什么状况，谁第一个放量，谁的涨幅最高，谁的换手最大，然后确定其中最强的一到两只股票，作为重点盯梢对象。在强势时候要注意运用板块联动原理，在弱市操作也应注意一些短线热钱堆积的概念性板块。

（12）涨幅榜前列的股票应多加关注，能够从中发现该阶段的强势板块和强势独立个股。涨幅榜中间的股票也应重点关注，很多股票喜欢小阳线小阳线地涨，应注意此类时间积累涨幅的慢牛股票。

（13）跌幅榜前列的股票应注意关注。一是从中发现当前市场的做空板块与个股，回避相关个股的联动补跌效应，二是锁定一些超跌股，为后面的参与超跌反弹做好储备工作。

（14）换手率榜是发现资金方向的重要手段，一般的个股出现 1.5% 以上的换手之后就应关注，换手连续出现 1.5% 以上之后就应锁定。换手开始活跃是个股开始活动筋骨的重要标志。大军出战，粮草先行，把握其粮草动向，容易发现敌人作战意图。

（15）81/83 的综合排行榜是盘中发现短线机会的重要手段。短线客经常把时间调到 3 分钟。可以更加快速地发现放量拉升个股，然后及时跟进。另一方面，这也是发现第一个放量以及板块联动的重要方式。

第五章

量能擒牛

不管是对于大盘还是个股来说，如果上涨，没有量能的推进，几乎是不可能的，然而对于众多的散户来讲，研判主力量能的突然变化，又是非常艰难的过程，若我们希望尽早发现量能放大的前期征候，就不能不在量能变化规律上下功夫。本章就着重讲解量能的一系列相关问题。

第一节　量能的定义和三条规律

我们都知道在自然界中有风能、水能，物理学中有电能、热能。能者，能量、动力之意。在股市中，为了更好地对市场进行研判和分析，人们也引入了"能"的概念，于是有"量能"一说。量能，顾名思义：量是成交量，能是资金动能。即成交量形成大盘上涨或下跌的动力。股市中有"量为价先"的说法。量与价有着密切的关系，成交量的放大与缩小则是投资者判断大盘走势的依据之一。放量是一个兆头，在价格上升阶段，量是推升股价进一步上扬的动力，在价格下跌阶段，量又是打压股价继续下挫的动力。一般情况下，大盘的大幅上涨或下跌总会有一不定期的成交量相配合，也就是价升量增或价跌量增。无论多方或空方，能量的释放都有一个从积蓄到枯竭的过程，其标志就是涨跌中的量的大小。当多方能量释放到极致，便是"天量见天价"，行情将会出现掉头向下的变化。当空方能量宣泄殆尽，便是"地量见地价"，行情也将呈现反转的向上趋势。

对于市场而言，量能是技术分析的基本要素之一，是投资人看盘的焦点。它是股票市场的原动力，没有成交量的配合，股票市场就成了无本之木。有经验的高手把整个市场或个股的成交量作为衡量和观察市场趋向变动的前提，寻找主力、庄家动向，选择入场和退出的时机。

量能不是任意杜撰的，而是全部市场信息的综合体现，因此，它必然有生成和变化的规律，不管量能如何变化，它必然符合如下的三条规律。

第一，卖在买先的卖买平衡律。卖在买先是股票的原始天性，首先必须有人卖出才能买入，如果没有人卖出，想买都买不到，所以卖出行为一定在买入行为之前。正是从这种意义上讲，任何量能都是卖出来的，无卖必然无买，无卖必然无量。那么持有这只股票的人在什么情况下才会卖出呢？除了急等用钱兑现之外，一定是"价格满意者"才会卖出，这就引出了第二个规律。

第二，价在量先的价量平衡律。价在量先是股票的交易天性，有价才会有量，无价必然无量，价与量的暂时平衡，才能形成量能上的柱体，正是从这种意义来讲，任何股票的量能都是特定时段特定价位的"价量平衡"标志。

在特定的情况下，什么样的价造就什么样的量。价与量的对立与统一，是股市的永恒主题，是价在量先铸就了量能的灵魂，价涨可以制造卖出的欲望，价跌同样可以制造卖出的欲望，谁是欲望的制造者呢？这就引出了第三个规律——庄在散先。

第三，庄在散先的庄家导向律。"庄在散先"是股票的投机特性。在股票市场中，任何一个散户不可能拉抬某只股票，只能被动地适应市场的某个价位，而价格的制造者首先是欲望的制造者，他们在制造投机欲望的同时制造着投机数量，正是从这个意义来讲，量能就是庄家的标志。

有了上面这三条定律，我们就能很好理解低位缩量、低位放量、高位放量、高位缩量等技术特征所代表的背后市场含义了。第二节我们就来讲述几种常见的量能形态。

第二节　几种常见量能的形态

对于股市的量能形态来说，这里主要分析最常见的四种形态，它们分别是放量、缩量、天量、地量。

一、放量

成交量比前一段时间成交明显放大我们称之为放量。放量是支持一轮强势行情的基础，一般情况下，上涨过程中放量，并在涨升途中的暂时性调整中缩量，是种良好的放量状况，可以推动股指的持续走高。但是，也有例外的时候，例如某些主力介入较深的个股，一般是在行情启动初期放量，而在该股以后的上涨过程中却一直保持缩量，这类个股大多会产生长久的强势行情。

例如，假如昨天全天的成交量是 1 亿，今天忽然变成 4 亿了，就是放量。如果今天变成了 1.1 亿，就不算。放量是相对而言的，昨天 1 亿，今天变成 1.5 亿，你也可以说它放量了。放量分相对放量和持续放量。相对放量是今天与昨天比，本周与上周比；持续放量是最近几天和前一段时间的某天的量做比较。

股市操作中经常发现有些个股走势出现异动，例如成交量突然成倍增大，短期就实现巨量换手，主力的意图则要综合多方面的信息来判断，有时属于主力出货，有时属于主力换庄，投资者可根据放量出现的位置、K 线形态等多方面来判别。

1. 底部放量

不管是对于大盘还是单独某一只个股，底部放量是指大盘或该股经历很长一段时间的横盘和量能的持续萎缩之后，出现了成交量明显放大的局面。这里又分为底部放量上行、放量下跌和放量横盘。

对于在底部有放量上行的股票，往往说明主力有进货的趋势，所以此时底部放量一般可以看作是一只股票或者大盘一个阶段行情的开始。

而底部放量下跌则说明一只股票在突破底部平台后不是向上，而是掉头向下继续杀跌，这种股票一般是业绩或者某方面出现了不可预知的情况，而主力又往往先于散户得知消息，因此对于底部放量下跌的股票投资者更要谨慎。

底部放量横盘往往是主力还没有收集足够多的筹码，因此此时会用放量震仓的手段来迷惑部分投资者，让这些投资者交出手中的廉价筹码，一旦时机成熟，将会突破盘整平台，走出上涨行情。例如，2014 年 5 月 20 日中国软件（600536）出现底部放量的走势，而且当天该股涨停，明显是一个底部放量资金介入的走势，随后几个交易日的走势也恰好证明了这一点，如图 5-1 所示。

方兴科技（600552）疑似底部放量杀跌，说明底部还没有形成。如图 5-2 所示。

华测检测（300012）中则是底部放量横盘。如图 5-3 所示。

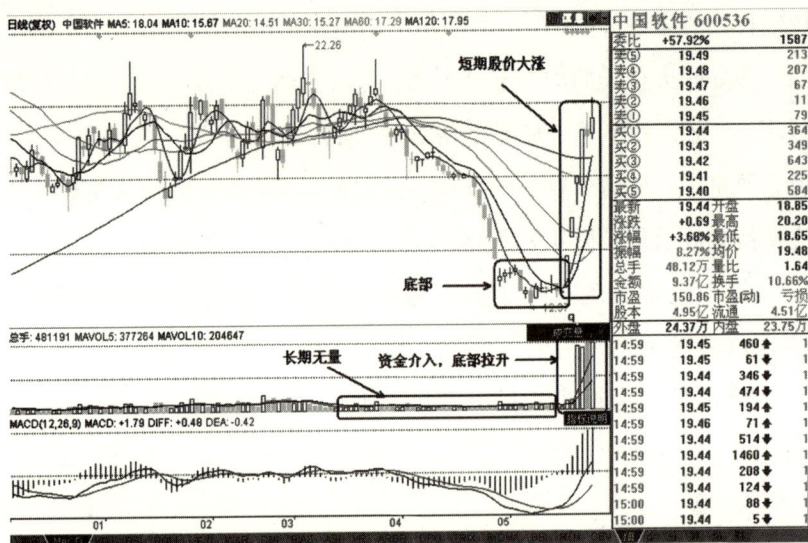

图 5-1　中国软件（600536）日线走势中的底部放量上行

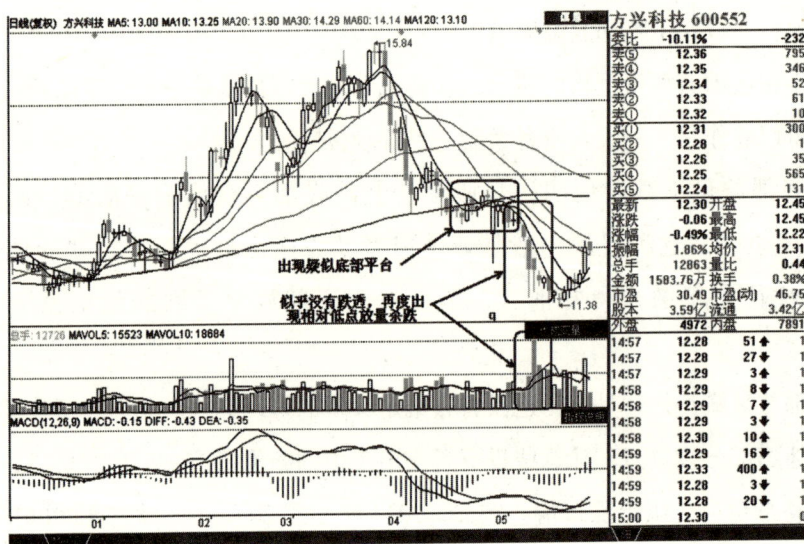

图 5-2　方兴科技（600552）日线走势中的底部放量杀跌

2. 高位放量

高位放量，通常指的是证券价格（股价、期货合约价格等）在经过一段时间比较大的涨幅后、处在相对高价位区时，成交量仍在增加，而股价却没能继续上扬，呈现出高位量增价平的现象，这种股价高位放量滞涨的走势，表明市场主力在维持股价不变的情况下，可能在悄悄地出货。因此，股价高位的量增价平是一种顶部反

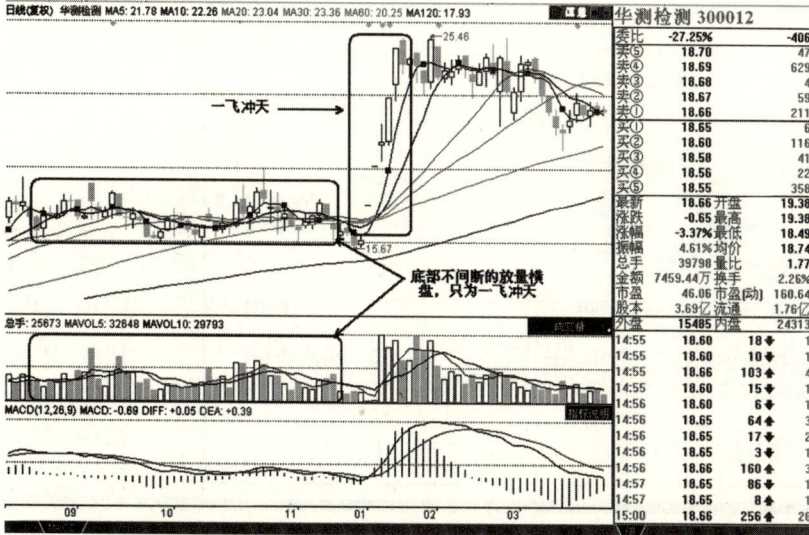

图 5-3 华测检测（300012）日线走势中的底部放量横盘

转的征兆，一旦接下来股价掉头向下运行，则意味着股价顶部已经形成，投资者应注意股价的高位风险。当然，并不是所有的高位放量都是头部的信号。首先要查看股价的涨幅大小，一般来说涨幅超过同期指数涨幅30%以上，或者绝对涨幅达到50%、100%、200%以后的高位放量，形成头部的几率就很高。

高位放量的具体案例如图5-4、图5-5所示。

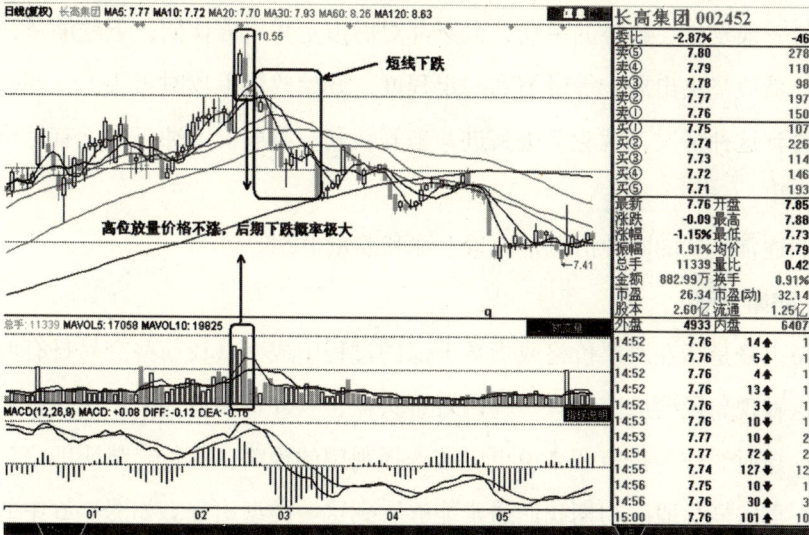

图 5-4 长高集团（002452）日线走势中的高位放量价格不涨

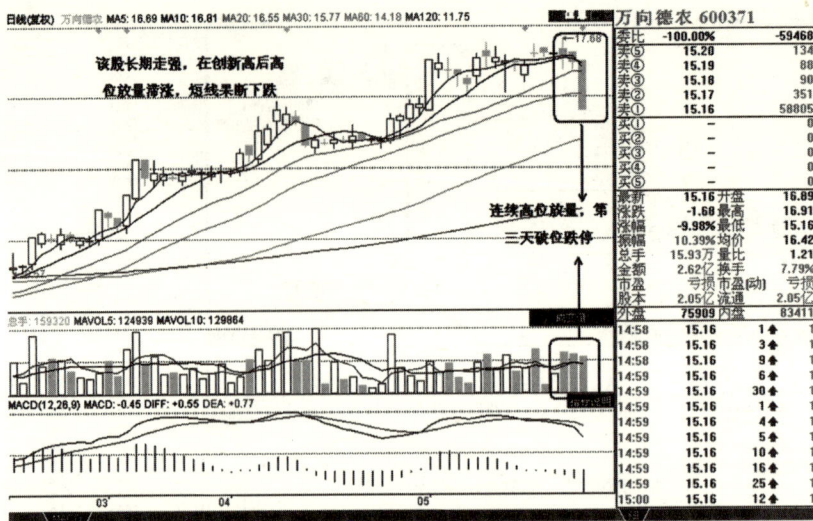

图 5-5　万向德农（600371）日线走势中的高位放量滞涨

二、缩量

缩量是指市场成交寥寥，大部分人对市场后期走势十分认同，意见十分一致。

缩量主要是说市场里的各投资者和机构看法基本一致，分两种情况：一是市场人士都十分看淡后市，结果只有人卖，却没有人买，所以急剧缩量；二是市场人士都对后市十分看好，只有人买，却没有人卖，所以又急剧缩量。

缩量一般发生在趋势的中期，大家都对后市走势十分认同，下跌缩量，碰到这种情况，就应坚决出局，等量缩到一定程度，开始放量上攻时再买入。同样，上涨缩量，碰到这种情况，就应坚决买进，坐等获利，等股价上冲乏力，有巨量放出的时候再卖出。

我们通常见到的两种情况是缩量上涨和缩量下跌。

1. 缩量上涨

缩量上涨是指在股票价格或指数上涨的过程中成交量较前些交易日有明显萎缩现象。这种现象说明成交的只是场内资金买盘，场外资金进场不积极。观望心态比较严重。这时候作为投资者来说更应该选择观望的策略，等待趋势明朗之后再进行交易。在重组概念股的初期我们通常能够看到这一类型出现。如图 5-6 中的海隆软件（002195），类似这样的概念股有很多。

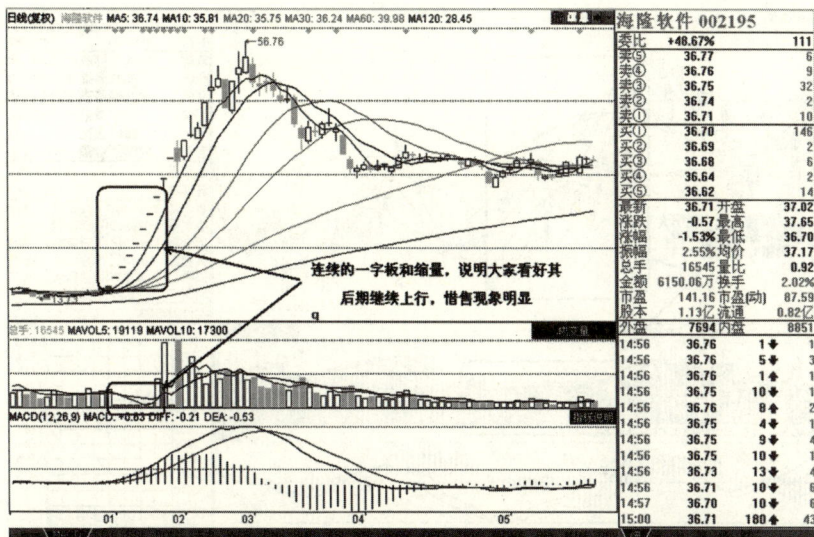

图 5-6　海隆软件（002195）日线走势中的缩量上涨

2. 缩量下跌

缩量下跌是指股票价格或大盘指数在下跌的同时成交量相对前几个交易日明显下跌。对于缩量下跌的概念股，在出现利空的时候也会有同样的事情发生，如图 5-7 中的 ST 昌九（600228），同样的事情在重庆啤酒身上也曾演绎过。而上证指数从 2260 点一路下跌到 2000 点附近也是一个缩量下跌的走势，如图 5-8 所示。

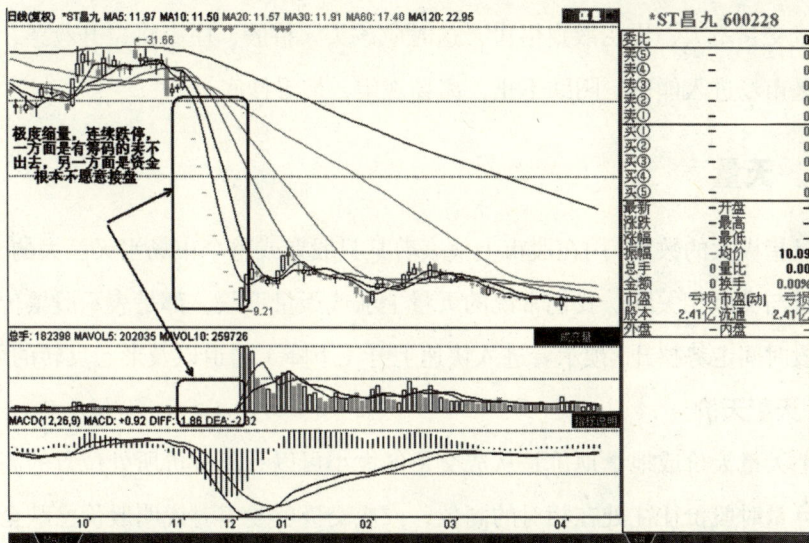

图 5-7　ST 昌九（600228）日线走势中的缩量下跌

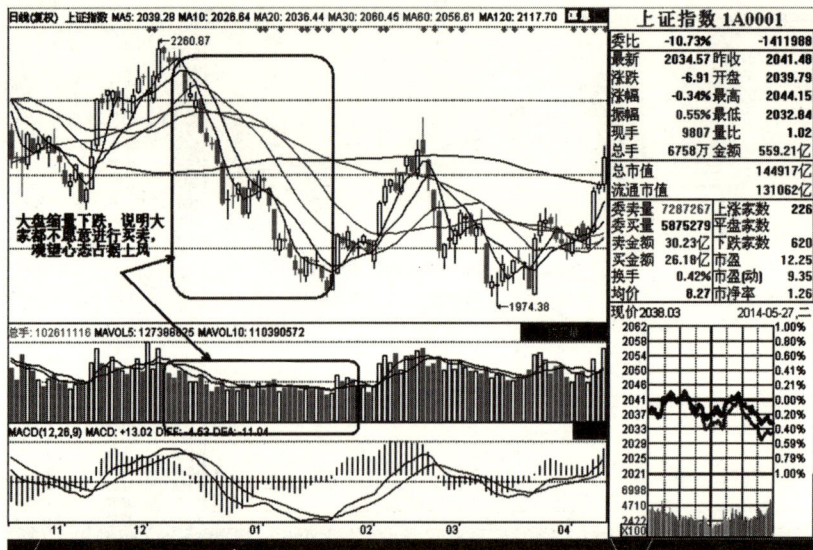

图 5-8 上证指数日线走势中的缩量下跌

对于大盘而言，一般来说缩量下跌是个调整过程或分歧阶段，短期涨跌视后面的消息的方向而定，利空消息将导致下跌，反之则上涨。放量下跌后继续跌的可能性比较大，但不是一路下跌到底，总是在中间出现短暂的调整，那是出现下跌后多空分歧造成的。

对于个股的缩量下跌而言，又可分为两类：一是庄家为了吸货，打压股价，但是股票成交量不大，说明散户惜售，这时应该买入持股，庄家将拉升股票，以便吸货；二是市场进入熊市，阴跌不止，离场观望，切毋抄底。

三、天量

天量指极大的数量。用在股市上代表着某只股票或整个市场当天巨大的交易量，天量通常与突破相关联，我们常说的天量上涨或天量下跌，都是表示股票价格或指数与前段时间走势拉开，预示着进入快速上升（下降）通道以及形态反转的可能性。

1. 天量天价

所谓天量天价或地量地价是从成交量的大小可以看出股价所处位置的高低。成交放出巨量时股价往往处在相对的高位，或成交极度萎缩时说明股价已跌至相对低位，这对短线操作者寻找买点和卖点特别有效。假如某一股票在一段时间内成交量逐步萎缩，当量无法进一步萎缩时往往意味着股价将止跌。一般来说热门股成交量处在一个月来的最低水平时阶段性低点将有可能出现，反之亦然。在牛市行情中，放量本来是件好事，但成交量必须是温和放大，如果量能突然急速放大，那么无论行情处于哪个阶段，投资者都需要立即清仓退出。因为牛市中成交量过分放大，说明投资大众一致看好后市而纷纷买入，反而容易使大盘快速见顶。

2. 研判方法

大盘或个股成交量创历史新高为天量，创近期新高的成交量为大量或巨量。一般情况天量天价是出货的好机会。天量天价的提法是规律性的东西，对大盘来讲，可以准确地反映阶段内资金的极限。但注意，我们绝不可以认为天量一出马上就出现天价，这样判断将市场过于简单化了。看量也得看势，同时更要注意到，目前的热门个股往往被大资金集中控盘，这些个股的上升取决于其中的庄家，上涨之所以放出巨大的成交量，庄家行为是一大因素，由于出现了控盘现象，庄家在放量拉升股价后不会立即"发货"，其派发过程是个极漫长过程，其出货也会采取高价区震荡方式。天量之后，天价却不一定出现，而如果形势好，控盘机构再送股价一程也是经常发生的事。

例如，2008年11月份启动的那一波行情，在2009年7月29日两市天量出现后到8月4日股指才出现最高点，这充分说明了天价有滞后性。如图5-9所示。

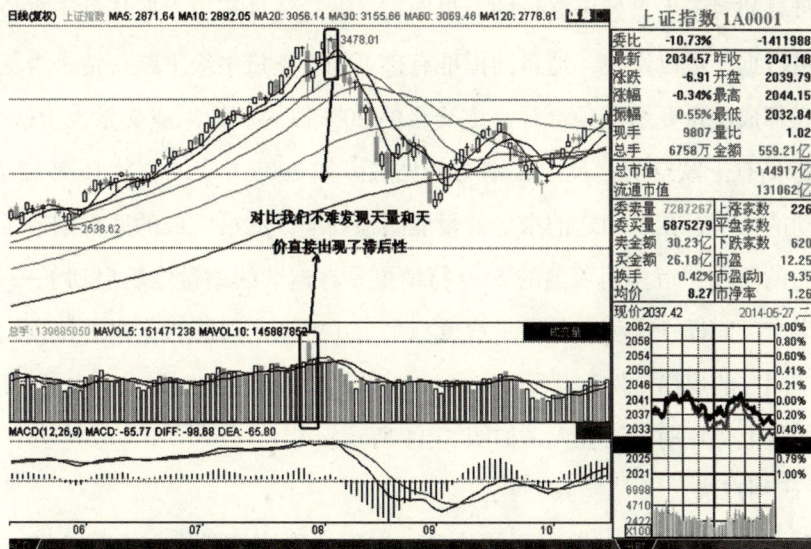

图 5-9　上证指数的天价出现了滞后性

图 5-10 是金龙机电（300032）2014 年 2 月 19 日之后的走势图。在 2 月 19 日出现天量天价，给出一个明显的卖出信号，后市果不其然出现一波调整。

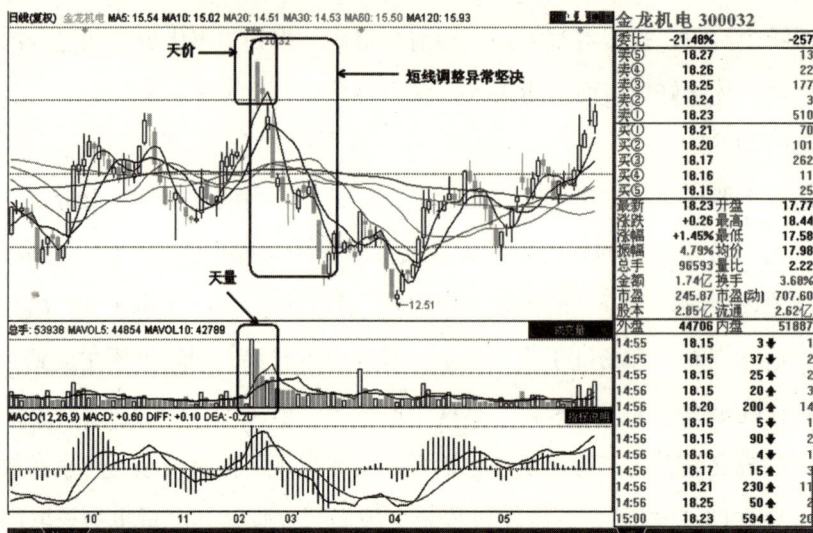

图 5-10　金龙机电（300032）天量天价后出现调整

四、地量

地量是相对于大盘处于高位的天量而言，通过统计历史上股指处于高位、低位的成交量数据，可以发现，地量的标准有迹可循。衡量中级下跌行情是否见底的标准是：底部成交量要缩至顶部最高成交量的 20% 以内。如果成交量大于这个比例，说明股指仍有下跌空间；反之，则有望见底。如 2005 年 11 月 23 日到 12 月 16 日之后启动的行情，在启动之前市场的量能明显萎缩，此后筑成的底部创造了历时三个月左右的阶段牛市。而著名的 5.19 行情更是在连续的缩量之后启动了一个 17 个月的大牛市。同样，这种底部缩量程度与牛市（或者个股能否走牛）持续周期也都可以验证同样的规律。例如量子高科（300149）在启动一波牛市之前也是极度缩量，一旦量能跟上，短期涨势喜人，如图 5-11 所示。

1. 研判方法

地量在行情冷清的时候出现的最多。在行情冷清的时候，人气涣散，交投不活跃，股价波动幅度较窄，场内套利机会不多，几乎没有任何赚钱效应。持股的不

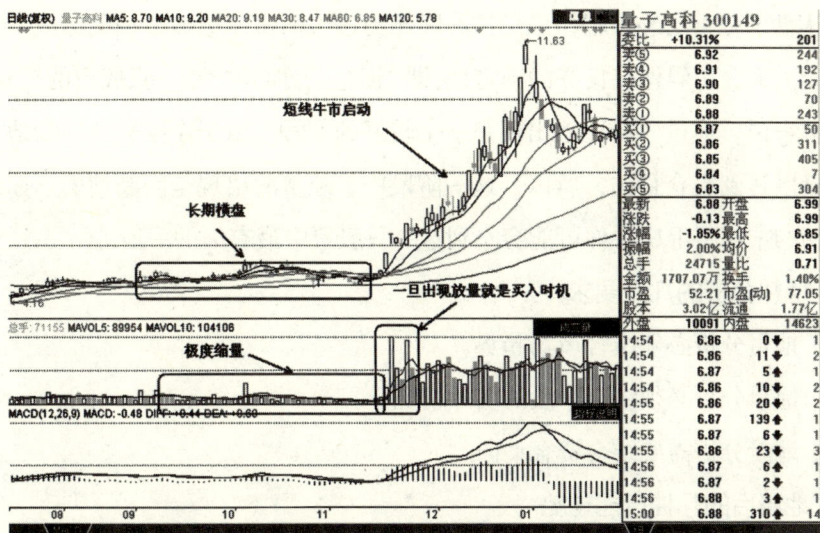

图 5-11 量子高科（300149）在牛市之前极度缩量

想卖股，持币的不愿买股，于是地量的出现就很容易理解了。这一时期往往是长线买家进场的时机。

2. 三种可能出现地量的时间段

（1）如一只股票经过一番炒作之后，总有价格向价值回归的趋势。在其慢慢下跌途中，虽然偶有地量出现，但很快就会被更多抛压淹没，可见现在的地量持续性较差。而在股价即将见底的时候，该卖的都已经卖了，没有卖的也不想再卖了，于是地量不断出现，而且持续性较强。如果结合该公司基本面的分析后，在这一时期内介入，只要能忍受得住时间的考验，一般均会有所收获。

（2）地量在庄家震仓洗盘的末期也必然要出现。任何庄家在做庄的时候，都显然不愿意为别的投资者抬轿子，以免加大自己拉升途中的套利压力，于是，拉升前反复震仓、清洗获利盘就显得非常必要了。那么，庄家如何判断自己震仓是否有效，是否该告一段落呢？方法与手段很多，地量的出现便是技术上的一个重要信号。此时，持股的不愿意再低价抛售，或者说已经没有股票可卖了，而持币的由于对该股后市走向迷茫，也不敢轻易进场抢反弹，于是成交冷清，地量便油然而生，而且一般还具有一定的持续性。这一时期往往是中线进场时机，如果再结合其他基本面、技术面的分析，一般来说均会有上佳的收益。

（3）地量在拉升前整理的时候也会间断性地出现。一只股票在拉升前，总要不断地确认盘子是否已经很轻，以免拉升时压力过大而做庄失败。换句话说，就是拉升前要让大部分筹码保持良好的锁定性，即"锁仓"。而要判断一只股票的锁仓程度，从技术上来说，地量间断性地出现是一个较好的信号。由于庄家需要不断地对倒制造成交量以达到震仓目的，所以，这一阶段中，地量的出现是间断性的。如果能在这一时期的末期跟上庄，你可能会吃到这一只股票中最有肉的一段。

3. 地量分析的几点要求

（1）地量分析必须结合市场趋势。

（2）地量分析必须结合个股的实际情况。

（3）地量分析需要结合资金动向。

4. 地量后的几种可能走势

（1）继续维持地量走势。底部的确认仍需时日。

（2）放量下跌。这种走势基本可以肯定市场出现底部的信号。

（3）放量上涨。底部启动，一轮上涨行情呼之欲出。

第三节　常见的六种量价关系

　　不管是分析大盘还是个股，对量和价的分析可以说是至关重要。在量价关系中，量指的是一只股票的单位时间的成交量，有日成交量、月成交量、年成交量等；价指的是一只股票的价格，以收盘价为准，还有开盘价、最高价、最低价。一只股票价格的涨跌与其成交量大小之间存在一定的内在关系。投资者可通过分析此关系，判断形势，买卖股票。而根据不同的时段和不同的个股形态以及趋势的变化，量价关系又可以分为很多种，本书中笔者重点介绍六种常见的量价形态，分别是低量低价、价涨量增、量增价平、价涨量缩、价跌量增和价跌量缩六种。

一、低量低价

1. 低量低价的意义

低量低价主要是指个股（或大盘）成交量非常稀少的同时，个股股价也非常低的一种量价配合现象。低量低价一般只会出现在股票长期底部盘整的阶段。说的通俗一点就是某只个股不仅没有成交量，也没有价。

2. 低量低价出现的成因

低量低价一般是一只股票在前期经历了一波不错的上扬行情，而随着股价的上涨透支了投资者的预期之后，股价就会从高位回落，在高位下跌的过程中，成交量也会随之缩量，经过一段时间的这种缩量下跌之后，股价会在某一个点位附近做长时间的窄幅横盘整理走势。经过数次反复筑底以后，股价最低点也日渐明朗。同时，由于量能的逐渐萎缩至近期最低值，从而使股票的走势出现低量低价的现象。

低量低价的趋势一般出现在个股长期底部的盘整阶段。但是并不是所有的低量低价都是一个买入的阶段，只是说这个点位买入的安全性要大于初始下跌阶段买入而已。因此，投资者要区分对待。在一只股票低量低价之后是否买入，投资者还要去研究该股的基本面、其他技术指标以及未来业绩如何等，经过多方面的综合分析之后才能决定是否买入。

3. 低量低价后的两种可能走势

（1）低量低价之后形成反弹的走势，从此股价开始向上拉升。例如，从2013年11月开始，超声电子（000823）经历了近一个月的低量低价阶段，但是结合其他技术指标来看，其MACD指标在12月23日也出现金叉的走势，此时的低量低价可以说是一个绝对的买入机会，随后该股果真发动了一波强势的上涨行情，截至2014年4月，股价涨幅高达80%。如图5-12所示。

（2）低量低价之后股价跌破平台，继续下跌。例如，招商地产（000024）在2009年12月8日股价创出新高后，股价出现一波接近50%的下跌，但是在随后经历了2010年2月到4月初的一波接近两个月的低量低价整理之后，该股并没有走出上扬的行情，而是再一次破位下跌，到2010年5月7日股价跌至15.18元的新低，相比2009年底的34元多的高价，股价跌了一半多。如图5-13所示。

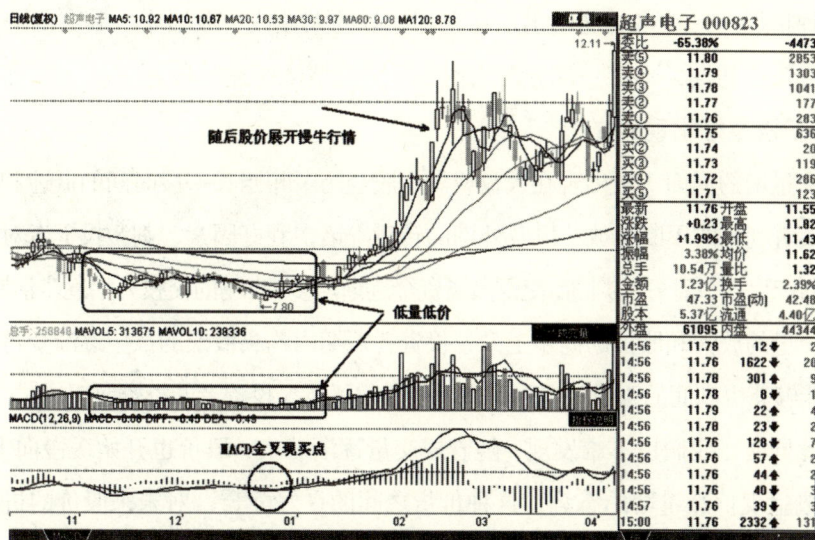

图 5-12 超声电子（000823）日线走势中的低量低价及随后走势

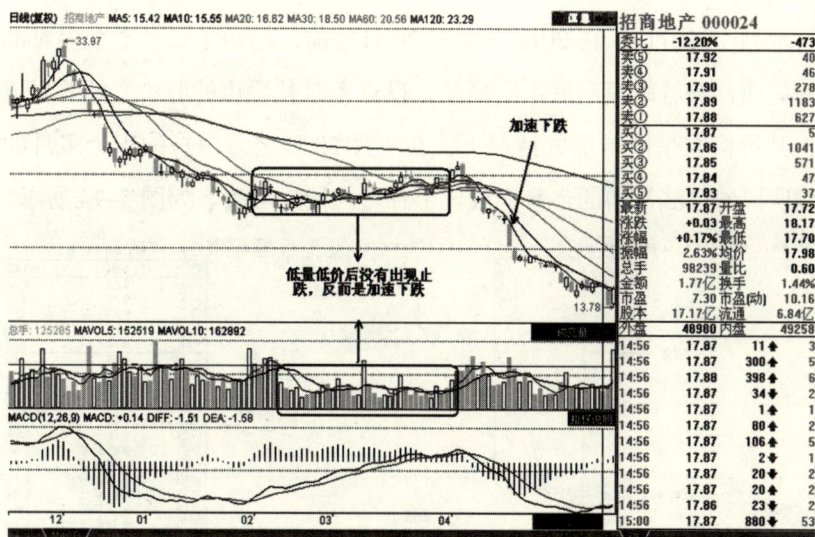

图 5-13 招商地产（000024）日线走势中的低量低价及随后走势

二、价涨量增

1. 价涨量增的含义

价涨量增主要是指大盘（或个股）在价格上涨的同时，其成交量也随之不断增加的一种格局。这种格局通常出现在上涨趋势的大盘或个股当中，其大部分是出现在上升行情的初期，也有一部分是出现在上升行情的中途阶段。

2. 价涨量增出现的成因

价涨量增的局面一般出现在大盘或者个股经历了相当长一段时间的低迷和盘整之后，伴随着利好的不断释放，以及外围的转暖等诸多利好因素，刺激投资者对未来市场的预期产生一个看好的判断，使得入场资金逐渐增多，市场的交投开始逐步活跃起来，随着成交量的放大和股价的同步上升，投资者短期内购买股票的欲望逐渐变得强烈起来，而能够获得利润的赚钱效应更是进一步激起了更多投资者的投资愿望。

与此同时，我们也不难发现，随着成交量逐渐放大，股价也开始缓慢向上攀升，股价走势呈现价涨量增的态势，这种价量之间的良好配合，对未来股价的进一步上扬，形成了实质性支撑。因此出现了我们所看到的价涨量增的格局，市场或个股因此将会走出一波不错的行情。

3. 价涨量增的实例分析

三峡水利（600116）在2011年1月20日之前，经历了长达三个多月的低位低量低价的局面，随着政策利好不断释放，投资者对其后市的股价开始看好，资金不断跟进，其价格在量能增加的情况下，在1月20日之后短短的半个多月的时间里出现我们所说的价涨量增的走势，股价半月之内接近翻番。如图5-14所示。

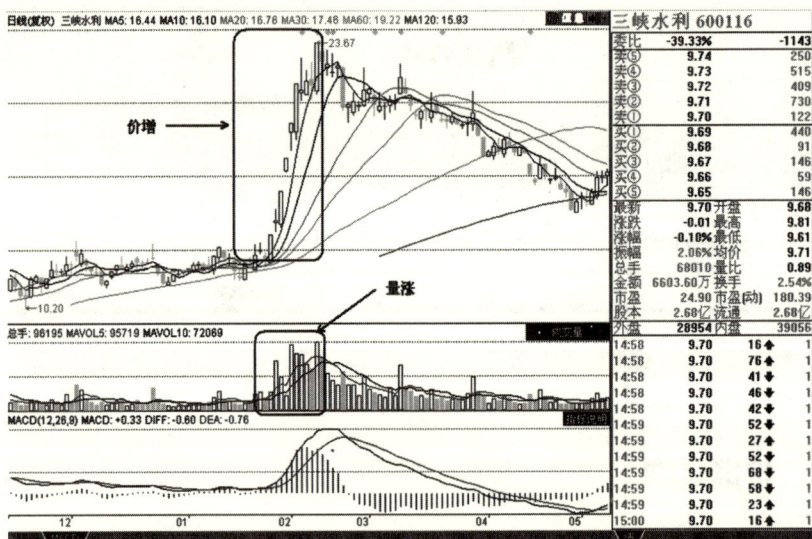

图 5-14　三峡水利（600116）日线走势中的价涨量增及随后走势

海特高新（002023）在2014年1月21日创下调整新低，随后该股展开价涨量增的上涨行情，日线更是收出十连阳。如图5-15所示。

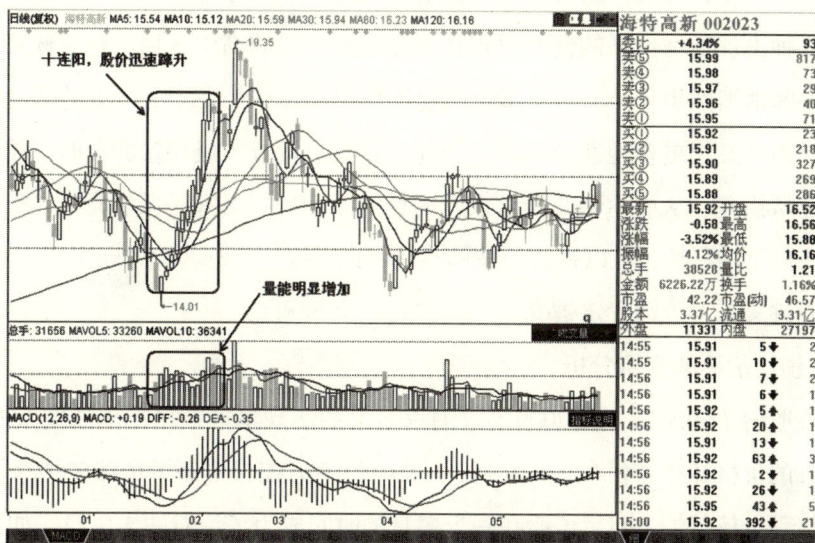

图5-15 海特高新（002023）日线走势中的价涨量增及随后走势

三、量增价平

1. 量增价平的含义

量增价平指的是大盘或者个股在成交量不断放大的情况下，其指数或者股价并没有出现上涨的情况，而是在某一个极小的价格区域之间进行震荡。量增价平和低量低价通常出现在底部区域，与价涨量增通常出现在上涨趋势之中不同，量增价平可以出现在不同的区域，可以是上升途中，也可以是市场或个股下跌途中。因此，量增价平既可以作为一个卖出的信号，又可以作为一个买入的信号，关键是看大盘或个股的价格是处于底部区域还是高位区域。这是研判量增价平局面出来之后是买还是卖的根本。

2. 量增价平出现的成因

量增价平出现的成因有两种。

第一种是低位区域出现量增价平的局面，这时候可以看做是资金是在悄然建仓。大盘或个股出现放量滞涨的情况，最大的可能是主力还没有收集到足够的筹码，因而在成交量放大的同时，并不急于拉升，而是控制股价继续收集筹码。一旦市场或个股出现这种量增价平的情况，投资者要密切关注后面的走势，一旦出现上扬行情，则意味着主力建仓结束，随后该股将会走出一波不错的行情。

第二种出现量增价平的情况出现在大盘或者个股的高位区域。这时候可以看做主力在不断地悄然出货，一旦个股出现这种情况可以视为主力手中的筹码还没有派发完毕，而其又想更多地获得利润，因此在不断出货放大成交量的同时，维持股价在高位区域横盘，从而达到其继续派发的目的。一旦主力筹码派发完毕，后市出现股价掉头向下的行情，可以视为一波调整的结束，此时投资者应果断出局或者观望，而不要跟进买入，否则肯定被套。

3. 量增价平的实例分析

双钱股份（600623）在 2009 年 7 月 9 日开始出现量能在底部不断放大的情况，但是该股的价格却持续横盘。一直到 8 月 11 日，主力在收集够了足够多的筹码之后，才开始出现上扬行情，随后该股在一个多月的时间成为了绝对的大牛股。如图 5-16 所示。

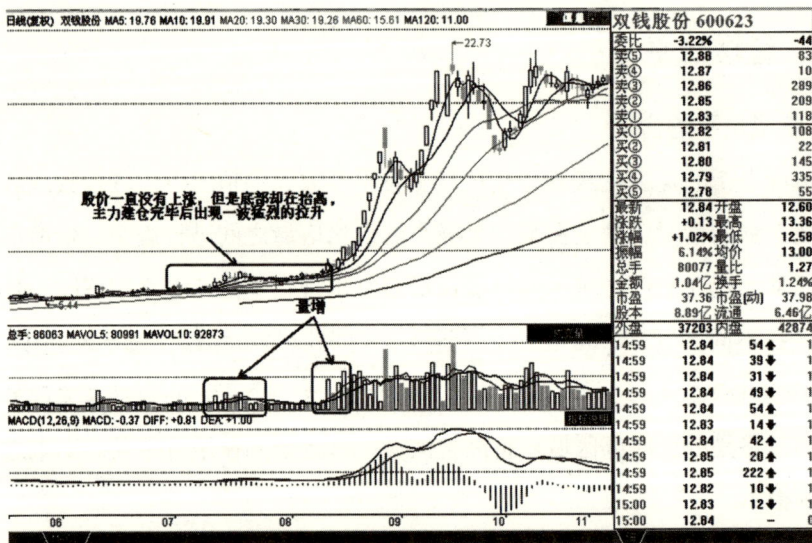

图 5-16　双钱股份（600623）日线走势中的量增价平及随后走势

信达地产（600657）在 2014 年 3 月 24 日创出阶段新高之后，随后的交易日量能还在不断地有效放大，但是我们发现其价格一直未能超过 3 月 24 日的新高，持续至 4 月 3 日之后，该股一直处于量增价平的高位阶段，显然是一个主力派发筹码的过程，随后该股在主力派发筹码完毕之后，股价出现了一波强势的回调。如图 5-17 所示。

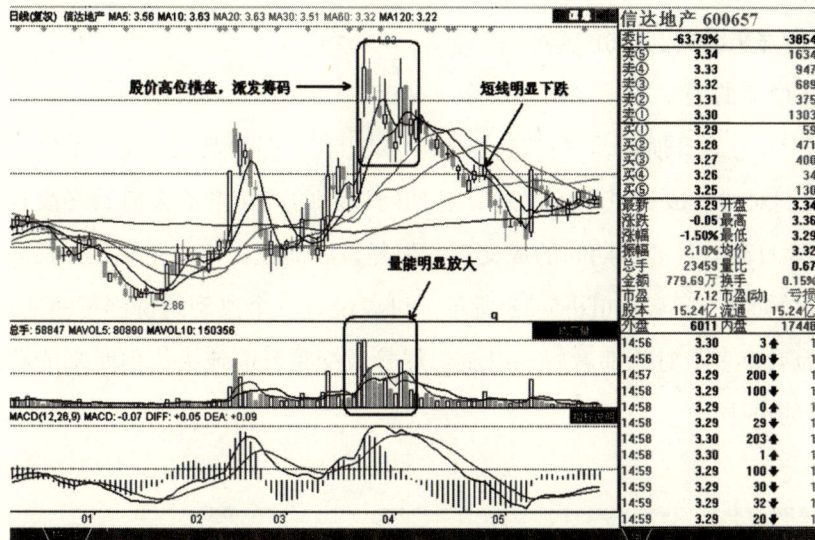

图 5-17　信达地产（600657）日线走势中的量增价平及随后走势

四、价涨量缩

1. 价涨量缩的含义

价涨量缩主要是指大盘（或个股）在成交量逐渐减少的情况下、个股的股价不跌反涨的一种量价配合现象。

2. 价涨量缩的成因

价涨量缩通常出现在两种可能的极端情况下。

第一种情况是：如果是在一只股票或者大盘的底部出现价涨量缩的形态，说明投资者对后市不管是多头还是空头都具有一致看好的意图，此时不愿意将手中的筹码抛出，因而尽管成交量非常小，但是价格却能够出现大幅拉升的情形，而这种价涨量缩的情形还经常出现在一些慢牛个股中。

第二种情况是：如果这种情况出现在大盘或者是某只个股的顶部，则说明该股已经被主力高度控盘，但是买家由于不想再高位买入，而卖家却又不想用下跌的方式卖出，因此价格维持在高位震荡上行，但是成交量却出现萎缩，不过对于这种形态来说，一般是出货的可能性大，因此一旦出现这种价涨量缩的个股形态，建议投资者一定要回避。

总之，对于量缩价涨的行情，投资者应区别对待，一般以持股或持币观望为主。

3. 价涨量缩实例分析

价涨量缩的慢牛股。以山东黄金（600547）为例，该股在 2007 年 5 月 28 日到 2007 年 6 月 8 日期间，尽管其价格并不是很高，但是其成交量十分大，一直到 9 月，我们对比其成交量不难发现，这期间该股的成交量最大值始终没有超过该股 5 月 28 日到 6 月 8 日期间的成交量，但是该股的股价却一路飙升，最高创下了 201.50 元的历史新高。如图 5-18 所示。可以说是一个典型的价涨量缩的慢牛股，就是因为后市多空对此都看好，以至于尽管成交量没能放大，但是却能够出现股价一路上扬的局面。

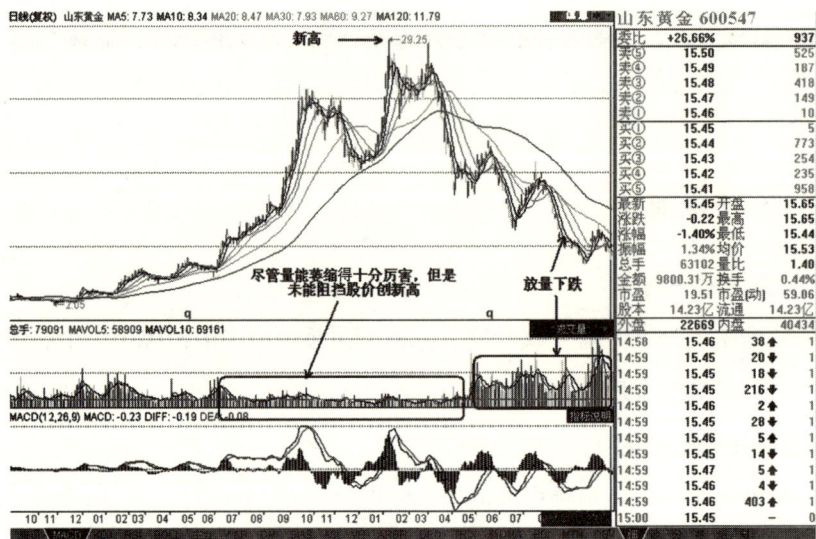

图 5-18　山东黄金（600547）日线走势中的价涨量缩及随后走势

我们以贵州茅台（600519）在 2007 年末到 2008 年初的走势为例，从图 5-19 中我们不难发现该股在此期间有两个阶段很清楚地对应着量缩价涨的情况，表明主力在高度控盘。

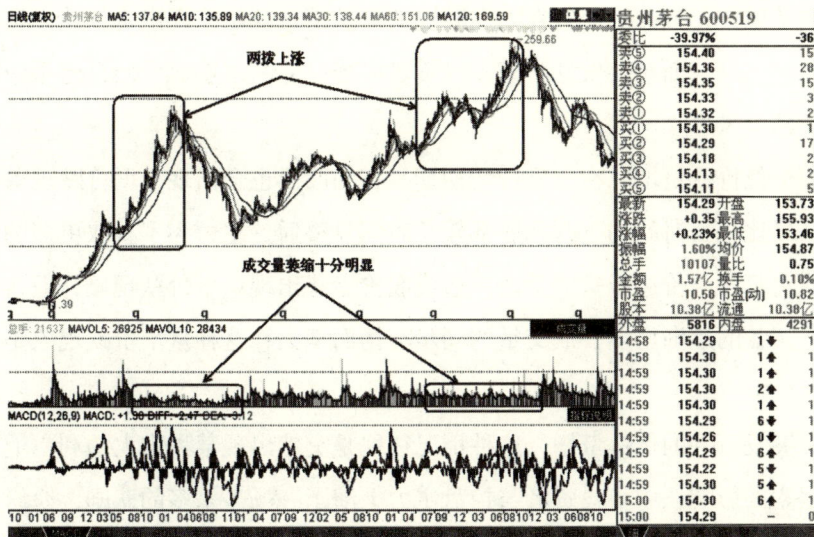

图 5-19 贵州茅台（600519）日线走势中的价涨量缩及随后走势

五、价跌量增

1. 价跌量增的含义

价跌量增主要是指大盘（或个股）在价格下跌的过程中出现成交量明显放大的一种量价配合现象。价跌量增是一种典型的短线价量背离的现象。其他金融交易市场、大宗货品交易市场中也有这种情况，如房市、车市等。

价跌量增现象大部分是出现在下跌行情的初期，也有小部分是出现在上升行情的初期。不过，量增价跌的现象在上升行情和下降行情中的研判也是不一样的。

2. 价跌量增的成因

价跌量增是一种典型的短线价量背离的现象，一般是由多种因素造成的，其中当然也有可能是控盘主力故意制造的骗局。在研判价跌量增现象时，必须先研究这种现象所处的形态和具体方位才可决定。总体而言，价跌量增现象表明市场上的投资者已经看空后市行情，纷纷加入到抛售的行列中去，对于大部分投资者来说，短线应回避将要出现的更大风险，等趋势明朗之后再介入也不迟。

3. 价跌量增的几种情况研判

（1）高位价跌量增。当价跌量增处于某只个股相对高位时，一般可以看作行情已发展到了尾声，控盘的主力在人气高涨的掩护下，开始拉高出货，从而引发了一系列的抛售风潮。面对突发性事态，投资者应当机立断，迅速卖出自己手中所持有的筹码，减少风险。

（2）低位价跌量增。在上升行情初期，有的股票也会出现量增价跌现象。当股价经过一段比较长时间的下跌和底部较长时间盘整后，主力为了获取更多的低位筹码，采取边打压股价边吸货的手法，造成股价走势出现量增价跌现象，但这种现象也会随着买盘的逐渐增多、成交量的同步上扬而消失，这种量增价跌现象是底部买入信号。

（3）突发事件的价跌量增。这种情况往往是突然出现某种重大的利空消息或其他不利因素的影响，中小投资者与控盘主力上演了一场多杀多的悲剧，纷纷夺路而逃。从而导致股价在巨大的抛压之下放量走低。

4. 价跌量增的实例分析

高位价跌量增实例。我们以江南高纤（600527）为例，该股在2014年2月14日创出新高之后，后期连续几天出现了价跌量增的走势。由于前期涨幅过大，这是一个明显的主力短线出货态势，因此投资者逢高出局要毫不犹豫。如图5-20所示。

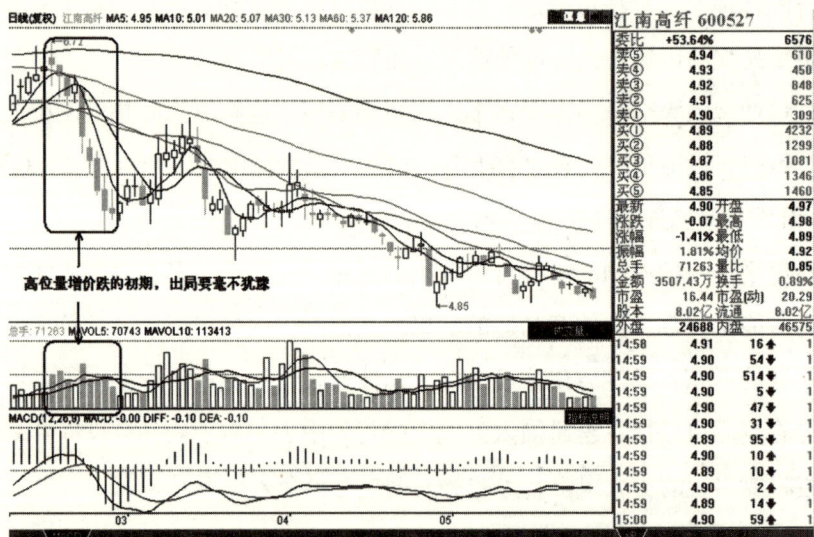

图 5-20　江南高纤（600527）日线走势中高位价跌量增及随后走势

同样的价跌量增后期股市下跌的还有2014年3月24日之后亿晶光电（600537）等。

低位价跌量增实例。图5-21中，时代出版（600551）在2013年12月6日创新高后出现一波量增价跌的洗盘要筹码走势，后期该股在经历了短线的震荡后在2014年1月14日再次启动，毫不犹豫地创出新高。

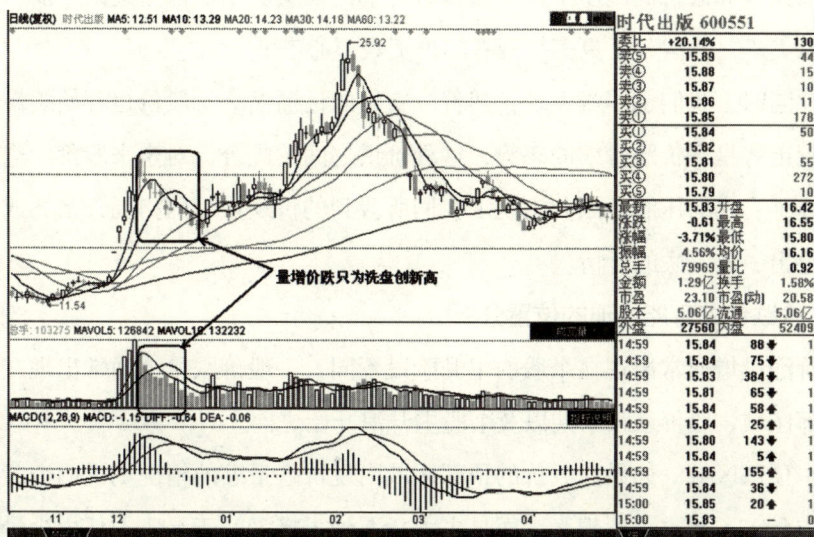

图5-21　时代出版（600551）日线走势中的低位价跌量增及随后走势

突发利空价跌量增实例。双汇发展（000895）在2011年3月15日之前的量能一直是高位缩量的形态，但是3月15日那天爆出其控股公司存在瘦肉精猪肉之后，当天该股出现明显的价跌量增的走势，主力出逃的迹象明显。

六、价跌量缩

1. 价跌量缩的含义

价跌量缩又称价跌量减，主要是指个股（或大盘）在成交量减少的同时个股股价却出现不同程度下跌的一种量价配合现象。价跌量缩也是股市一种常见的形态，它和价涨量增恰好相反，意味着多空双方对后市一致不看好，因此出现了这种价跌量缩的形态。这种情况说明市场或个股的买进力道减弱且人气涣散，做多者暂时不宜介入，因为这种情况下继续下跌的可能性较大。最好是等待下跌趋势被改变之后再做考虑。袖手旁观是良策。

2. 价跌量缩的成因

价跌量缩的局面一般出现在大盘或者个股经历了相当长一段时间的拉升或上涨之后，伴随着获利盘的不断增多，刺激投资者对未来市场的预期产生一个可能出现顶部的判断，使得入场资金逐渐减少，市场的交投开始逐步变得不活跃起来，随着成交量的减少和股价的同步下跌，投资者短期内购买股票的欲望逐渐变弱，而获利盘的抛压更进一步激起了更多投资者的投资观望心态。

与此同时，我们也不难发现，随着成交量的逐渐缩减，股价也开始缓慢向下探底，股价走势呈现价跌量缩的态势，这种价量之间的配合，对未来股价的进一步上涨，形成了真实的压制。因此出现了我们所看到的价跌量缩的格局，市场或个股因此将会走出一波寻底的行情。

3. 价跌量缩可能出现的位置分析

和价涨量增通常出现在个股的主升阶段不同，一般价跌量缩通常出现在顶部区域、底部区域、股价杀跌末期以及个股主升浪开始之前。

（1）顶部区域。如果在股价的顶部区域出现价跌量缩的情况则说明个股已被主力高度控盘，不是主力不想卖，而是主力找不到人接盘。于是主力任由少量散户左右行情，或者见一个买家就往下面卖一点筹码，因此就出现了量缩价跌的现象。见此状况，交易者应始终回避，因为此时主力唯一的目的就是出货，只要有买家就不会放过交易的机会。

（2）底部区域。股价在一段时间里，没有伴随市场出现大涨或者大跌，而是独立走着成交量惨淡，股价涨跌两难的趋势，这种趋势一般意味着底部依然未能探明，所以导致了更多的投资者会选择观望的态度，此时通常会出现量能跟随股价萎缩的情形。但是等到成交量不再创新低并维持三日以上，再出现量增价涨走势时，意味着股价底部区域基本探明，此时股价有望结束价跌量缩的形态，进而出现上涨的走势。

（3）股价杀跌末期。个股经历长时间的一波杀跌之后，股价被主力打压得基本接近甚至跌破了主力能承受的区域之后，此时由于套牢盘众多，因此更多的投资者此时不会选择继续割肉的策略，而是选择观望甚至锁仓的方式等待态势出现明朗，因此将会出现成交量极度低迷的现象，而且股价也可能出现随之窄幅下跌的现象。

（4）主升浪开始之前。这种现象可以理解为主力故意布下的迷魂阵，目的就是给投资者造成一种假象，让更多的投资者认为该股近期将不会有什么大行情，因而会选择观望或抛售，此时主力却对抛出的股票照单全收，因此也会出现价跌量缩的现象。但是这种现象一旦出现量能放大，股价上扬的情况就将是我们所说的另一种形态——价涨量增的形态，进而进入一个可以买进持股待涨的形态之中。

4. 价跌量缩实例分析

顶部区域的价跌量缩。图 5-22 中，金亚科技（300028）在 2014 年 3 月 6 日创下阶段新高，但是我们发现由于买盘力道不足，导致该股出现了一波高位价跌量缩的走势，主力出货迹象明显，而随后更是伴随着量能的不断缩减，交投的不活跃，该股继续价跌量缩，直到 2014 年的 5 月 19 日该股创出新低，日线才算企稳，后市确实也走出了一波不错的行情。

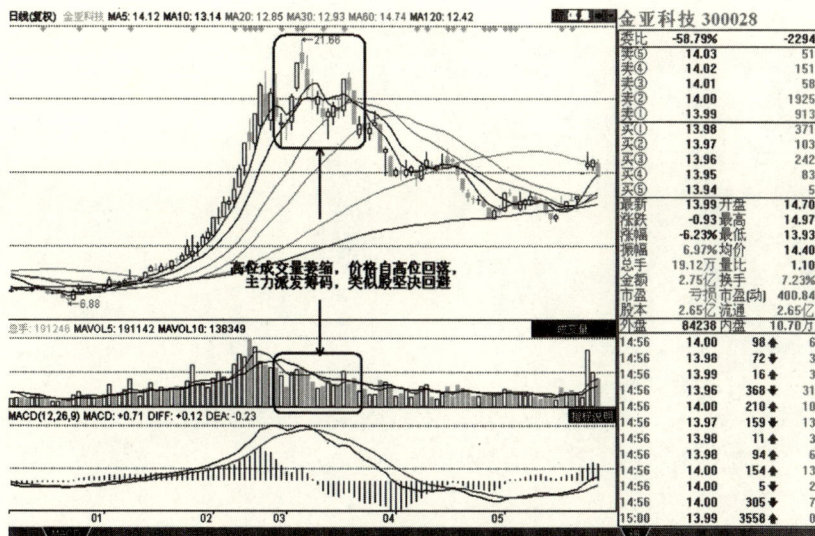

图 5-22　金亚科技（300028）日线走势中顶部的价跌量缩及随后走势

图 5-23 是弘业股份（600128）底部区域的价跌量缩走势，一旦其他指标给出买点，买入要坚决。

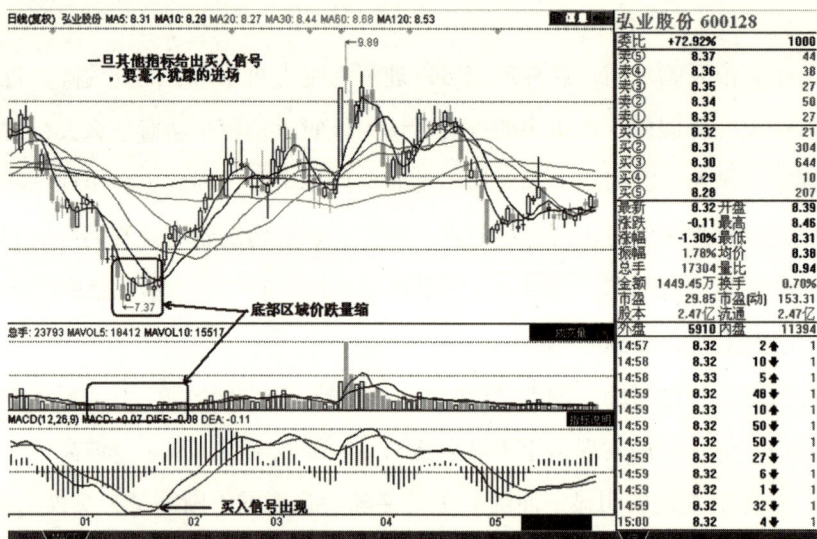

图 5-23　弘业股份（600128）日线走势中底部的价跌量缩及随后走势

第四节 几种常见量能指标的
分析和应用

目前的软件可以提供的量能分析指标有很多，但是对于很多普通的投资者来说，掌握几个比较有用的量能指标的分析、计算和应用就完全可以应对市场和个股的分析和变化，本节内容重点讲解五种常见的量能指标的应用和计算方法。

量比价先行，这对于成交量研究的重要性不言而喻，也是一个众所周知的道理，但笔者所接触的大多数投资者对成交量的认识至今仍停留在"放量、缩量、天量、地量"等极个别上节我们所讲到的一些词语的认识上，这种片面的、眼前的、静止的认识，使其对市场或个股的分析会产生很大的误差。而全面地、历史地、动态地运用量能技术指标对市场进行分析其所得到的效果则将远远大于那种静态的、眼前的和片面的分析。比如，在股市初期，对于沪市来说，100亿成交额在1996年之前可以说已经是天量，可时至今日，动辄上千亿的成交量已经不是什么稀奇的事情，100亿的成交量只是行情向上拓展起码的量。量能技术指标正是通过动态分析成交量的变化，进而识破庄家的盘中对敲、虚假放量，虚假买卖盘等欺骗手段，从真实的量能变化中找出庄家的战略意图，从而达到安全跟庄、稳定获利的投资目标。

一、VMACD 指标

1. VMACD 指标的含义

VMACD 又称之为量平滑异同移动平均线，是专门用于衡量量能的发展趋势所用的，属于量能趋向指标，这种指标在前期所开发的一些老八股软件中是没有的，但在最近的很多交易软件中都能够找到这个指标。

2. VMACD 指标的计算方法

（1）对于 VMACD 来说我们通常是先计算成交量的短期（SHORT）和长期（LONG）指数平滑移动平均线，再推算 DIFF 和 DEA 及两者之差，最后得出 VMACD。

（2）具体计算公式：

SHORT=[$2\times$ 成交量 $+$（ N_1-1 ）$\times$ 上一周期成交量]

LONG=[$2\times$ 成交量 $+$（ N_2-1 ）$\times$ 上一周期成交量]

DIFF=SHORT $-$ LONG

DEA=[$2\times$ DIFF $+$（ $M-1$ ）$\times$ 上一周期 DIFF]

VMACD=DIFF $-$ DEA

常用参数设置： $N_1=12 N_2=26 M=9$

（3）DEA 线与 K 线趋势发生背离时为行情反转信号。

（4）分析 MACD 柱状线，由红变绿（正变负）为卖出信号；由绿变红为买入信号。

（5）DIFF 与 DEA 均为负值时，常常会两线长期黏合，当两线有效分离且 DIFF 在上时为中线买入信号。

3. VMACD 指标的实际应用

2014年3月19日深振业（000006）的 VMACD 指标中的 DIFF 上穿 DEA 发出

买入信号。股价在随后的几天里快速上行，到 3 月 4 日，两周时间涨幅超过 20%。如图 5-24 所示。

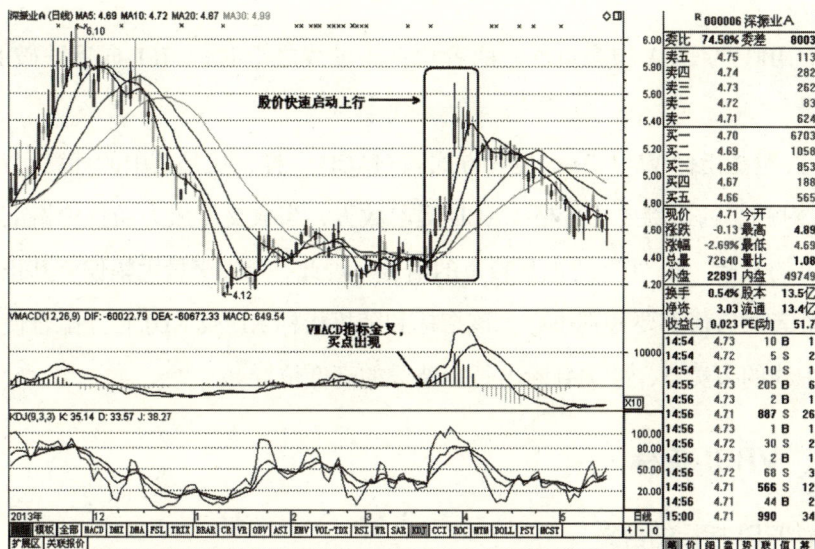

图 5-24 深振业（000006）日线走势中 VMACD 指标出现金叉

2014 年 1 月 21 日中国宝安（000009）VMACD 的 DIFF 上穿 DEA 发出买入信号。随后迅速开始强势拉升，不足一月涨幅超过 30%。如图 5-25 所示。

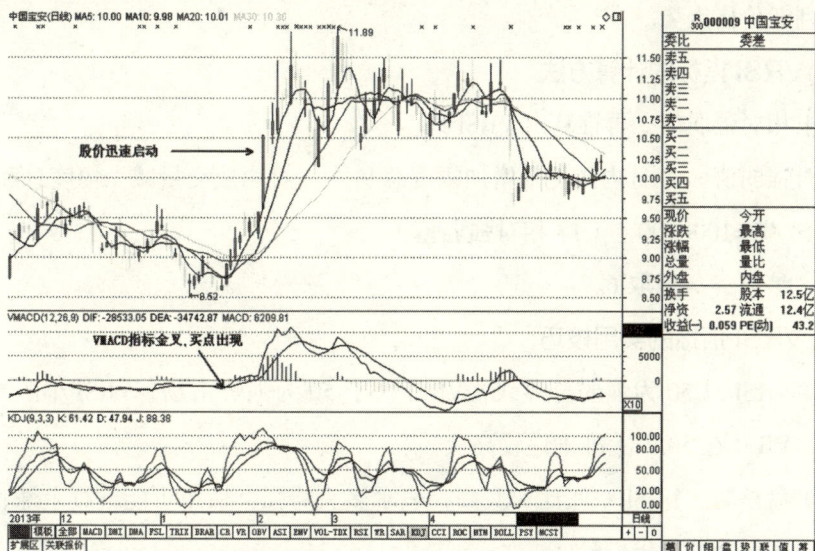

图 5-25 中国宝安（000009）日线走势中 VMACD 指标出现金叉

4．VMACD 指标的应用技巧

（1）DIFF 与 DEA 均为正值，两者均在零轴线之上时，DIFF 向上突破 DEA 为买入信号。

（2）DIFF 与 DEA 均为负值，两者均在零轴线之下时，DIFF 向下跌破 DEA 为卖出信号。

注意：量能指标 VMACD 的运算方式和 MACD 一样，仅是其中的计算元素不同，VMACD 对趋势的研判要比价格 MACD 提前数天，当成交量放大而且价格上涨时一般是转市的开始，破"0"线也是转市的信号。因此，当成交量大幅偏离其正常水平时，投资者对后市都要特别小心。该指标和随机指标 KD 及 KDJ 相互配合使用，可以确定中线的买卖点，准确判断出每一波段的高低位置。

二、VRSI 指标

1．VRSI 指标的含义

VRSI 指标又名量相对强弱指标，是通过反映股价变动的四个元素：上涨的天数、下跌的天数、成交量增加幅度、成交量减少幅度来研判量能的趋势，预测市场供求关系和买卖力道，属于量能反趋向指标之一。与相对强弱指标 RSI 相比，计算方法和判断原理基本相同，但它重点考虑了量的因素，根据量比价先行的道理，能较好地超前判断价格走势。

2．VRSI 指标的计算方法

先求相对强弱值，再推算出 VRSI 线。

相对强弱值 = N 日内成交量增加幅度总和 ÷N 日内成交量减少幅度总和。

VRSI 线 =100–100÷（1+ 相对强弱值）

注：参数 N 一般取 6。

3．VRSI 指标的实用技巧

（1）VRSI 以 50 为强弱分界线，VRSI 大于 50 为强势市场，VRSI 小于 50 为弱势市场，VRSI 在 50 以上准确性较高。

（2）盘整时，VRSI 一底比一底高，表示多头势强，后市可能继续上涨；反之，一底比一底低则是卖出信号。

（3）一般而言，VRSI 在 60 以上掉头向下为卖出信号，VRSI 在 40 以下掉头向上为买入信号,通常卖出信号较买入信号可靠。但应用时宜从整体态势的判断出发,因为 VRSI 是量能指标,如果结合着 KDJ,MACD,EBBI 等价格类指标使用,就能准确判断价格趋向。

(4)VRSI 的背离分析。VRSI 走向与价格走向往往发生背离,也是一种买卖信号。当股价尚在盘整阶段,而 VRSI 已率先完成整理,股价将随之突破。在股价创新高,同时 RSI 也创新高时,表示后市趋强,若 VRSI 未同时创新高,则表示即将回落。在股价创新低,同时 RSI 也创新低,则后市趋弱,若 VRSI 未创新低,股价极可能反转。

(5)VRSI 的超买超卖分析。6 日 VRSI 向上突破 85,超买;6 日 VRSI 向下跌破 15,超卖,出现反转的可能性较大。在超买区走出 M 形是常见的见顶形态;在超卖区走出 W 形是常见的见底形态。

(6)VRSI 的形态分析。VRSI 与 K 线、美国线比对更能看出其走势形态,因此可以利用切线划出支撑线或阻力线,以判定未来之走向,VRSI 还可依据头肩顶,头肩底,三角形等形态作买卖点的信号。

(7)VRSI 的参数值 N 一般取 5~16。N 值愈大长期趋势愈明朗,但会有反应滞后倾向;N 值愈小对趋势变化愈敏感,但易产生灵敏度过高的风险。

4. VRSI 指标的实际应用

2014 年 3 月 11 日深华发(000020)的 VRSI 掉头选择向上,随后短短几个交易日,该股走出了一波非常强势的上涨行情。如图 5-26 所示。

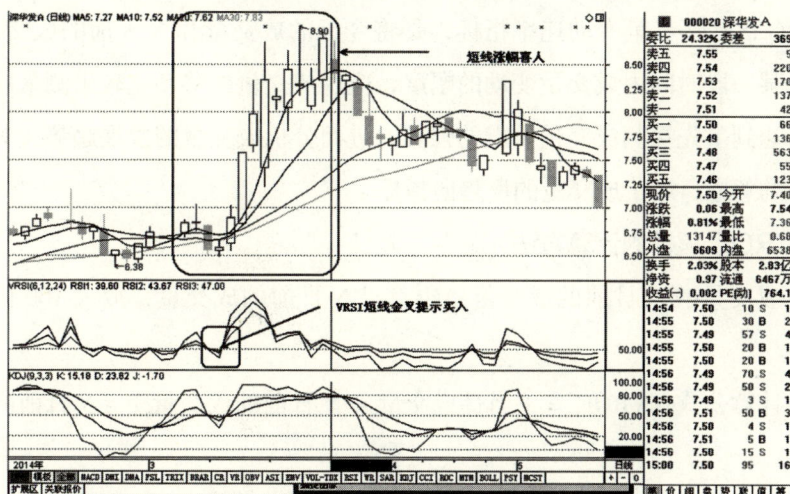

图 5-26 深华发(000020)日线走势中的 VRSI 短线金叉

2014 年 4 月 11 日深桑达（000032）的 VRSI 出现死叉形态，随后短线连续下跌，而且跌幅惊人，如图 5-27 所示。

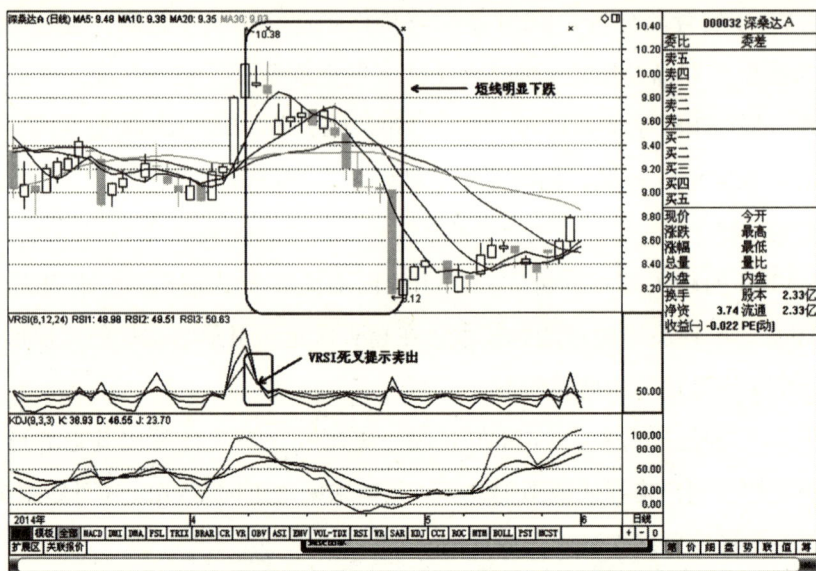

图 5-27　深桑达（000032）日线走势中的 VRSI 死叉

三、VROC 指标

1. VROC 指标的含义

VROC 指标又名量变动速率指标，是将今天的成交量和 N 天前的成交量比较，通过计算某一段时间内成交量变动的幅度，应用成交量的移动比较来测量成交量运动趋向，达到事先探测成交量供需的强弱，进而分析成交量的发展趋势及其将来是否有转势的意愿，属于成交量的反趋向指标。

2. VROC 指标的计算方法

当日成交量减 N 日前的成交量，再除以 N 日前的成交量，放大 100 倍，得到 VROC 值。

具体计算公式：VROC =（当日成交量 – N 日前的成交量）÷N 日前的成交量 × 100

参数设置：N 值表示间隔天数，一般取 12。

3. VROC 指标的应用技巧

（1）VROC 向下跌破零，预示有主流资金撤退迹象。

（2）VROC 向上突破零，预示有主流资金介入迹象。

（3）股价创新高，VROC 未配合上升，显示上涨动力减弱。

（4）股价创新低，VROC 未配合下降，显示下跌动力减弱。

（5）股价与 VROC 从低位同时上升，表示趋势仍有上升动能。

（6）股价与 VROC 从高位同时下降，表示趋势仍有下跌动能。

4. VROC 指标的实际运用

2014 年 1 月 13 日华控赛格（000068）出现 ROC 上穿 MAROC 线，随后一波获利不菲的行情强势启动，如图 5-28 所示。

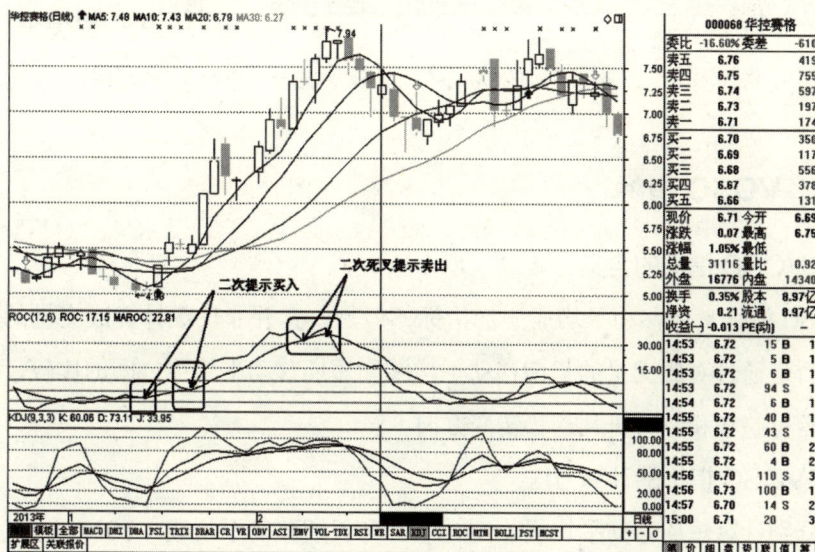

图 5-28　华控赛格（000068）日线走势中 VROC 提示的买卖点

比如方兴科技（600552）在 2010 年 4 月 16 日出现 ROC 下穿 MAROC 线走势，此后不久 5 月 7 日出现二次下穿走势，随后个股超过 40%。如图 5-29 所示。

量能指标 VROC 在实际应用中需要注意的是：当 VROC 指标在大盘处于整理阶段时会与 0 轴线黏合缠绕在一起，这时 VROC 指标的分析效果不明显。它主要用于对较大级别行情的头部和底部的判断，在对趋势发展和转向的研判上比较有效。

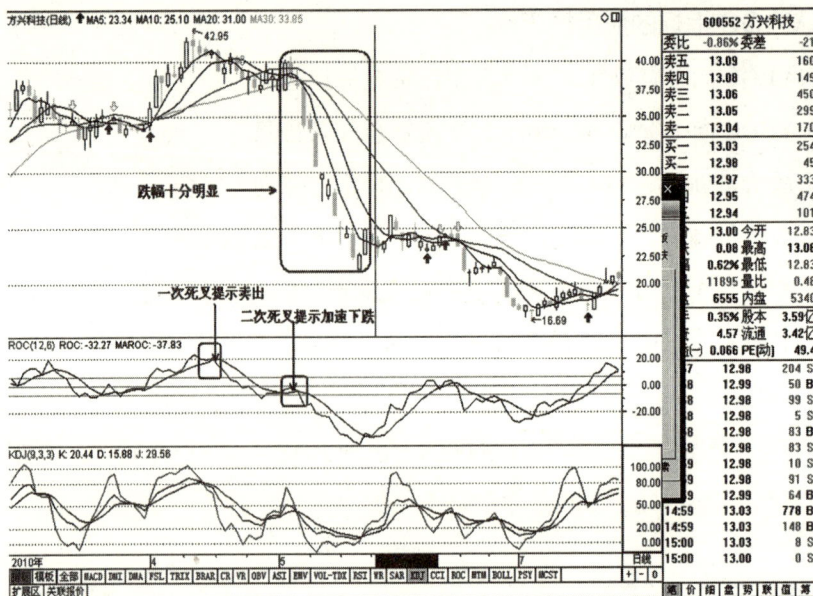

图 5-29　方兴科技（600552）日线走势中 VROC 提示的卖点

四、VOSC 指标

1. VOSC 指标的含义

VOSC 指标又名移动平均成交量指标，但是，它并非仅仅计算成交量的移动平均线，而是通过对成交量的长期移动平均线和短期移动平均线之间的比较，分析成交量的运行趋势和及时研判趋势转变方向。

2. VOSC 指标的计算方法

先分别计算短期移动平均线（SHORT）和长期移动平均线（LONG），然后算两者的差值，再求差值与短期移动平均线（SHORT）的比，最后将比值放大 100 倍，得到 VOSC 值。具体计算公式如下：

SHORT = N 周期中成交量的总和 /N

LONG = M 周期中成交量的总和 /M

VOSC =（SHORT － LONG）÷ SHORT × 100

参数设置：SHORT 计算短期移动平均成交量的天数 N 一般取 12 天。

LONG 计算长期移动平均成交量的天数 M 一般取 26 天。

3．VOSC 指标的应用技巧

（1）若 VOSC 指标为正数，表示成交量趋升，交投活跃。当 VOSC 指标为负数，则成交量趋降，交投趋弱。

（2）在短期的股价波动中，VOSC 指标的顶底往往会与股价的短期顶底同时出现。但在股价长期趋势中，VOSC 指标的重要顶部或底部却往往会比股价的重要顶部或底部提前一段时间出现，这种情况产生的根源是：在实际走势中，量能的变化往往先于股价的变化。

（3）当 VOSC 下降到极低的位置（至少是小于 –100，最适合的是小于 –200）时，如果 VOSC 指标能以极快的速率上升并上穿 0 轴线，在上穿 0 轴线时，是短线最佳买入机会。

4．VOSC 指标的实际运用

信雅达（600571）2014 年的 4 月 29 日的 VOSC 指标值为 –72.16。随后该股的 VOSC 指标值持续上升，直到 5 月 16 日，VOSC 突破 0 点收于 3.47，即使从 5 月 16 日买进，在这么一段疲软的市场，该股的涨幅也超过 20%。如图 5-30 所示。

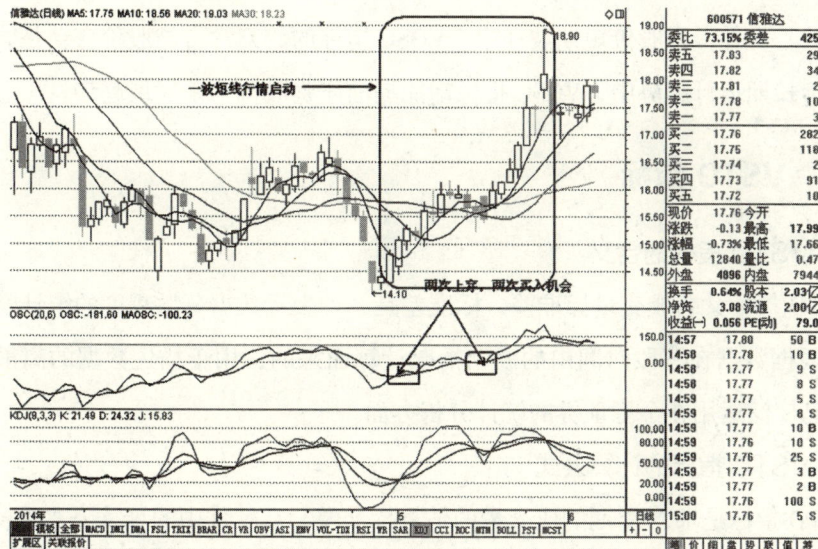

图 5-30　信雅达（600571）日线走势中 VOSC 提示的买点

2014 年 4 月 23 日，三爱富（600636）的 VOSC 指标给出一个强势的买入信号，随后该股走势可谓是一路上扬。如图 5-31 所示。

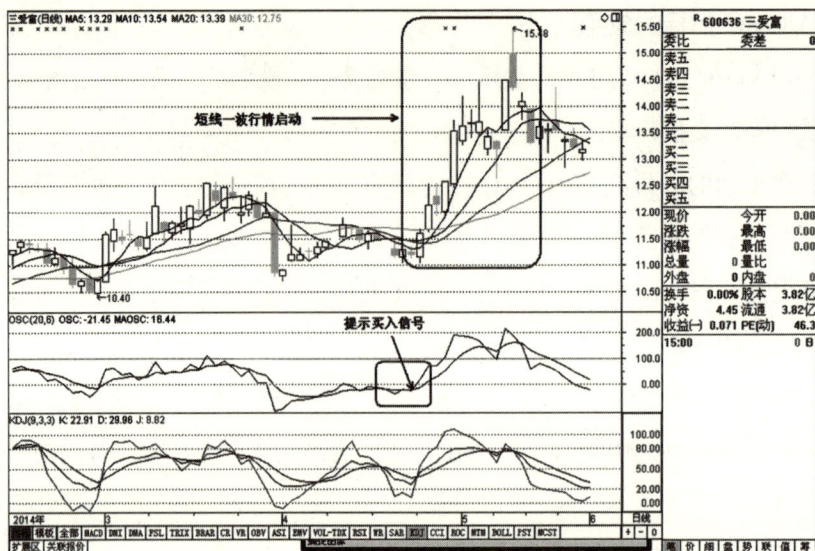

图 5-31　三爱富（600636）日线走势中 VOSC 提示的买点

使用 VOSC 指标的注意事项：VOSC 指标在大盘处于长期下跌趋势时的效果不明显，当大盘处于盘整阶段或大盘处于长期上升趋势阶段时，运用 VOSC 指标往往较为有效。另外，在股价短期波动中，VOSC 指标的研判常常与股价变动是同步的，而在股价长期运行趋势中，VOSC 指标却能提前研判股价未来发展趋势。

五、VSTD 指标

1. VSTD 指标的含义

VSTD 指标又名成交量标准差，标准差是一种表示数据分散程度的统计学概念，主要是根据数据在一段时间内的波动情况计算而来的，用于描述数据的离散程度，标准差已广泛运用在金融证券的统计分析方面。

2. VSTD 指标的计算公式

VSTD 指标是求 N 周期的成交量的估算标准差，在软件中的计算公式是：

VSTD = STD（VOL，N）；

参数设置：计算周期 N 一般取 10 天。

3. VSTD 指标的应用技巧

（1）VSTD 指标可以有效地追踪成交量放大和缩小的趋势。

（2）当股价已经创出新高而 VSTD 指标未能创出新高时需保持谨慎，股价随时有下跌的可能。

（3）VSTD 指标最显著的作用是在于对股价顶部的研判，具有非常明确及时的效果。当 VSTD 指标值快速上升到极高的位置时，一旦出现滞涨或回落迹象，就是短线卖出信号。

4. VSTD 指标的实际应用

实例一：依然看众和机电（000925）：2009 年 11 月 24 日、12 月 7 日分别出现两次头部，在这两天内 VSTD 指标均出现一些共同特征：

①这二次头部出现时，VSTD 指标均位于极高的位置，分别是 54054、49084；

②第一次头部出现前，VSTD 指标值有一段从低位直线上升的过程，中途没有经历过任何回调；

③二次头部出现后，VSTD 指标值全部拐头向下滑落。

通过对照 VSTD 指标和众和机电的股价走势可以发现 VSTD 指标准确标出该股的卖出信号。

实例二：开开实业（600272）的 VSTD 指标在 2010 年 12 月 1 日创下短期新高 91744.73；随后出现回落迹象，一个卖出的信号出现，此时投资者应该果断卖出。

注意：VSTD 指标值到底达到多少时才算是极高的位置，各类股票因为流通盘的大小不同和成交活跃度不同，界定的标准是不统一的。流通盘较大的或成交极为活跃的个股定的标准比较高，有的 VSTD 指标值甚至要超过 50000 才算到达极高的位置。而流通盘较小或成交较呆滞的个股，有的 VSTD 指标值只要超过 5000 就算是极高位置了。这需要投资者平时用心跟踪观察，了解不同个股 VSTD 指标值的波动范围，才能更好地发挥 VSTD 指标的实际效能。

第五节　成交量六大陷阱

不管是大盘还是个股，尽管量能是最能反映大盘或个股未来走势的最重要的参照指标，但是由于市场包含了人为的操作在里面，既然有人参与，就会有陷阱，对于股市来说，经典的股市投资或投机的理论都认为成交量是不会骗人的。成交量的大小与股价的上升或下跌成正比关系，具体可以归纳为下面几点：

（1）量增就会价涨；

（2）成交量萎缩则股价就不会出现大幅下跌；

（3）长时间盘整的股票带量突破盘局向上涨升时，意味着庄家要拉高；

（4）股价在高位放巨量后股价一定还会创新高。

这些观点有时是正确的，但在许多情况下是片面的，甚至完全是错误的。利用成交量来布置陷阱更是近年来主力常用的手段之一，对于那些不是很懂技术，甚至是有一些技术理论的人来说，往往会吃亏上当，中了主力的圈套。本节内容就重点介绍在股市中常见的几大成交量陷阱。

一、陷阱一：对倒放量为出货

对倒放量指庄家自买自卖，既当买家又当卖家，制造成交量放大的现象。我们知道成交量增多，交纳印花税自然增多，庄家此举难道是想争当纳税模范？非也，这是放出迷惑散户的烟幕弹。由于庄家把股价大幅拉高之后，会造成跟风盘的逐渐减少，此时主力要想顺利地将手中的获利盘抛出，那就只得找些"托儿"，利用人们的"量增价升"惯性思维，吸外场资金，制造买盘强劲现象，目的是出货。若有不明就里的散户忍不住掏出腰包，则正中庄家下怀。

出现这类陷阱的个股主要特征表现在以下几点：

（1）前期累计涨幅巨大，庄家账面赢利丰厚，即使有数个跌停板亦有厚利可图；

（2）经过大幅送配之后，留下巨大的除权缺口，庄家利用除权后市价"低"的假象，诱使"图便宜"的散户购买；

（3）盘中不时放出巨量，但涨幅极其有限，从较长的一段时期看，重心有不断下移的趋势。

万向德农（600371）在2014年5月12日到2014年5月23日连续利用盘中对倒放量的手段进行出货，该股其后来的走势也是毫无疑问地出现了杀跌的走势。如图5-32所示。

2010年3月17日进行除权的北方导航（600435），在除权当天股指小涨，随后几天指数走势波澜不惊，但在2010年3月24日和3月25日连续两天出现天量的行情，显示主力在利用对倒放量来进行出货，后期的走势更是证明了主力对倒放量是为了出货——股指一路下跌，到2010年5月21日，短短不足2个月的时间，股价从高位下跌超过30%。如图5-33所示。

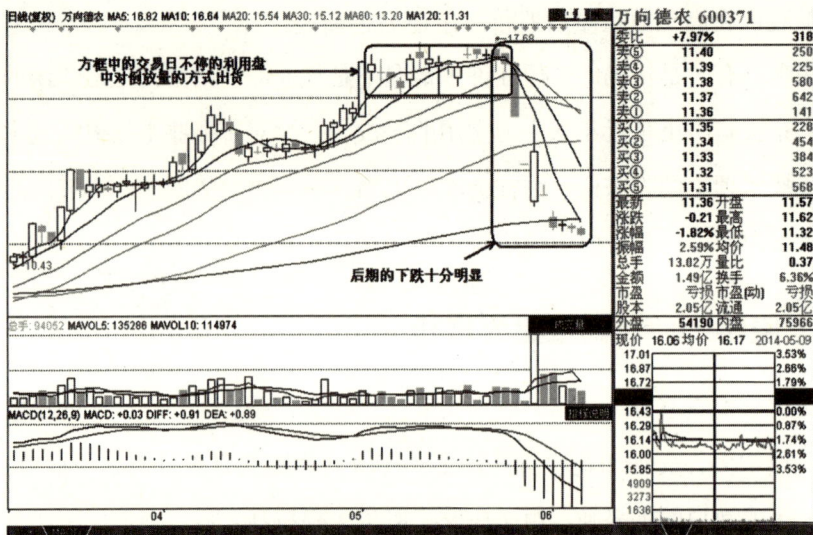

图 5-32　万向德农（600371）日线走势中的对倒放量陷阱

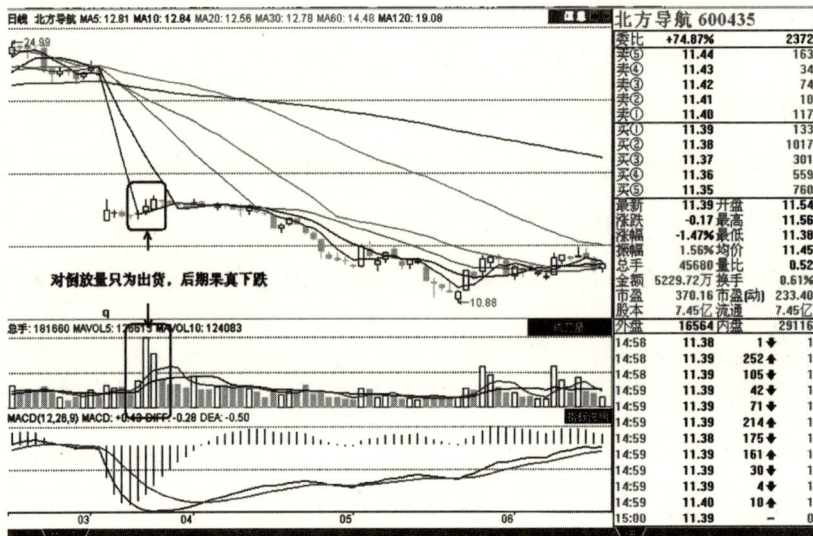

图 5-33　北方导航（600435）日线走势中的对倒放量陷阱

二、陷阱二：利空逼杀为吸筹

利空逼杀指庄家对某一只股票或者大盘未来中长期的走势看好，但是在短线却遭遇利空，这恰恰为主力借力洗盘提供了不可多得的机会。于是我们就见到了主力借助利空洗盘的一幕，这种手段通常出现在主力建仓初期，在大盘或个股突然出现利空时，主力会想办法放大利空的效应，用大手笔对敲，杀跌诱骗心态不稳的散户抛出股票，以达到快速吸筹的目的，震仓时也用这种手法。

出现这类陷阱的个股主要有以下特点：

（1）股价一般在利空出现之前，通常是弱于大盘整理或者出现了一定程度下跌的个股；

（2）在即将拉升之前通常会有小利空配合出台，以达到让中小投资者恐慌的目的；

（3）此时通常是主力建仓已经完毕，即将拉升初期。

我们以中恒集团（600252）为例，该股在2010年8月30日除权之后，直到2010年11月3日，股价并没有跟随大盘的涨跌而上涨或下跌，一直处于横盘状态，而在准备拉升的11月4日早盘该股却给出2010年公司业绩可能亏损的公告，就是这样一个公告，让很多不明就里的中小投资者选择逢高减磅，从而达到轻松拉升的目的，其随后连续拉升了五个涨停板，足见其主力操作手段凶悍之极。如图5-34所示。

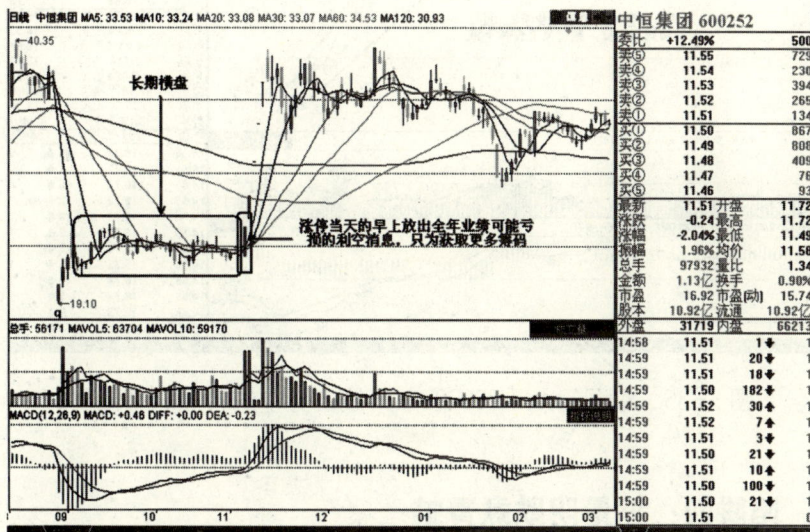

图5-34 中恒集团（600252）日线走势中的利空逼杀陷阱

三、陷阱三：释放利好为出货

通常这种情况是出现在某只个股或大盘出现了很长一段时间的上涨之后，此时主力已经获得了不少的利润，但是又想将手中的货顺利脱手，这时候主力就会不断在高位释放出那些无关紧要的利好出来，以便引诱不明就里的中小散户跟进，从而在成交量放大的同时，达到自身出货的目的。

出现这类陷阱的个股的特征一般是：

（1）短期涨幅已经明显过大，但是跟风盘却不再强劲；

（2）主力想急于出手，无奈买盘不多，所以就只能借助媒体来释放无关紧要的利好，在消息面上给人一种该股还有上涨潜力的错觉。

华润三九（000999）自2014年2月份开始，不管是年报的披露，还是上市公司高管的承诺，许多所谓的小利好只是为了股东大宗交易借机减持而出货，后期股价一落千丈。如图5-35所示。

图5-35　华润三九（000999）日线走势中的释放利好陷阱

四、陷阱四：缩量阴跌煮青蛙

缩量阴跌又称盘跌，主要是以较小波动的逐级下跌为主，体现在K线上，每天的K线实体都较小，期间夹杂着小阳线，伴随着成交量的缩减。阴跌由于跌幅小，往往不被注意，但累计跌幅巨大。就像是"温水煮青蛙"。缩量小跌，常用于出货，当个股拉升到一定高度，庄家要出货时，用缩量小跌（价量配合是合情合理的）麻痹人们，放松警惕，错失出局机会，一步步掉入被深套的陷阱。

出现这类陷阱个股的特征如下：

（1）通常涨跌幅度都不会很大，股价一般处于高位区域；

（2）没有买盘，结果导致卖盘去适应买盘，导致股票下跌并缩量；这类股的后市通常会是一种下跌的行情。

阳煤化工（600691）2013年10月14日起出现了史无前例的十五连阴，先是采用了温水煮青蛙的行情，后期连续杀跌。随后股价一路狂跌。如图5-36所示。

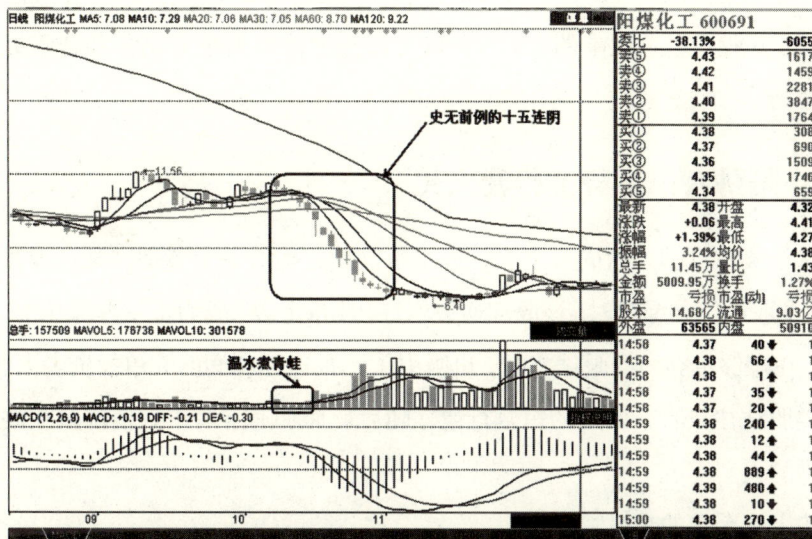

图5-36　阳煤化工（600691）日线走势中的缩量阴跌陷阱

五、陷阱五：高送转后出货忙

对于高送配的个股来说，价位很高，人们有畏高心理，不会在高位买进，一旦除权，价位下移，主力可用此行情大幅炒作，当大量散户买进时，出货的机会就来了（当然这里面不排除有个股后市出现填权走势的可能，因此要根据具体个股具体分析）。

高送转个股的特征：

（1）一般前期价位较高；

（2）高送转的力度一般较强；

（3）往往还会伴有利好消息出现。

我们来看看 2011 年第一季度的一只大牛股——精诚铜业（002171）；该股于 2011 年 1 月 26 日发布年报，实现营业收入 29.38 亿元，同比增长 36.22%，实现净利润 8308.1 万元，同比增长 106.1%，同时公布了 10 转 10 派 2 的优厚分配方案。这一组数据看似增长强劲，高比例的股本扩张似乎也暗示了公司未来盈利能力的持续提升。然而，这一"令人心动"的推测，却被控股股东楚江集团持续的减持动作"无情"打乱：公司 2 月 1 日公告楚江集团减持 800 万股，占总股本的 4.91%；3 月 4 日公告楚江集团减持 1181.54 万股，占总股本的 3.63%；3 月 10 日公告楚江集团减持 428.2 万股，占总股本的 1.31%。可见高送配恰恰为主力出货和跑路提供了很好的机会。

六、陷阱六：逆势上行套人忙

有些个股本身随大盘同步下跌，或逆市抗跌，构筑平台整理，某一天在大势放量下跌，个股纷纷翻绿之时，该股却逆势飘红，放量上攻，成为了"万绿丛中一点红"的股票，在赚够足够多的眼球之时，也吸引了一批追逐利润的大单投资者大胆跟进。但是这类股往往只有一两天的短暂行情，随后反而加速下跌，致使许多在放量上攻当日跟进的人套牢。

逆势上涨套人的个股特征：

（1）这类股多是一些主力曾经炒作过的个股；

（2）这类股要有足够逆势的资本来吸引眼球。

2011 年 3 月 10 日，市场受很多不确定因素的影响出现了大幅杀跌的走势，而对于富春环保（002479）这只股票来说，是除权的第二天，该股在很多股票出现杀跌的同时却继续逆势上行，盘中一度冲击涨停，殊不知，这种逆势放量上涨正是主力巧设布局的出货陷阱，随后该股便出现一路下行的走势。

第六节　换手率和量能

在通过量能看透市场本质的同时，我们不得不提到和量能密切相关的另一个在股市里和很多书本中经常出现的名词——换手率，那么什么是换手率，换手率怎么判断，换手率和成交量又有着怎样的关系呢？

一、换手率的定义和计算公式

"换手率"在有些书中也称之为"周转率"，指在一定时间内市场中股票转手买卖的频率，是反映股票流通性强弱的指标之一。其计算公式为：

换手率 = 某一段时期内的成交量 / 发行总股数 ×100%（在我国可用：成交量 / 流通总股数 ×100%）

二、换手率的含义

（1）对于个股来说，其换手率越高，意味着该只股票的交投越活跃，人们购买该只股票的意愿越高，属于热门股；反之，股票的换手率越低，则表明该只股票少人关注，属于冷门股。比如自 2011 年 2 月 15 日之后的包钢股份（600010）其换手率几乎每天都超过了 10% 以上，足见其活跃程度非同一般，而该股股价持续上扬也恰好印证了高换手率带来的效果。

（2）换手率高一般意味着股票流通性好，进出市场比较容易，不会出现想买买不到、想卖卖不出的现象，具有很强的变现能力。然而值得注意的是，换手率较高的股票，往往也是短线资金关注的对象，具有一定的投机性，其股价的波动也会很大，在收益可能放大的同时，其风险也相对较大。

（3）如果某只股票在底部的换手率突然上升，成交量也出现不同程度的放大，可能意味着有主力在偷偷地买进，底部换手越充分，上行中的抛压越轻。股价可能会随之上扬。但是如果某只股票持续上涨了一个时期后，换手率又突然加速上升，则很可能意味着一些获利者要套现，股价可能会下跌。例如三泰电子（002312）在 2014 年 3 月 24 日下跌初期的换手率不足 4%，但是在下跌后的第三个交易日的换手率却突然加速达到接近 12%，鉴于该股前期有一定的获利空间，出现如此大的换手率可以看作是部分主力在出货，从该股随后的走势我们可以明显看出 3 月 28 日的高换手率确实是主力出货的一个局面。如图 5-37 所示。

（4）通常情况下，新股上市之初换手率都比较高，甚至有些个股上市当日其换手率能够超过 100%，甚至更高，此时的换手率对股价后市的研判没实际意义。

（5）通常换手率高的股票多数集中在市场的热点之中，这类股也是市场各路资金追逐的主要对象。

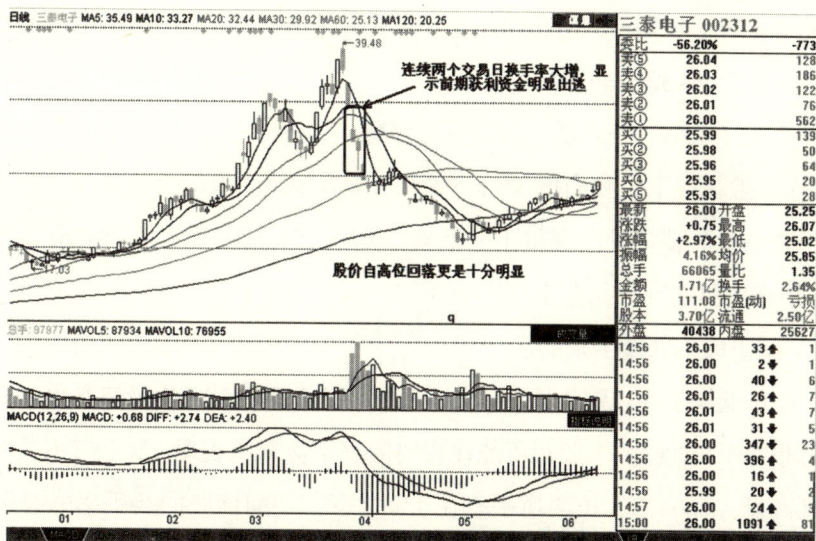

图 5-37 三泰电子（002312）2014 年 1 月至 6 月日线走势图

三、换手线（HSL）分析

换手线（HSL）是根据换手率绘制的曲线，使对于成交量的研判不受股本变动的影响，更增加了成交量的可比性。

换手线在量能技术分析中却极为重要。它可以表述为：日成交量与流通股的比值。其市场意义是个股的可流通股有多少参与了当日的买卖交易，并以比例的数值表示出来。比值越高，换手率越大，表明交易活跃、人气旺、参与者众；反之，交投清淡，观望者众。利用分析家软件的公式编辑平台，能很容易编写出换手线(HSL)，并可将诸如"芝麻点""散兵坑"等量能特殊的技术形态也表现出来。所以换手线在个股分析上同成交量指标（VOL）相比，具有直观通用的特点（不论个股的流通股本的大小），实现对个股历史的成交进行量化分析比较。

1. 换手率的高低和成交量之间的关系比较

换手率小于 1%——绝对地量。

换手率在 1%~3%——相对地量。

换手率在 3%~5%——成交较为活跃，量能有所增加。

换手率在 5%~8%——交投活跃，量能出现放量。

换手率在 8%~15%——绝对的放量，量能异常放大，股票处于十分活跃状态。

换手率在 15%~30%——巨量状态

换手率超过 30%——巨量，随时可能停牌。

说明：一般情况下，我们把 3%、5% 和 8% 看做是个股能否放量的三个分界点，一般小于 3% 的个股交投表现得十分低迷，超过 5% 的成交量将会出现显著放大；超过 8% 的随时可能在成交量上创出新高。

2. 不同阶段不同换手率的含义

（1）低位低换手率：说明当前个股属于非主流个股，其成交量势必也十分低迷，量能也是非常小，这样的个股很可能在长时间都不会有所表现，属于三不关照个股。例如冠豪高新（600433）长期换手率在 1% 之下，期间该股的换手率鲜有超过 1% 的时候，属于一个低换手率，而其个股的走势也验证了其低换手率所带来的结果，地量低价，甚至这期间股价还创出了新低。但是在 2014 年 6 月 6 日，该股的换手率突然上升，股价也出现了上扬的走势。如图 5-38 所示。

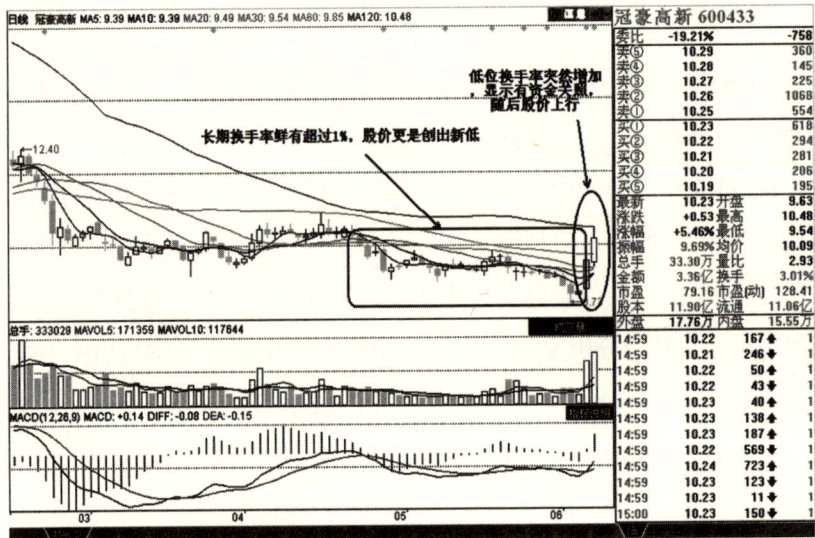

图 5-38　冠豪高新（600433）2014 年 3 月至 6 月日线走势图

（2）低位高换手率：对于处于阶段低点的个股，如果一旦出现换手率超过 3% 的情况，那么投资者就要加以关注了，往往这类股伴随着换手率的增加，其量能也将温和放大，说明在目前阶段该股已经开始有资金在关照，如果后期该股其他技术指标能够出现买点或者是出现一些技术指标的金叉现象，那么这类股在未来的一段时间将会出现一波不错的行情，这类股是市场资金重点关注的对象，关注这类股，往往容易买在起涨点。例如康达尔（000048）这只股票，自 2011 年 1 月 25 日到 2 月 23 日，整整一个月期间，其换手率很少有超过 1% 的时候，但是在 2 月 24 日其换手率突然超过 2%，尽管次日换手率再度小于 1%，但是 2 月 28 日其换手率再度放大到 3% 之上，且股价也有拉升迹象，这正是突然出现低位高换手率的一种典型案例，随后该股也不负众望，股价更是在 2011 年 3 月 1 日创出阶段新高。如图 5-39 所示。

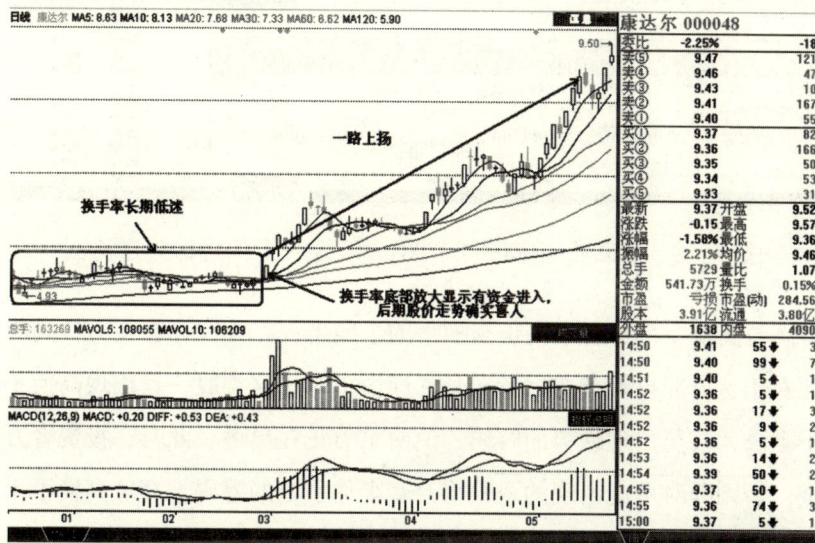

图 5-39　康达尔（000048）2011 年 1 月至 3 月日线走势图

（3）高位低换手率：对于股价处于相对高位且换手率比较低的个股来说，这类股通常属于主力高度控盘个股，而换手率的低位说明主力并不着急出货，说明这类股后期还有上涨的行情，或者还有后续的利好出现，一旦这类股再度出现高换手率和带量启动，那么后市该类股的行情则将更为壮观。

例如白云山（600332）自 2013 年 3 月 15 日上涨以来，到 2013 年 4 月 8 日，期间股价涨幅超过 20%，可以说股价出于一个较高的位置，但是在随后几天的调整中，我们通过对换手率的分析不难发现，尽管该股股价较高，而且是下跌状态，但是其换手率却非常低，说明主力对该股后期还是持续看好，因此尽管股指下跌，但还是坚定持股待涨，2013 年 4 月 14 日，该股果然在经过几天的短暂回调后，再度拉出一波凌厉的上涨行情，短期股价再度上涨超过 30%。如图 5-40 所示。这种高位低换手率的个股是主力对后市坚定看涨的一类股。

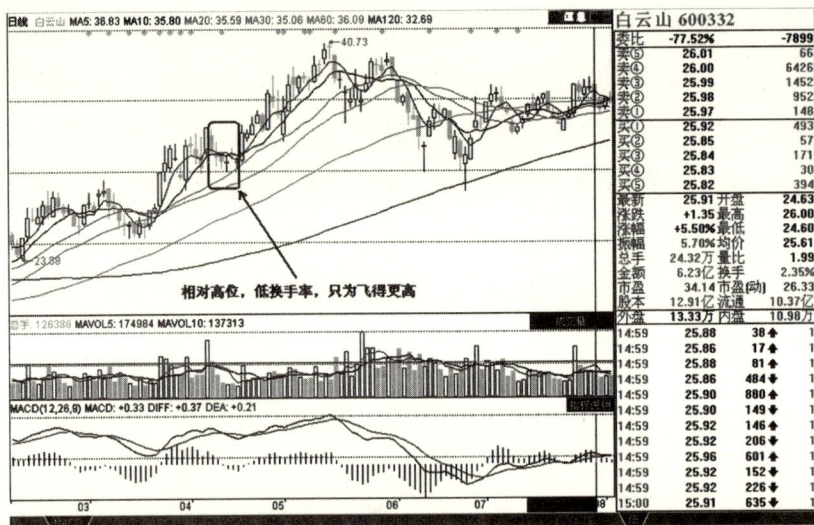

图 5-40　白云山（600332）2013 年 3 月至 7 月日线走势图

（4）高位高换手率：对于高位高换手的个股来说，往往存在主力拉高出货的嫌疑，因此对于这类股投资者要保持充分的谨慎，对于这类股一旦出现高换手率，且股价并不上涨，甚至出现跌势的时候，说明主力正在出逃，此时，投资者万不可盲目地跟进，否则随时可能出现的杀跌将会套牢你手中的筹码。高位高换手率的个股比比皆是，这里就不一一举例。

（5）对于次新股的高换手率的一点说明。对于刚上市的新股来说，其换手率往往都是非常大的，如果是一些中小板的个股，上市当天其换手率超过 70% 以上，那么这样的股票普通的投资者就要保持谨慎了，因为这类股的高换手率说明主力争夺激烈，但是在随后的几个交易日，主力却往往会通过打压股价来获得更低的筹码之后再进行拉升，因此这类股上市当日笔者不建议普通投资者参与，而其很高的换手率也并不具有实际的参考意义。

四、换手率和量能的关系

对于换手率和量能之间的关系，很多书和很多投资者几乎都是一个传统的观念，那就是换手率大，成交量必然大，这一点笔者也持相同的观点，但是这里笔者要强调的是换手率大、量能大的股票股价不一定上涨，换手率小、量能小的股价不一定下跌。这点投资者要重点区分对待。

第七节　详解能量潮指标及其应用

在研究量能的时候，除了本章第四节提到的五种常见量能指标之外，还有一个技术指标也是我们必须研究和掌握的，同样也是和量能有着千丝万缕联系的指标，那就是能量潮。

一、能量潮（OBV）的来源和定义

OBV 的英文全称是：On Balance Volume。中文名可翻译为：平衡交易量。能量潮是由美国的投资分析家葛兰碧（Joe Granville）所创。该指标通过统计成交量变动的趋势来推测股价趋势。OBV 以"N"字型为波动单位，并且由许许多多"N"形波构成了 OBV 的曲线图，对一浪高于一浪的 "N" 型波，称其为 "上升潮"（UP TIDE），至于上升潮中的下跌回落则称为 "跌潮"（DOWN FIELD）。

能量潮通常情况下是将成交量数量化，制成趋势线，配合股价趋势线，从价格的变动及成交量的增减关系，推测市场气氛。其主要理论基础是市场价格的变化必须有成交量的配合，股价的波动与成交量的扩大或萎缩有密切的关联。通常股价上升所需的成交量总是较大；下跌时，则成交量总是较小。价格升降而成交量不相应升降，则市场价格的变动难以为继。

二、能量潮的计算和修正

能量潮最初的计算方法非常简单，可以表述为：以某日为基期，逐日累计每日上市股票总成交量，若隔日指数或股票上涨，则基期 OBV 加上本日成交量为本日 OBV。隔日指数或股票下跌，则基期 OBV 减去本日成交量为本日 OBV。一般来说，只是观察 OBV 的升降并无多大意义，必须配合 K 线图的走势才有实际的效用。

由于能量潮的计算方法比较简单，而且容易受很多因素的制约，因此后人在前述简单计算方法的基础上采用多空对比净额法对其进行了修正，其计算方法如下：

多空比率净额 =[（收盘价 – 最低价）–（最高价 – 收盘价）] ÷（最高价 – 最低价）× V

相比于单纯的能量潮计算法，该方法可信度更高。

和其他的一些技术指标需要设置参数不同，能量潮指标没有参数的设置，只需设置 OBV 的平均天数，就可以显示出 OBV 平均线，更有助判明 OBV 的趋势。

三、能量潮的应用法则

能量潮的应用法则可以细分为七小部分。

（1）当股价上升而 OBV 线下降，表示买盘无力，股价可能会回跌。

（2）股价下降时而 OBV 线上升，表示买盘旺盛，逢低接手强股，股价可能会止跌回升。

（3）OBV 线缓慢上升，表示买气逐渐加强，为买进信号。

（4）OBV 线急速上升时，表示力量将用尽，为卖出信号。

（5）OBV 线对双重顶第二个高峰的确定有较为标准的显示，当股价自双重顶第一个高峰下跌又再次回升时，如果OBV线能够随股价趋势同步上升且价量配合，则可持续多头市场并出现更高峰。相反，当股价再次回升时OBV线未能同步配合，却见下降，则可能形成第二个顶峰，完成双重顶的形态，导致股价反转下跌。

（6）OBV线从正的累积数转为负数时，为下跌趋势，应该卖出持有股票。反之，OBV线从负的累积数转为正数时，应该买进股票。

（7）OBV线最大的用处，在于观察股市盘局整理后，何时会脱离盘局以及突破后的未来走势，OBV线变动方向是重要参考指数，其具体的数值并无实际意义。

四、能量潮指标的利弊分析

（1）OBV线是依据成交量的变化统计绘制而成，因此OBV线属于纯粹的技术性分析，他和属于经济性的基本分析无关。

（2）OBV线为股市短期波动的重要判断方法，但运用OBV线应配合股价趋势以及K线的形态加以综合研判分析。

（3）OBV线最大的优点是能帮助确定股市突破盘局后的发展方向。

（4）OBV的走势，可以在一定程度上显示出市场内部主要资金的移动方向，显示当期不寻常的超额成交量是徘徊于低价位还是在高价位上产生，可使技术分析者领先一步深入了解市场内部原因。

（5）OBV线对双重顶（M头）第二个高峰的确定有较为标准的显示，当股价自双重顶第一个高峰下跌又再次回升时，如果OBV线能随股价趋势同步上升，价量配合，则可能持续多头市场，并出现更高峰；反之，股价再次回升时，OBV线未能同步配合，却见下降，则可能即将形成第二个峰顶完成双重顶的形态，并进一步导致股价上涨反转回跌。

（6）OBV线适用范围比较偏向于短期进出，与基本分析丝毫无关。同时OBV也不能有效反映当期市场的转手情况，因此对于中长线的投资者来说，能量潮的研判意义不大。

五、能量潮指标在国内市场的实际使用效果

众所周知，葛兰碧的OBV指标是建立在国外成熟市场上的经验总结。若简单地

把它拿来运用在我国市场上，显然是不科学的，因此把它移植到国内必然要经过一番改造才行。比如在价涨量增这类股票中，运用能量潮指标分析就会出现偏差，这是因为主力控盘较重，股价在上涨过程中没有将筹码兑现，所以此时股票会涨得很"疯"，但是此时股价涨得越高成交量反而越少。因此使用OBV自然就无法发挥其作用。

另外，在涨跌停板的股票也会导致能量潮指标的失真。这是因为在我国内地，为了限制那些无谓的炒作和疯狂，因此管理层对个股当天的涨跌进行了限制，比如非ST股正常交易当天涨跌幅设置为10%，而被ST的股票通常其涨跌幅是5%（这里不包括上市当日和特别规定不设置涨跌幅的股票）。我们观察盘面不难发现，很多股票在连续涨停的时候，由于股民预期后市会继续大涨，往往会持股继续待涨，导致出现越涨越无量的现象。因此，对于那些达到涨跌停板的股票，OBV指标也无法正常发挥作用。

对于我国现阶段的市场来说，由于还有很多庄股的存在，因此在庄家反复打压和吸筹的过程中，尽管某一只个股的股价涨幅不大，但是在能量潮指标中，其数值却在逐步走高，形成底部背离形态。当然我们知道既然指标是人设定的，那么就会有缺陷，对于能量潮指标而言，这种缺陷也常常被主力用来迷惑投资者，比如庄家可以在每日盘中吸筹，使成交量增加，到收盘时再把股价打成阴线，这样OBV就会往下走，以此来迷惑投资者。经过研究之后我们找出破解这种迷惑手段的方法，那就是选择15分钟或60分钟的OBV线，从而轻松揭开主力的阴谋。

OBV在研判上升趋势的股票上还是十分具有参考价值的，但是在股价进入下降通道之后，OBV一般是作为横盘或上升趋势减缓的状态，因此这时候再使用其实际所表现出来的效果就远远不如上升趋势所得到的效果，因此对于研究下跌或盘整趋势的股票，我们可以用其他更有效的方法来加以研判。

六、能量潮指标的应用技巧

我们知道OBV指标最大的作用就是用来判断量价关系即OBV曲线是否与股价运行方向一致。在这里，能量潮指标的发明人葛兰碧曾说过这样的话，"当OBV曲线向上穿过长期上升阻力线时市场势头变强，是重要的买入信号。"但是，严格意义上讲，OBV自身并不能发出有效的买卖信号。这是因为：量价关系通常表现为"价涨量增"或"价跌量减"，使得指标难以出现"长期"的背离，尤其是个股处于横盘整理（无趋势）或出现明显的下跌走势时,这时候其对市场的研判意义就不大。同样,对于庄家控盘的个股来说,其更会失去其应有的研判意义。同时,通过大量的实例可以证明,如果某一只个股一旦确立升势,即使成交量总体呈萎缩态势,股价仍有相当一段升幅,也就是说,成交量本身的萎缩不一定表明现行的趋势即将结束。因此,使用 OBV 分析时,一是要参照一定时期内的成交量状况,二是看 OBV 所处状态及股价的运行情况,三要结合其他技术指标来研判行情未来的走向如何。

尽管如此,能量潮指标还是有着一定的使用技巧的,主要有以下两点。

（1）10 日均量线（中短线投资者可使用 5 日与 20 日的组合）时,视为买入信号,OBV 处于无趋势状态且短期均量线下穿中长期均量线时,视为卖出信号。若仍感到难以把握,不妨直接将 OBV 平滑运算纳入均线系统。

（2）运用趋势技术,即对 OBV 值也画出趋势线,对"率先突破"的个股给予重点关注,因为这类个股的运动幅度通常十分可观,这可能是需要把握的最主要的使用技巧。

我们以晶盛机电（300316）为例。2014 年 1 月 13 日,OBV 率先企稳,然后震荡上行,股价展开上扬;随后其 OBV 指标一路上行,股价也是伴随着 OBV 指标一路向上。如图 5-41 所示。

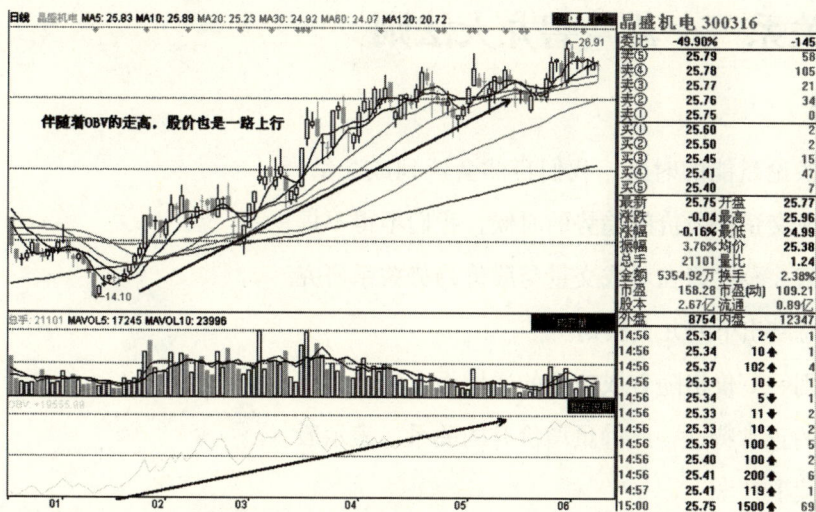

图 5-41　晶盛机电（300316）股价伴随着 OBV 走高

第八节　成交量与股价的趋势关系——葛兰碧九大法则

在谈论量能的时候，我们自然会谈到成交量，在谈到成交量和股价的趋势的时候，我们不得不提到葛兰碧。葛兰碧在对成交量与股价趋势关系研究之后，总结出下列九大法则。

法则一：价格随着成交量的递增而上涨，为市场行情的正常特性，此种量增价升的关系，表示股价将继续上升。

法则二：在一个波段的涨势中，股价随着递增的成交量而上涨，突破前一波的高峰，创下新高价，继续上扬。然而，此段股价上涨的整个成交量水准却低于前一个波段上涨的成交量水准。此时股价创出新高，但量却没有突破，则此段股价涨势令人怀疑，同时也是股价趋势潜在的反转信号。

法则三：股价随着成交量的递减而回升，股价上涨，成交量却逐渐萎缩。成交量是股价上升的原动力，原动力不足显示出股价趋势潜在的反转信号。

法则四：有时股价随着缓慢递增的成交量而逐渐上升，渐渐地，走势突然成为垂直上升的喷发行情，成交量急剧增加，股价暴涨；紧随此波走势的是成交量大幅萎缩，同时股价急速下跌。这种现象表明涨势已到末期，上升乏力，显示出趋势有反转的迹象。反转所具有的意义，将视前一波股价上涨幅度的大小及成交量增加的程度而言。

法则五：股价走势因成交量的递增而上升是十分正常的现象，并无特别暗示趋势反转的信号。

法则六：某一波段经长期下跌形成谷底后，股价回升，成交量并没有随股价上升而递增，股价上涨乏力，然后再度跌落至原先谷底附近，或高于谷底。当第二谷底的成交量低于第一谷底时，是股价将要上升的信号。

法则七：股价往下跌落一段相当长的时间，市场出现恐慌性抛售，此时随着日益放大的成交量，股价大幅度下跌；继恐慌卖出之后，预期股价可能上涨，同时恐慌卖出所创的低价，将不可能在极短的时间内突破。因此，随后往往是（但并非一定是）空头市场的结束。

法则八：股价下跌，向下突破股价形态、趋势线或移动平均线，同时出现了大成交量，是股价下跌的信号，明确表示出下跌的趋势。

法则九：当市场行情持续上涨数月之后，出现急剧增加的成交量，而股价却上涨无力，在高位整理，无法再向上大幅上升，显示了股价在高位大幅震荡，抛压沉重，上涨遇到了强阻力，此为股价下跌的先兆，但股价并不一定必然会下跌。股价连续下跌之后，在低位区域出现大成交量，而股价却没有进一步下跌，仅出现小幅波动，此即表示进货，通常是上涨的前兆。我们可以通过下面的一个简单的表格来表示。

表5-1 价格、成交量、持仓量与趋势强度的关系

价格	成交量	持仓量	趋势强度
↑	↑	↑	技术强势
↑	↑	↓	次强
↑	↓	↓	弱势（量价分离）

续表

价格	成交量	持仓量	趋势强度
↓	↑	↑	弱势（末）
↓	↓	↑	次强
↓	↓	↓	技术强势

注:"↑"表示上升,"↓"表示下降。

除了其研究成交量和股价趋势提出的九大法则之外,葛兰碧根据移动平均线也提出了自己的八大买卖法则,这点在《炒股就这几招》一书中有详细叙述。

沃尔核材（002130）自2014年1月9日开始,其量能温和放量,根据葛兰碧九大法则中的法则一,这样的股票将会上涨,其后走势也恰恰验证了这一点。如图5-42所示。

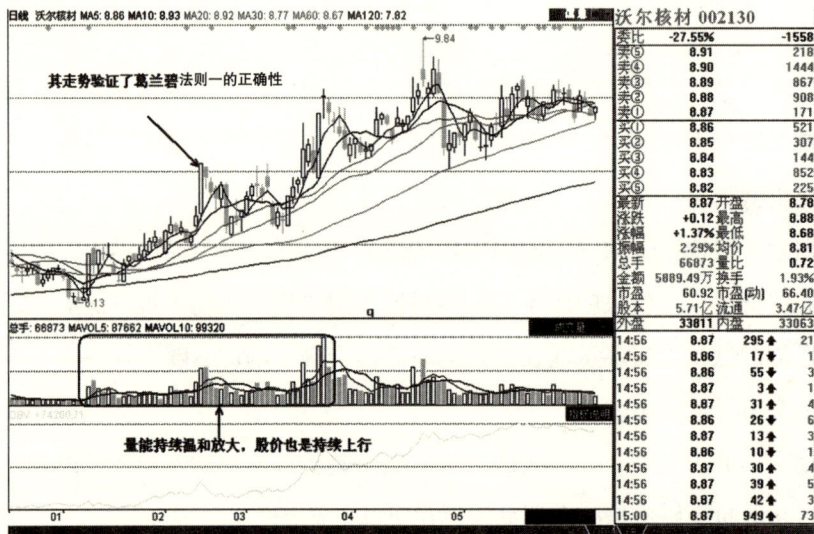

图5-42　沃尔核材（002130）2014年1月至5月日线走势图

顺络电子（002138）的股价在2014年2月18日创出新高,但是我们却发现其量能相比以前出现萎缩,因此给出了一个股价反转的信号（见法则二）,后期走势出现一波跌幅。如图5-43所示。

钱江水利（600283）在2011年1月25日创出股价新低和成交量低点之后,第二天量能增加,持续到2011年2月15日,该股在此期间创出阶段新高,但随后成交量大幅萎缩,股价更是一路下行,按照葛兰碧法则四我们可以看出,该股在第二次收出长上影,且成交量下滑之时,就已经表明该股股价已是涨势末期。如图5-44

所示。

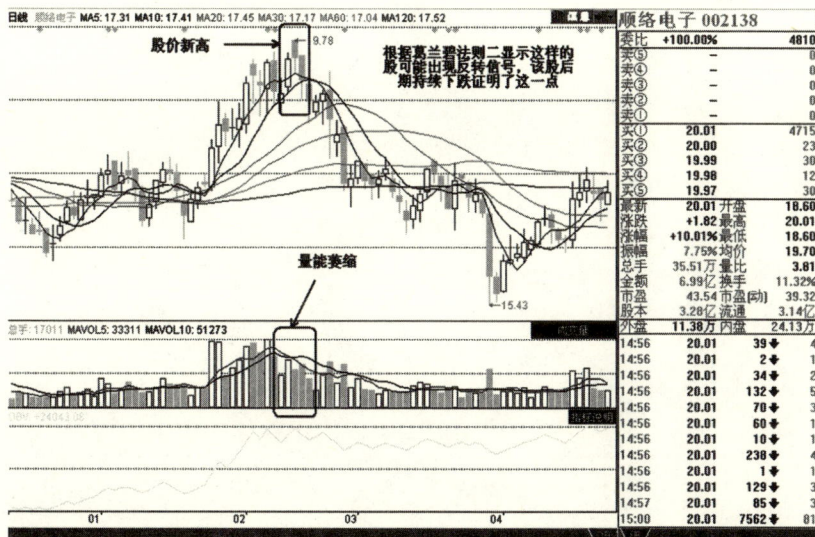

图 5-43 顺络电子（002138）2014 年 1 月至 4 月日线走势图

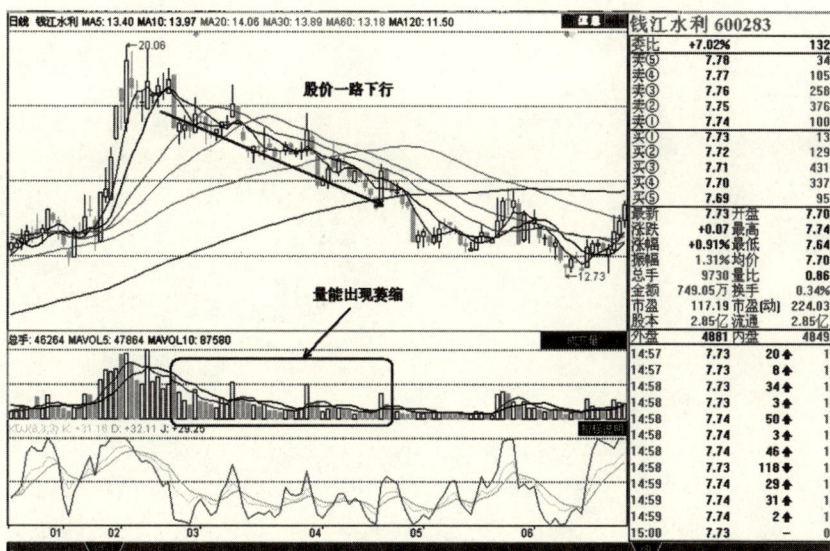

图 5-44 钱江水利（600283）2011 年 1 月至 6 月日线走势图

其余法则我们也可以照此法找出符合的实例来，限于篇幅，这里就不一一举例了。

决胜买卖

第六章

第一节　K 线的类别和研判意义

　　我们知道，在目前的股市技术分析中，任何一款股票软件都离不开对 K 线的研判和分析，K 线具有直观、易懂等特点，能够全面透彻地观察到市场的真正变化。我们从 K 线图中，既可看到股价（或大市）的趋势，也同时可以了解到每日市况的波动情形，因此它成了股市中对大盘和个股分析时最常用的手段之一，与此同时，所有的买卖技巧也都和我们最熟悉的 K 线有关，因此在讲解一些买卖技巧之前我们首先要知道什么是 K 线，如何分类，其研判意义又是什么？

一、K 线的含义

所谓 K 线，就是将各种股票每日、每周、每月的开盘价、收盘价、最高价、最低价等涨跌变化状况，用图形的方式表现出来。K 线又称阴阳线、棒线、红黑线或蜡烛线，它通常由股价的开盘价、收盘价、最高价、最低价等四要素构成。

二、K 线的起源

K 线源于日本德川幕府时代（1603—1867 年）的米市交易，用来计算米价每天的涨跌，后来人们把它引入股票市场价格走势的分析中，目前已成为股票技术分析中的重要方法。

三、K 线的类别

根据构成 K 线的四要素之间的关系，K 线可以分为阳线、阴线和十字转机线等三大类和众多小类。具体如下。

（1）阳线。证券市场上指收盘价高于开盘价的 K 线。K 线图中用红线标注表示涨势。阳线又可以分为光头阳线，上影阳线，下影阳线，上下影阳线和小阳线等多种形态。

（2）阴线。证券市场上指收盘价低于开盘价的 K 线。K 线图中用绿线标注表示跌势。阴线又可以分为光头阴线、上影阴线、下影阴线、上下影阴线和小阴线等多种形态。

（3）十字转机线。上下影线看似等长的十字线，可称为转机线，在高价位或低价位出现，意味着出现反转。十字转机线根据上下影线的长短或有无，又可分为十字星线、T 形线（锥子线、多胜线）、倒 T 形线（灵塔线、空胜线）、四值同时线四种。

四、各种 K 线的研判意义

1. 阳线

（1）光头阳线。

①光头阳线（大阳线）表示大盘全日节节上升，有强烈的涨势。如果在跌市中出现，可能是跌市结束的信号。

②开盘光头阳线（上升抵抗型）上升力强，但受阻挡，应谨慎。若是在持续上涨之后，可能是下跌的先兆；若是在下跌中的反弹行情，则表示多头实力不足，仍将下跌。

③收盘光头阳线（先跌后涨型）开市下跌后掉头回升，以全日最高价收市，可见上升动力大。

（2）上影阳线是带有上影线而没有下影线的阳线。上影阳线（先涨后跌型）表明市场上升趋势减弱，在较高价位明显受阻，后市有可能下跌。

（3）下影阳线是带有下影线而没有上影线的阳线。下影阳线（先跌后涨型）开市后价格大幅下跌，后又回升到高位收市。后市承接力强，暗示上升力强，是上涨的先兆。

（4）上下影阳线是指上下都带有影线的阳线。上下影阳线说明多空双双实力相当，暂时处于胶着状态。多方力量稍强。

（5）小阳线一般是指在一个交易日内涨幅小于3%的阳线。小阳线（欲涨乏力型）表明此时大盘行情扑朔迷离，涨跌难有明确估计。如果出现在强烈持续上升之后，表示高位震荡，持续力不足，可能是下跌的征兆。如果在长期下跌之后出现，表示欲涨乏力，可能继续下跌。

2. 阴线

（1）光头阴线。

①光头阴线。光头阴线（大阴线）表示大盘整日下跌，后市疲弱，行情极坏，还要下跌，在空头市场经常出现。如连续出现数根大阴线，可能有反弹行情。

②开盘光头阴跌（下跌抵抗型）行情下跌后受到承接，显示有反弹迹象。

③收盘光头阴线（先涨后跌型）行情先涨后跌，卖方势强，行情看跌。

（2）上影阴线是带有上影线而没有下影线的阴线。上影阴线（上涨后跌型）先涨后跌，底部支撑力不大，在涨市中出现有可能是结束升市的信号。

（3）下影阴线是带有下影线而没有上影线的阴线。下影阴线（欲跌不能型）暗示底部有较强支撑力，后市可能趋于上升。如果在持续上升的行情中出现，仍将会持续上升；如果出现在持续下跌的行情中，将可能弹升。

（4）上下影阴线是指上下都带有影线的阴线。上下影阴线说明多空双方实力相当，暂时处于胶着状态。空方略占上风。

（5）小阴线一般是指在一个交易日内涨幅小于3%的阴线。小阴线（短黑线）行情混乱，涨跌难以估计。如果出现在持续上升之后，表示高位震荡，可能是下跌的先兆。

3. 十字转机线

（1）十字星线。

①买卖双方几乎势均力敌，开盘价与收盘价同在一点，股价僵持盘整。

②阳十字线代表多方力量较强，阴十字线代表空方气势较盛。

③上影线长于下影线，表明空方力量较强；下影线长于上影线，表明多方力量较强。

④在高价位区出现十字星，后市往往转跌；在低价位区出现十字星，后市将转好。

（2）灵塔线。

①开盘价、收盘价、最低价相同，显示升势力气不继。

②若出现在高价位区并有成交量配合，则后市不容乐观。

（3）锥子线。

①开盘价、收盘价、最高价相同，说明买方力量稍强。

②若出现在高价位区，并有成交量配合，表明卖方力量较强，行情不看好。

③若出现在低位，则后市有看好的态势。

（4）四值同时线。

①开盘价、收盘价、最高价、最低价相同。

②一般是跳空涨停或跌停且成交量不大。

③若跳空涨停，预示后市还可看好。

④若跳空跌停，预示行情还将下跌。

⑤四值同时线很少见到，一般出现在弱市中的冷门个股中。

五、补充说明

需要说明的是，阳线、阴线与人们通常讲的涨跌有所不同。一般人们讲的涨跌是指当日收盘价与上个交易日收盘价之间的比较。当K线为阳线时，并不意味着股价比前一天涨了，只是表示当天收盘价高于当天开盘价。例如某只股票前一个交易日收盘价为 30 元，当日开盘价、最高价、最低价和收盘价分别为 28 元、31 元、27 元、29 元，则该只股票比前一个交易日跌了 1 元，K 线图为一个上影线较长，下影线较短，实体较短的阳线。

第二节 常见经典买入组合及实例解析

一、双星并举

这种买入组合指的是上升行情中出现二个或三个十字星线的情形，如果此后股价上涨、再配合成交量放大，即为可信度极高的买进时机，股价在随后的走势中有极大概率会再次出现另一波涨升行情。

如果是前期很长一段时间的箱体震荡或者出现一定的跌幅的个股出现双星，则表现会更好。

（1）横盘后的双星并举。科冕木业（002354），在 2010 年的 3 月 19 日和 3 月 22 日出现罕见的双星并举走势，随后 3 月 23 日量能放大，股价上扬，其后走势截止到 2010 年 4 月 2 日创出新高为止，短短的几个交易日，该股股价涨幅超过 50%。如图 6-1 所示。

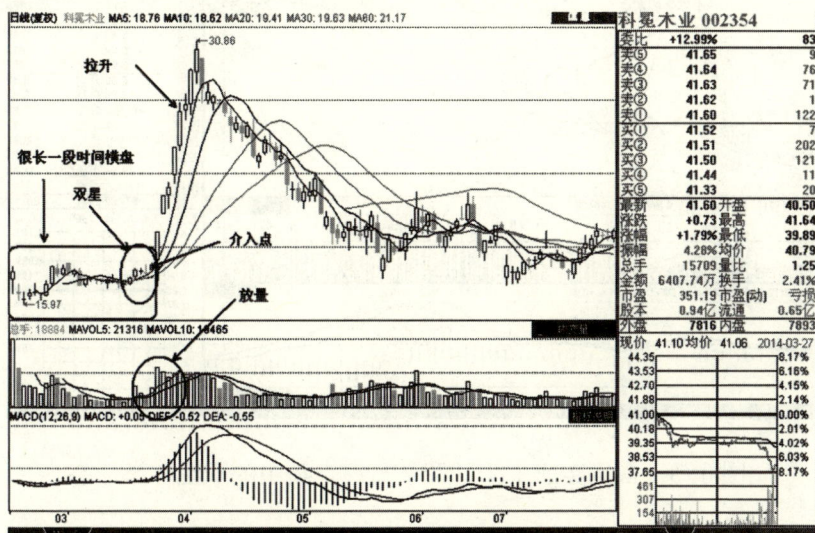

图 6-1　科冕木业（002354）日线走势中的双星并举形态

相似走势的还有天舟文化（300148）。如图 6-2 所示。

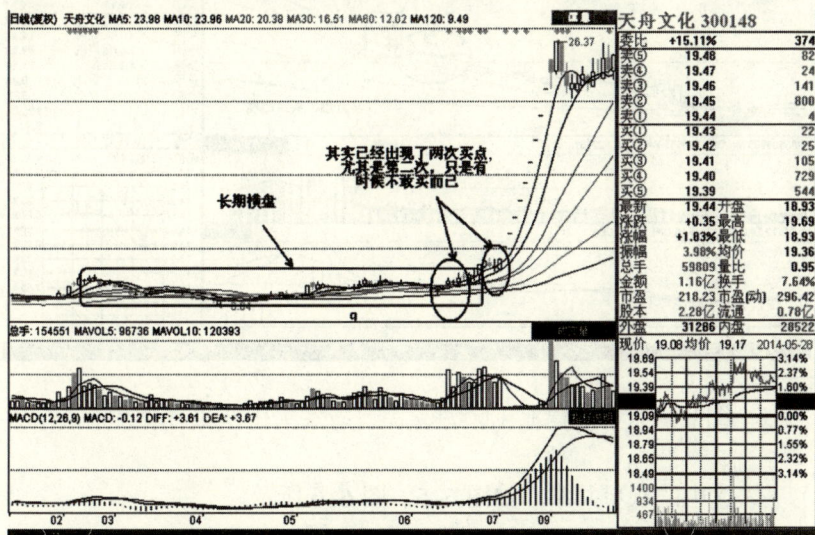

图 6-2　天舟文化（300148）日线走势中的双星并举形态

（2）上涨途中的双星并举。如图 6-3、图 6-4 所示。

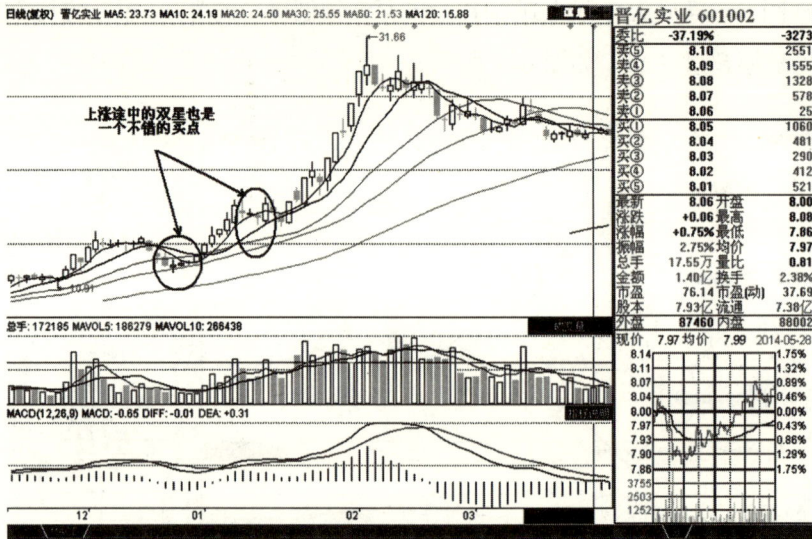

图 6-3　晋亿实业（601002）日线走势中的双星并举形态

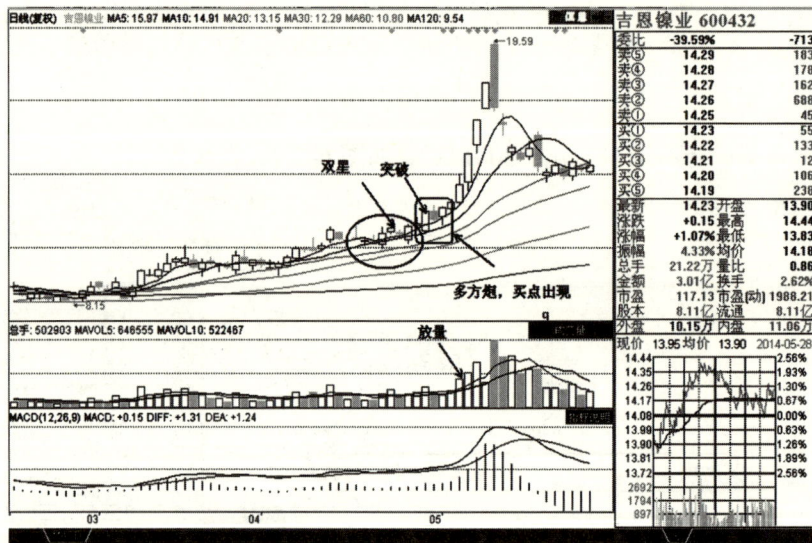

图 6-4　吉思镍业（600432）日线走势中双星并举形态

（3）下跌途中的双星并举。如图 6-5、图 6-6 所示。

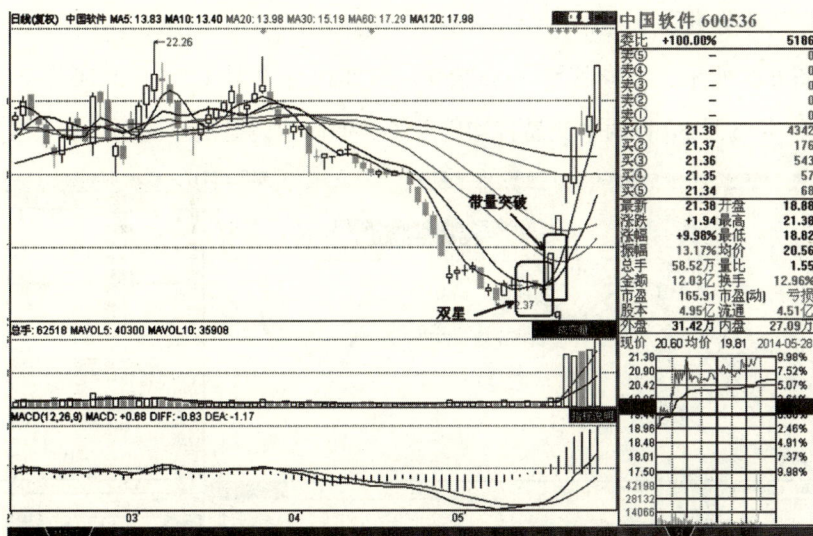

图 6-5 中国软件（600563）日线走势中的双星并举形态

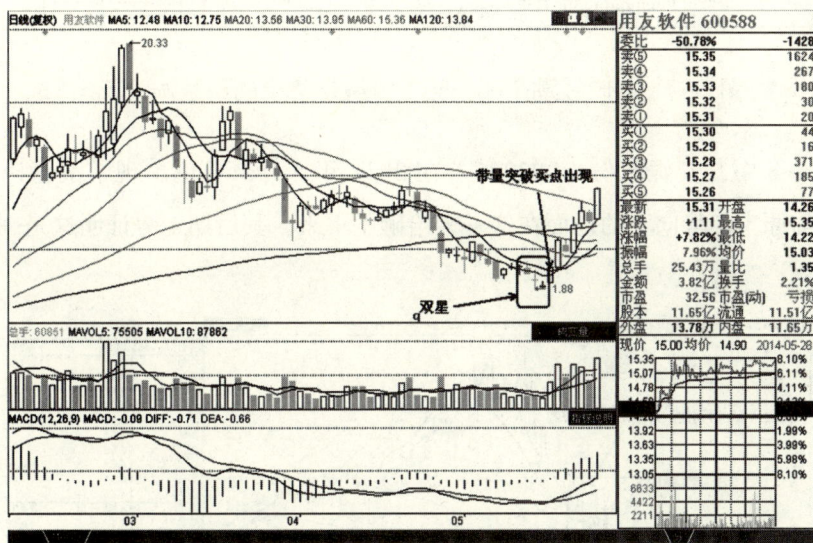

图 6-6 用友软件（600588）日线走势中的双星并举形态

二、诱空洗盘

这种组合指的是在上涨行情中，某日跳空拉出一根阳线后，在第二个交易日却意外出现一条下降阴线，这种阴线通常不是上涨行情的结束，而是股价加速上涨的前兆，在市场大环境没有发生变化的情况下，投资者无须慌张地抛出持股，股价将持续前一波涨势继续上升。

如图 6-7 所示，万向钱潮（000559）在 2014 年 2 月 13 日、2014 年 2 月 25 日以及 2014 年 6 月 30 日两个交易日均出现了类似高位诱空洗盘的形态。

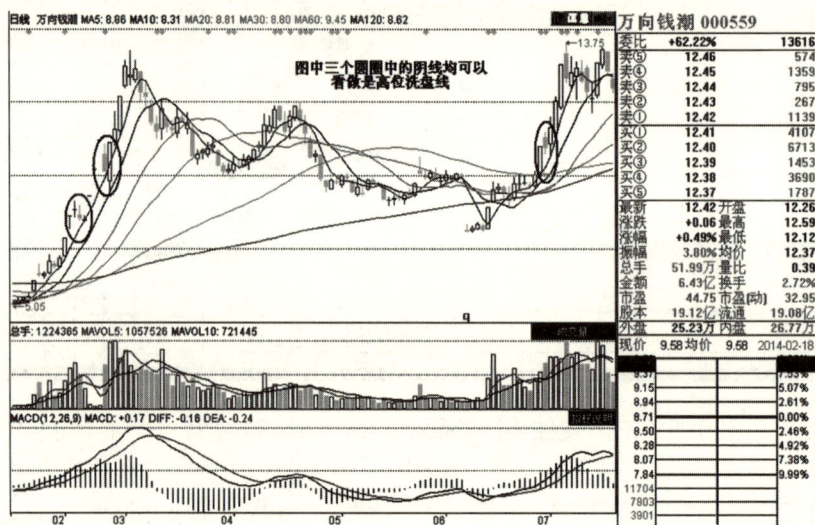

图 6-7 万向钱潮（000559）日线走势中的诱空洗盘形态

图 6-8 中，安妮股份（002235）在 2014 年 5 月 7 日也出现了洗盘诱空的走势，之前原本走势向上的局面在这一天给砸了下来，其后期走势证明这是一种诱空的走势。

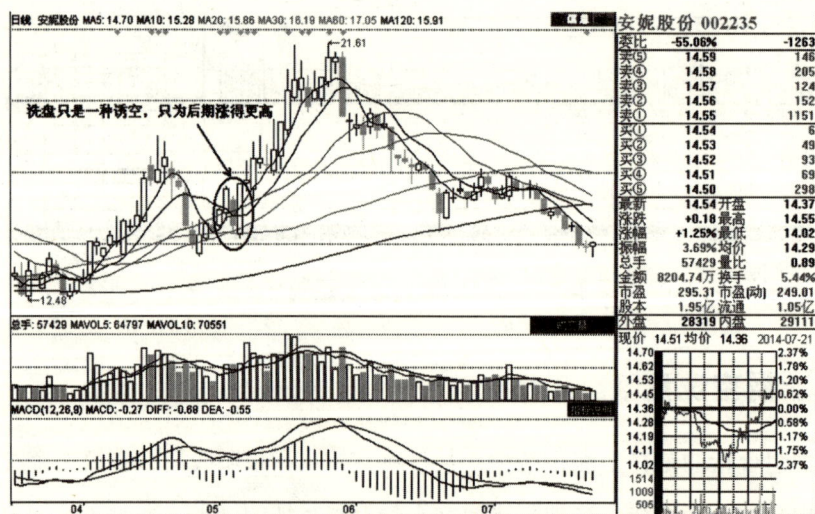

图 6-8 安妮股份（002235）日线走势中的诱空洗盘形态

三、横盘吸筹

这种买入组合通常出现在一波涨势之后，当一只股票股价从底部启动之后，随着强而有力的大阳线往上涨升，到一定高度后该股不再出现前面拉升的走势，而是选择在高位区域横盘整理，也就是等待大量换手，若在横盘期间伴随着成交量的扩大，即可判断另一波涨势将出现。通常情况下，这种买入有个要求，那就是高位盘整时间一般在 6~11 个交易日为佳，若期间过长则表示上涨无力。一般的横盘吸筹行情后往往会出现后期的第二波，甚至第三波。

横盘吸筹的实例如图 6-9、图 6-10 所示。

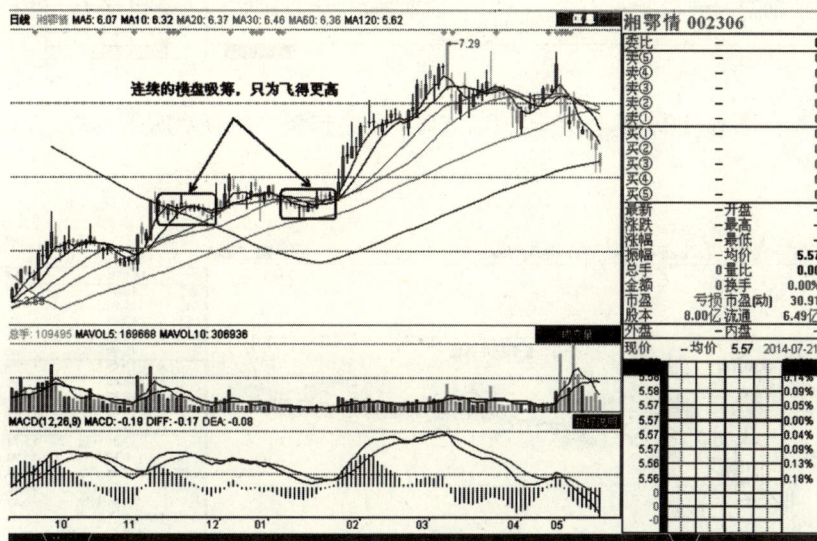

图 6-9 湘鄂情（002306）日线走势中的横盘吸筹形态

四、双阳并行

这种买入组合一般也是出现在持续上涨的股票中，比如一只股票某日跳空现阳线，隔日又出现一条与其几乎并排的阳线，如果隔日是跳空高开，则可期待大行情的出现。具体实例如图 6-11、图 6-12 所示。

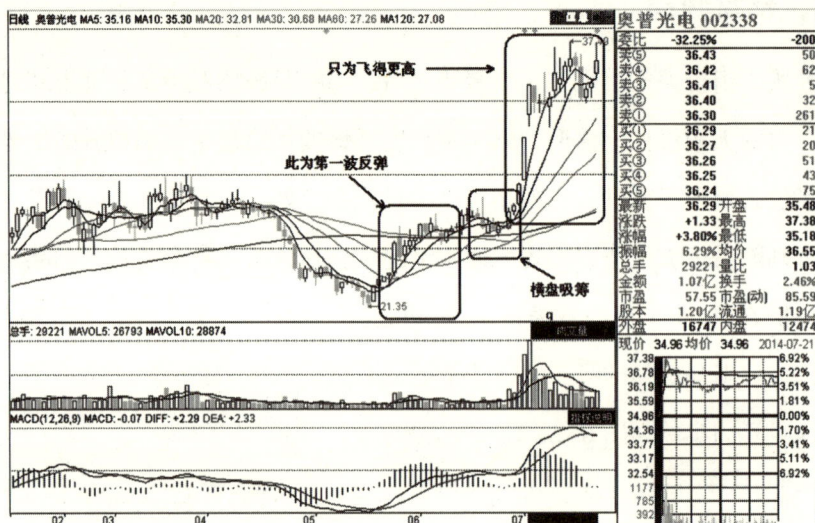

图 6-10　奥普光电（002338）日线走势中的横盘吸筹形态

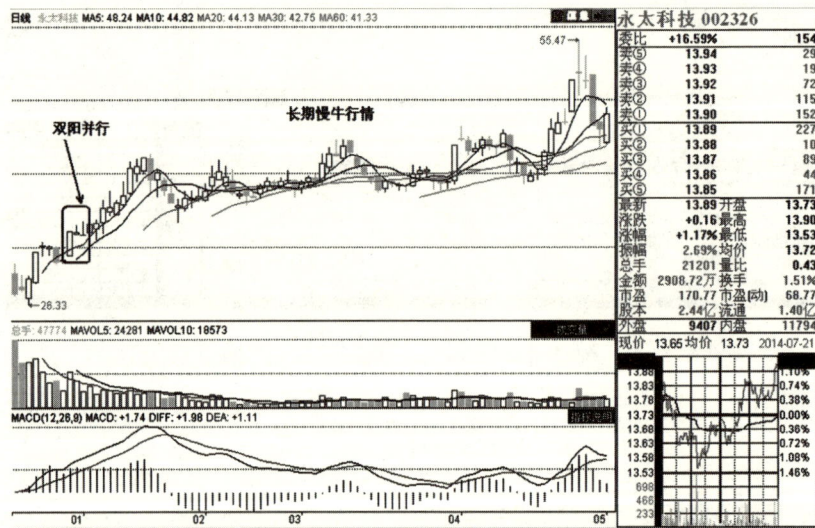

图 6-11　永太科技（002326）日线走势中的双阳并行形态

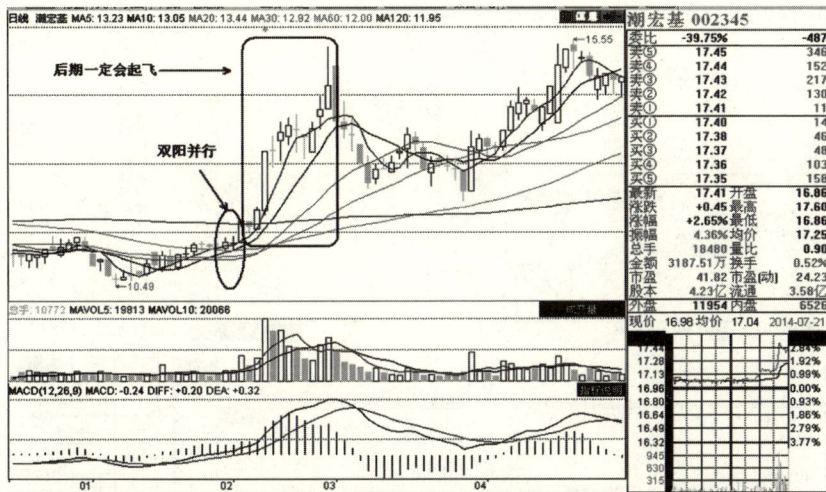

图 6-12　潮宏基（002345）日线走势中双阳并行形态

五、大阳包阴

这类买入组合通常是前一个交易日收阴（不排除长阴，甚至跌停）；而第二个交易日却出现长阳或者涨停的长阳线，而且阳线将阴线绝大部分吞并或者完全吞并，对于这样的走势，投资者可以毫不犹豫地在第二天涨停板附近买进，后期通常会有一波不错的行情。而这类股通常出现在底部趋势中。具体实例如图 6-13、图 6-14 所示。

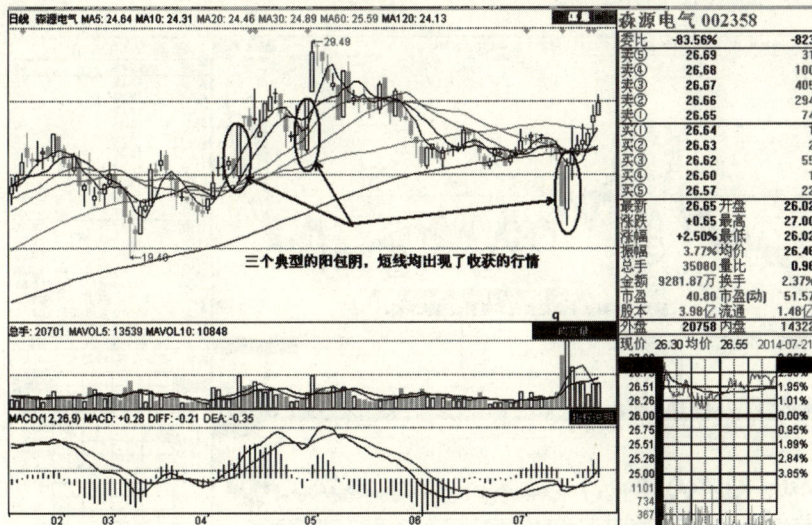

图 6-13　森源电气（002358）日线走势中的大阳包阴形态

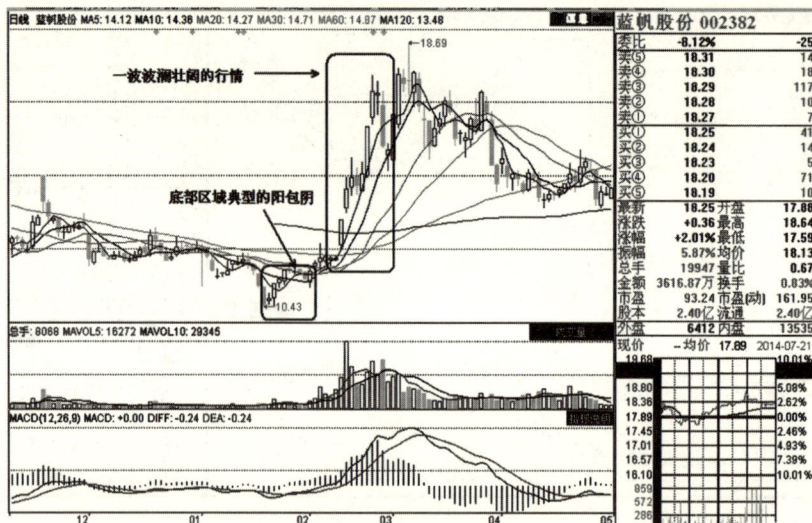

图 6-14　蓝帆股份（002382）日线走势中的大阳包阴形态

六、故地重游

这类买入组合指的是某只个股经历一轮上涨之后，随着市场的回调，再度回到起涨点，遇到买盘的跟进之后，再度展开新一轮攻势的一种买入组合形态，这类形态十分适合做波段，而且通常是大波段——那种抛去短线涨跌的大波段。具体案例如图 6-15、图 6-16 所示。

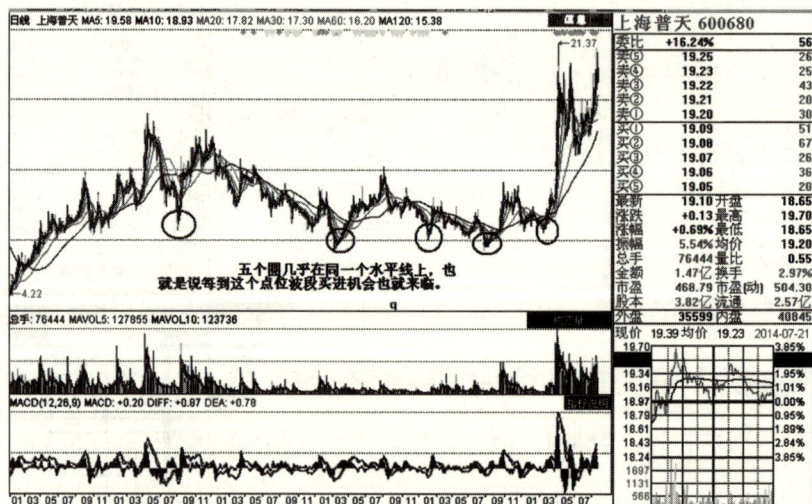

图 6-15　上海普天（600680）日线走势中的故地重游形态

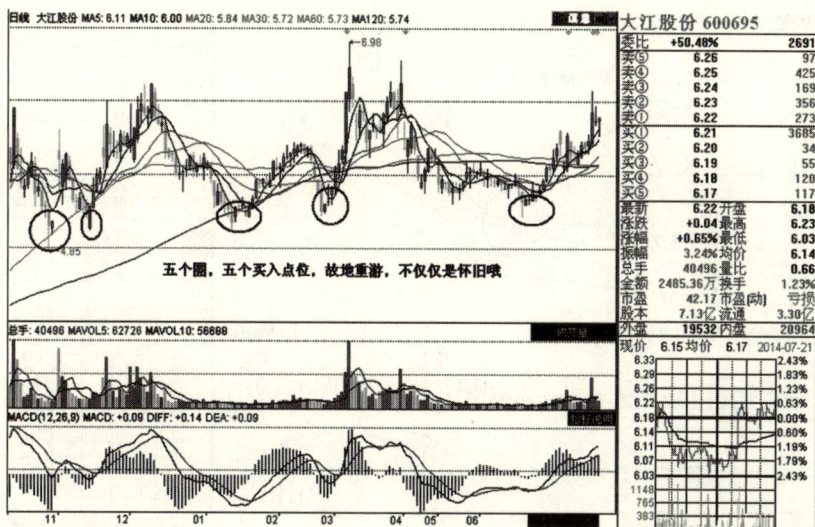

图6-16 大江股份（600695）日线走势中的故地重游形态

七、三阳开泰

这种买入组合指的是某一只股票经历一波下跌之后，在随后连续的三个交易日收出上涨阳线（也叫底部红三兵），形成一个三阳开泰组合。一旦个股出现该组合，就是一个很好的买入机会。具体实例如图6-17、图6-18所示。

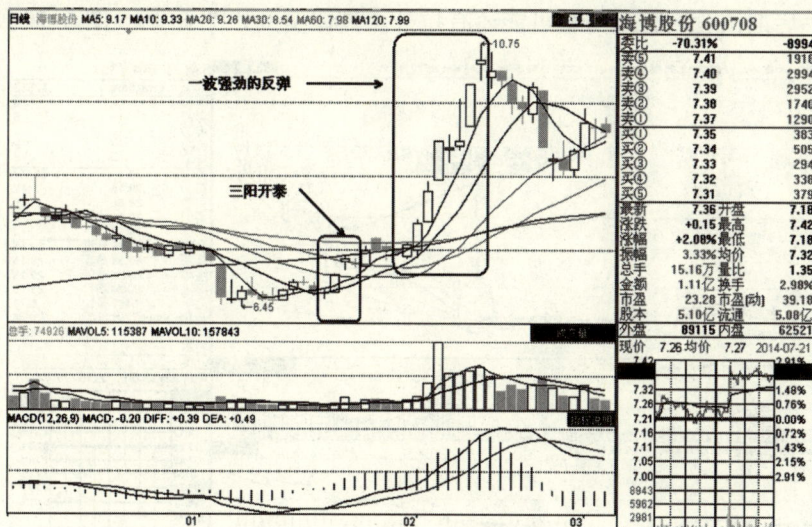

图6-17 海博股份（600716）日线走势中的三阳开泰形态

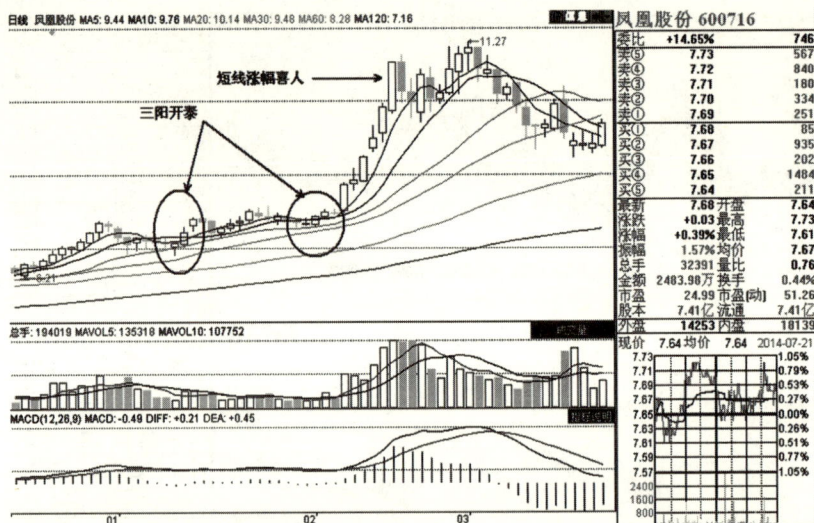

图 6-18　凤凰股份（600716）日线走势中的三阳开泰形态

八、长阳启动

这种买入组合通常出现在个股经历很长一段时间的温和放量之后，在随后的某个交易日突然出现长阳（涨停最好）的走势（这种启动如果发生在底部，则可操作性更强，更有参与价值），而且还伴随着成交量的放大，此时这类股就是可以追涨的个股，后期该股短时间内很可能还有拉升。具体实例如图 6-19、图 6-20 所示。

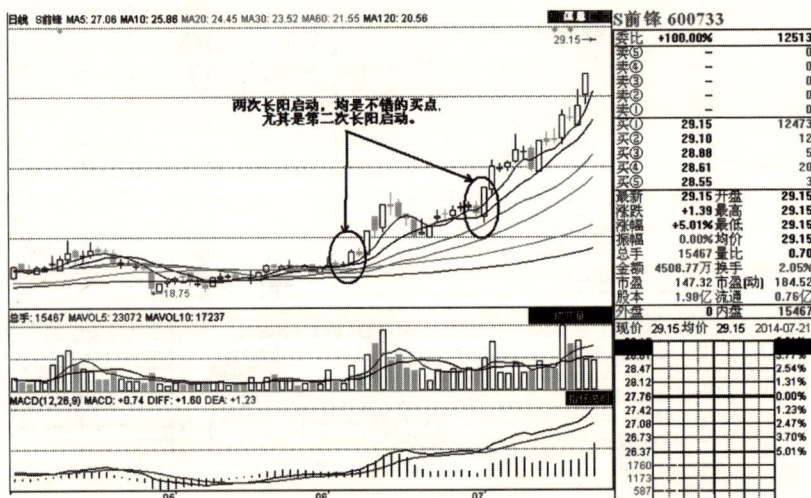

图 6-19　S前锋（600733）日线走势中的长阳启动形态

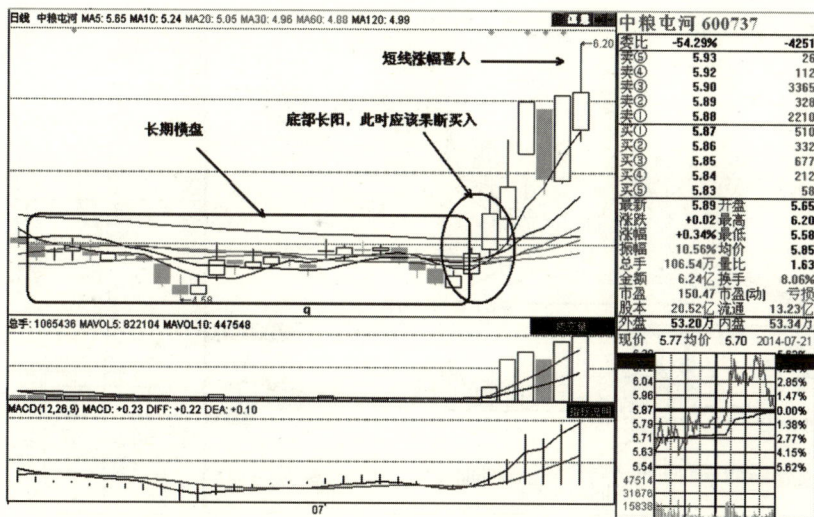

图 6-20　中粮屯河（600737）日线走势中的长阳启动形态

九、单针探底

这种情况通常出现在底部附近，在底价圈内，行情出现长长的下影线时，往往即为买进时机，出现买进信号之后，投资人即可买进，或为了安全起见，可待行情反弹回升之后再买进，若无重大利空出现，行情必定反弹。具体实例如图 6-21、图 6-22 所示。

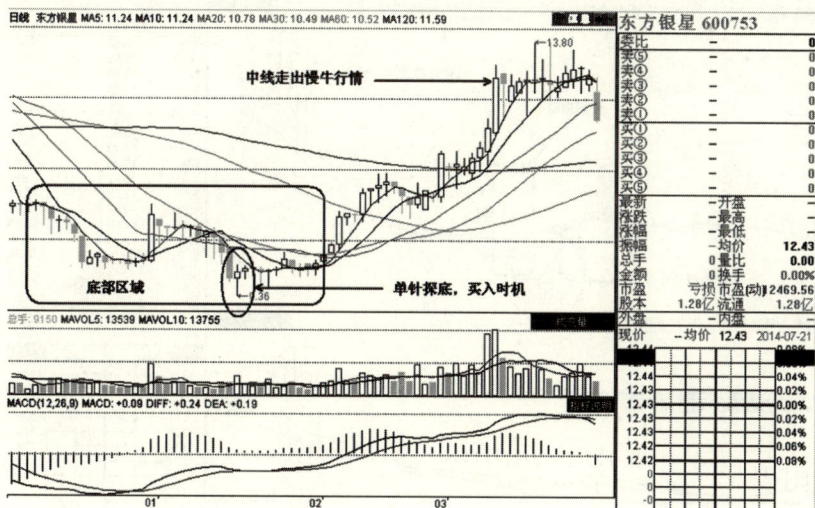

图 6-21　东方银星（600753）日线走势中的单针探底形态

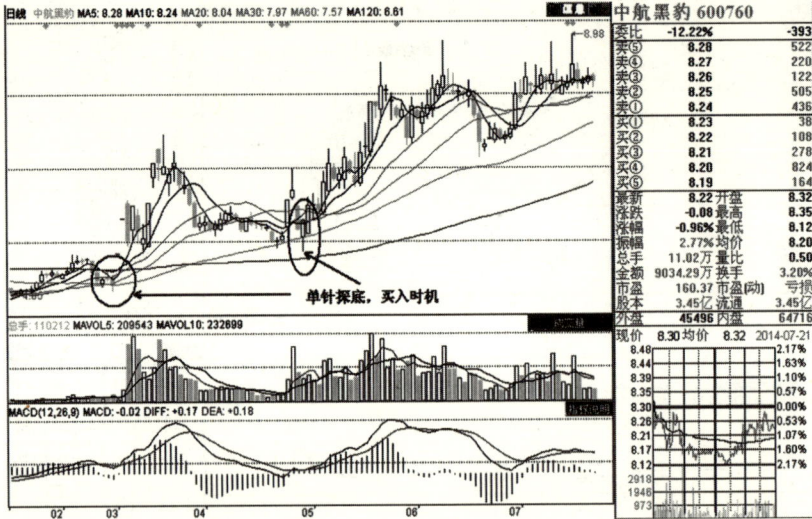

图 6-22　中航黑豹（600760）日线走势中的单针探底形态

十、低位十字

这种买入形态一般也是出现在底部区域，尤其是大跌行情之后，如果此时跳空出现十字线，暗示着筑底已经完成，为反弹的征兆。这一类股和单针探底有类似之处，只是下影线较短，甚至带有上影线。具体实例如图 6-23 所示。

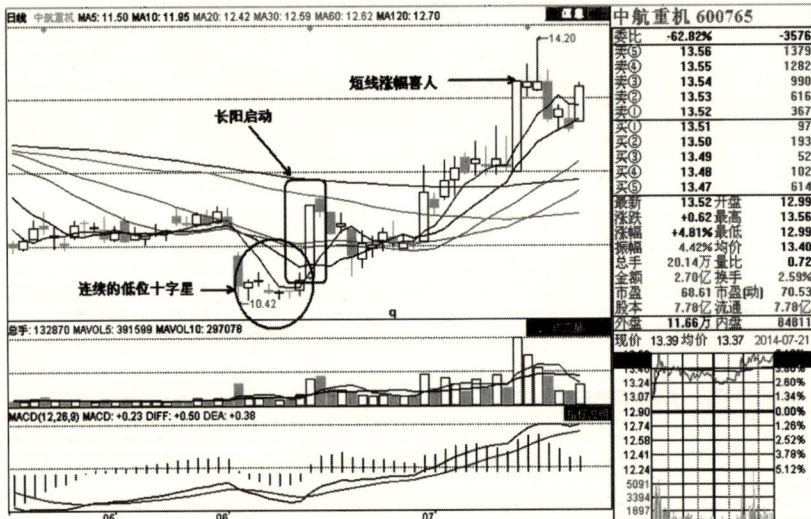

图 6-23　九芝堂（000989）日线走势中的低位十字形态

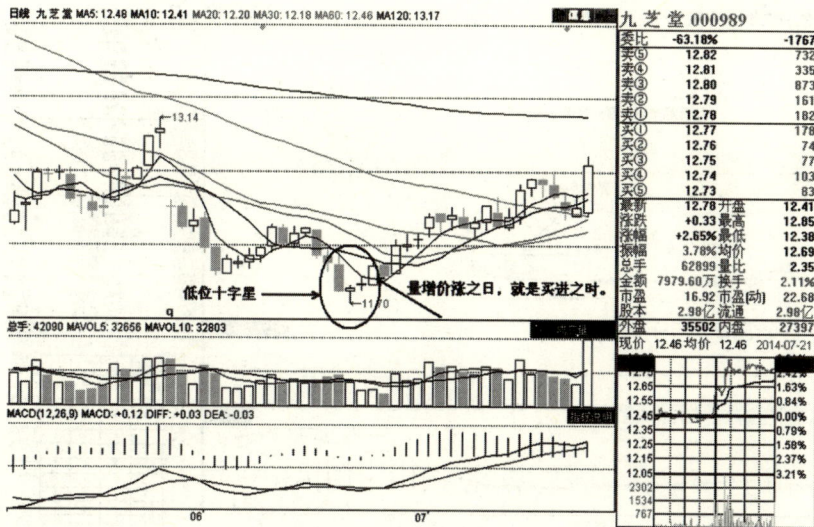

图 6-24　九芝堂（000989）日线走势中的低位十字形态

十一、底部连阳

股价在底价区域内出现碎步小五阳（创新低的个股更好），暗示逢低接手力道不弱，底部即将形成，股价将出现反弹。具体实例如图 6-25、图 6-26 所示。

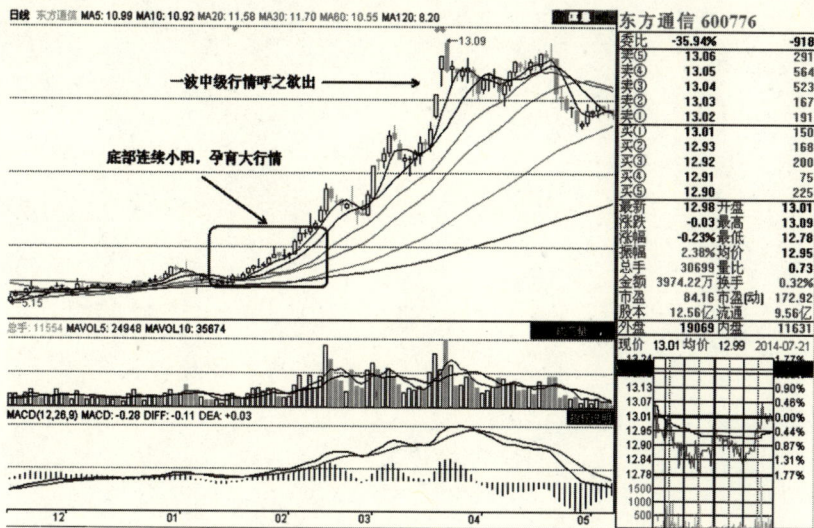

图 6-25　东方通信（600776）日线走势中的底部连阳形态

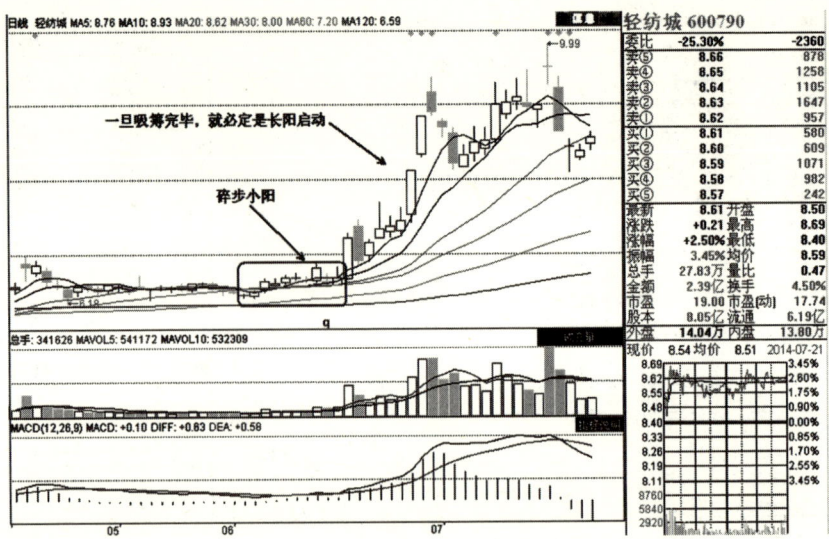

图 6-26　轻纺城（600790）日线走势中的底部连阳形态

第三节　常见经典卖出组合及实例解析

我在《炒股就这几招》里面其实已经给大家介绍了十多种经典卖出组合，在这本书里为了和第二节买入组合相呼应，就再为大家讲解一些常见的卖出信号。

一、几种常见卖出信号

1. MACD 死叉为见顶信号

股价在经过大幅拉升后出现横盘，形成的一个相对高点，投资者尤其是资金量较大的投资者，可以选择第一卖点出货或减仓。此时判断第一卖点成立的技巧是"股价横盘且 MACD 死叉",死叉之日便是第一卖点形成之时。第一卖点形成之后,有些股票并没有出现大跌,可能是多头主力在回调之后为掩护出货假装向上突破,做出货前的最后一次拉升。判断绝对顶成立技巧是当股价进行虚浪拉升创出新高时,MACD 却不能同步,第二波的面积明显无前波大,说明量能在不断下降,二者的走势产生背离,这是股价见顶的明显信号。此时形成的高点往往是成为一波牛市行情的最高点,如果此时不能顺利出逃的话,后果不堪设想。

必须说明的是,在绝对顶卖股票时,绝不能等 MACD 死叉后再卖,因为当MACD 死叉时股价已经下跌了许多,在虚浪顶卖股票必须参考 K 线组合。这个也是MACD 作为中线指标的缺陷之处。具体实例如图 6-27、图 6-28 所示。

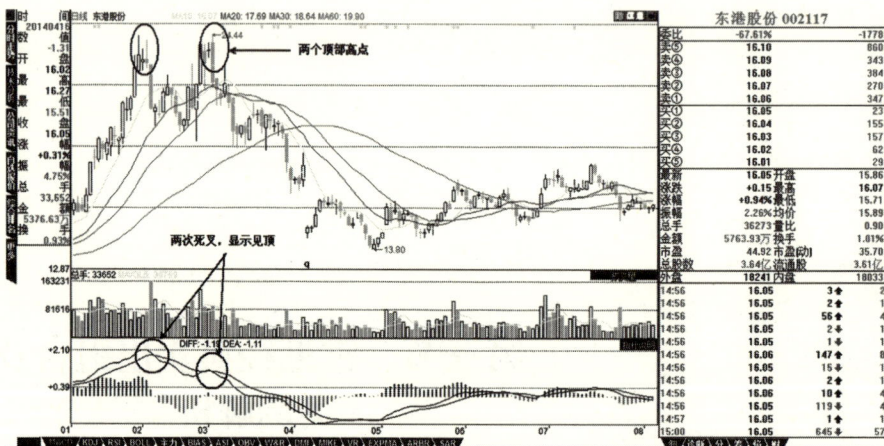

图 6-27　东港股份(002117)日线走势中的 MACD 死叉见顶信号

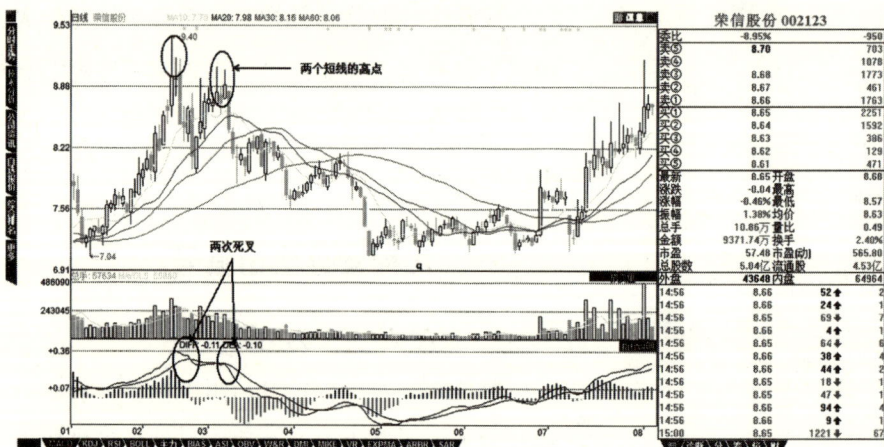

图 6-28　荣信股份(002123)日线走势中的 MACD 死叉见顶信号

2. KDJ 高位死叉为见顶信号

广电运通（002152）每次 KDJ 高位死叉都是卖出的信号，如图 6-29 所示。石基信息（002153）日线中的 KDJ 死叉，见图 6-30。

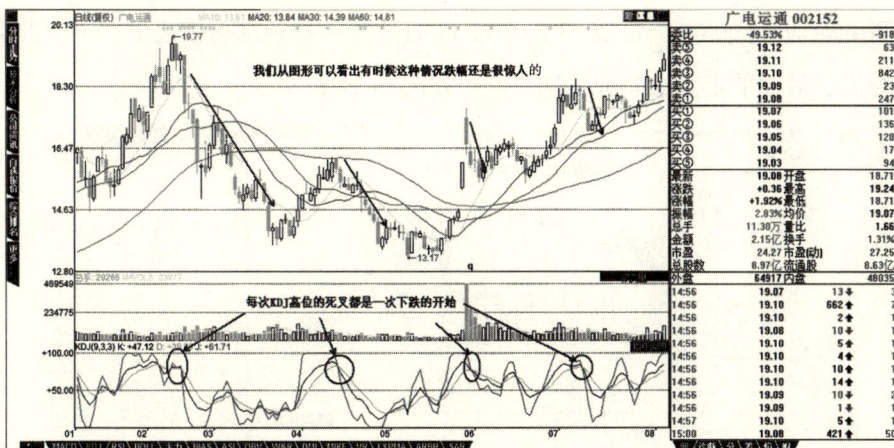

图 6-29　广电运通（002152）日线走势中的 KDJ 死叉见顶信号

图 6-30　石基信息（002153）日线走势中的 KDJ 死叉见顶信号

注：这里给出的图形仅仅是日线 MACD 或者 KDJ 高位死叉的情形，如果将这些拓展到周线或者月线的技术形态上，这两个卖出的信号会更加明显。

3. 长上影线须多加小心

长上影线是一种明显的见顶信号。上升行情中股价上涨到一定阶段，连续放量冲高或者连续 3~5 个交易日连续放量，而且每日的换手率都在 4% 以上。当最大成交量出现时，其换手率往往超过 10%，这意味着主力在拉高出货。如果收盘时出现长上影线，表明冲高回落，抛压沉重。如果次日股价又不能收复前日的上影线，成交开始萎缩，表明后市将调整，遇到此情况要坚决减仓甚至清仓。通常我们也将这种长上影称为射击之星。

万业企业（600641）在2013年9月11日收出一根顶部射击之星，一个典型的卖出标志，后面的走势也验证了这一点。如图6-31所示。

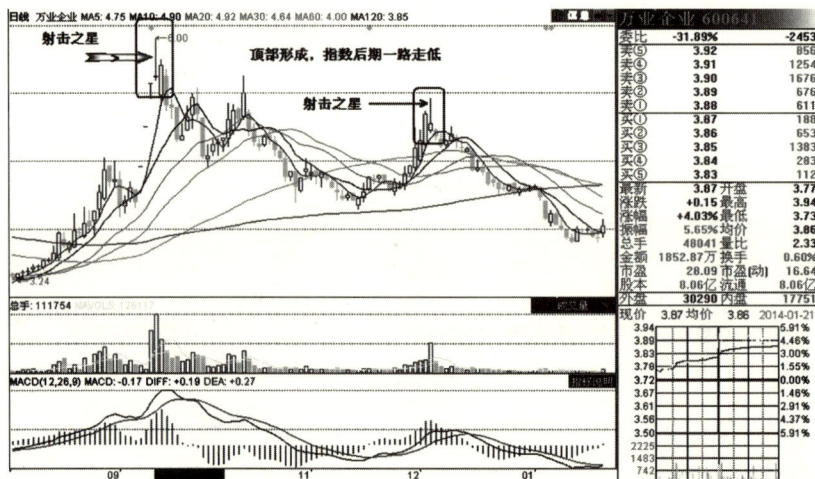

图6-31　万业企业（600641）日线走势中的射击之星形态

方大特钢（600507）在2013年9月11日和2013年12月5日各收出一根顶部射击之星，一个典型的卖出标志，后面的走势也验证了这一点。如图6-32所示。

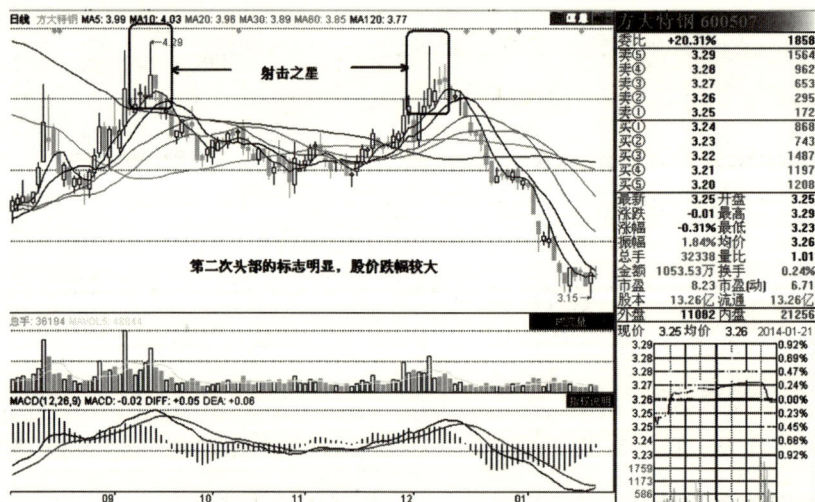

图6-32　方大特钢（600641）日线走势中的射击之星形态

远望谷（002161）在 2013 年 10 月 21 日收出一根顶部射击之星，卖点出现，后面股价一路下行。如图 6-33 所示。

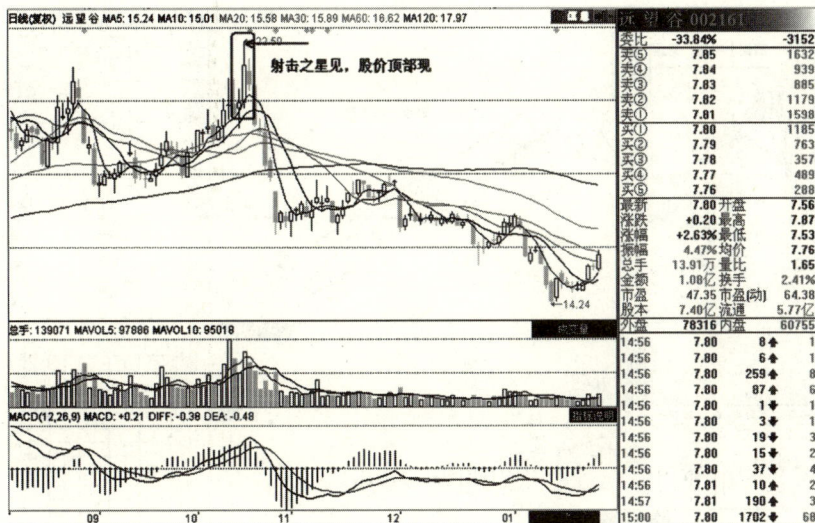

图 6-33 远望谷（002161）日线走势中的射击之星形态

4. 高位十字星为风险征兆

上升较大空间后，大盘系统性风险有可能正在孕育爆发，这时必须格外留意日 K 线。当日 K 线出现十字星或长上影线的倒锤形阳线或阴线时，是卖出股票的关键。日 K 线出现高位十字星显示多空分歧强烈，局面或将由买方市场转为卖方市场，高位出现十字星犹如开车遇到十字路口的红灯，反映市场将发生转折，为规避风险可出货。

如图 6-34 所示。浙江龙盛（600352）于 2010 年 12 月 1 日创出阶段新高，并收出高位十字星，很明显这是买盘不足的表现，对于投资者来说，将是一个卖出的信号，此后股价一路下跌。

海岛建设（600515）2013 年 12 月 4 日收出一根高位十字星，一个卖出的形态形成，此后股价是一路向下。如图 6-35 所示。

5. 双头、多头形态要防备

当股价不再形成新的突破，形成第二个头时，应坚决卖出，因为从第一个头到第二个头都是主力派发阶段。M 字形是右峰较左峰为低是拉高出货形，有时右峰亦可能形成较左峰为高的诱多形，再反转下跌的话更可怕，至于其他头形如头肩顶、三重顶、圆形顶也都一样，只要跌破颈线支撑都得赶紧了结持股，免得亏损扩大。

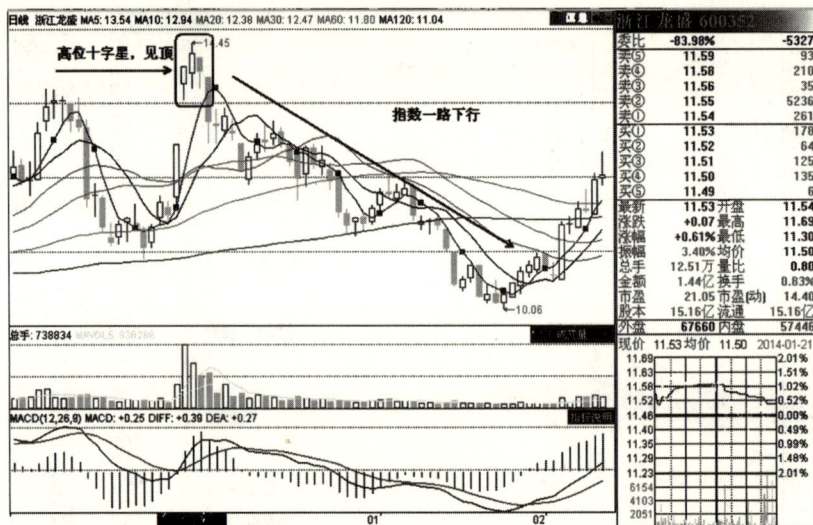

图 6-34　浙江龙盛（600352）日线走势中的高位十字星

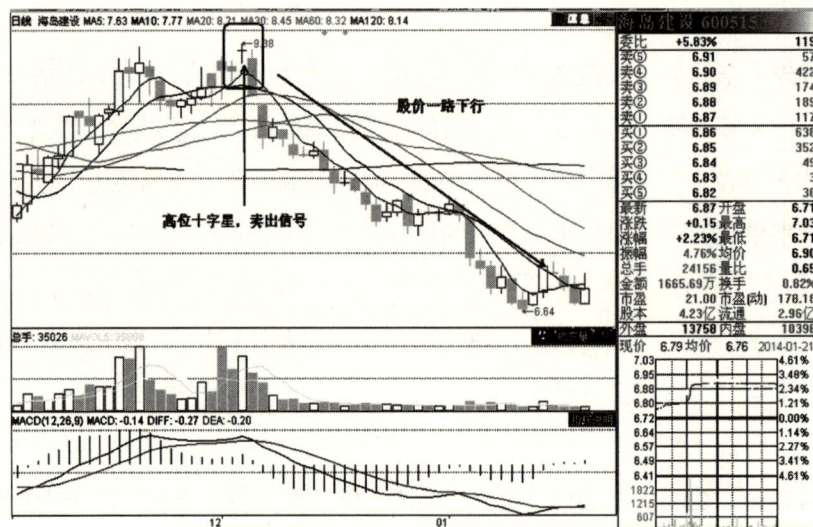

图 6-35　海岛建设（600515）日线走势中的高位十字星

上海钢联（300226）在 2014 年 1 月和 2 月就出现了典型的三头形态。如图 6-36 所示。

卫宁软件（300253）在 2014 年 3 月份也出现了双头形态，第二个头部出现时，卖出要毫不犹豫。如图 6-37 所示。

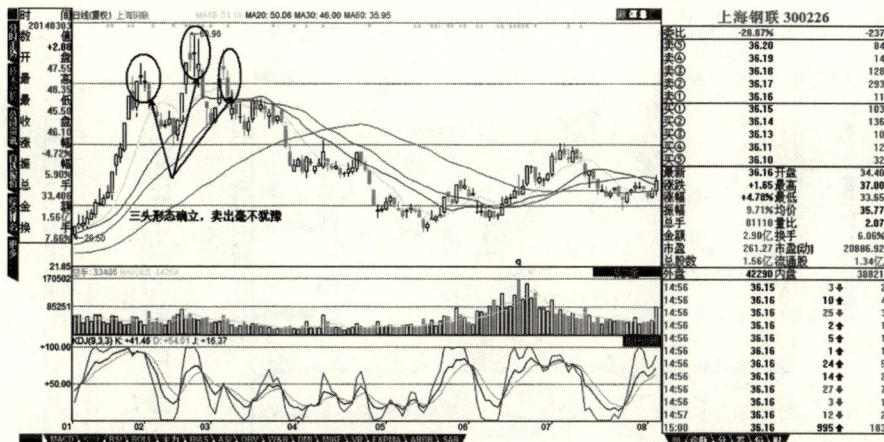

图 6-36 上海钢联（300226）日线走势中的三头形态

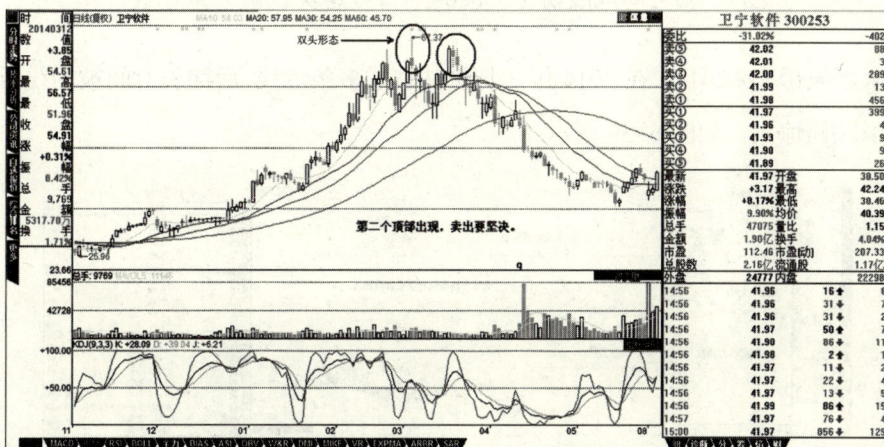

图 6-37 卫宁软件（300253）日线走势中的三头形态

6. 击破重要均线警惕变盘

放量后股价跌破 10 日均线且不能恢复，随后 5 周线也被击穿，应坚决卖出。对于刚被套的人此时退出特别有利。如何确认支撑位在此显得尤为关键。一般来说，10 日均线第一天破了之后第二天回拉但是站不上支撑位（如 30 日均线），就是破位的确认，回拉的时候就是减仓的时机。如果股价继续击破 30 日或 60 日均线等重要均线指标，就要坚决清仓了。此外，随着股价的下调，逐渐形成了下降通道，日、周均线出现空头排列。如果此后出现反弹，股价上冲 30 日或 60 日均线没有站稳，则应坚决卖出。

南风股份（300004）在 2014 年 4 月中旬接连跌破 5 日、20 日和 30 日多条均线，显示做空局面全线来临，此时应该选择止损出局。如图 6-38 所示。

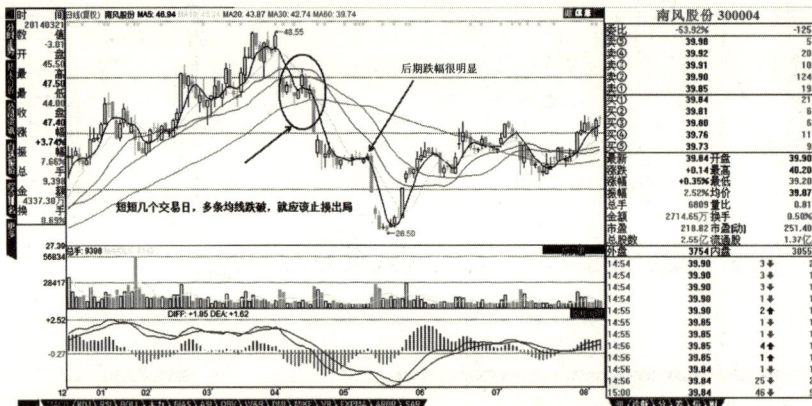

图 6-38　南风股份（300004）日线走势跌破多条均线

永新股份（002014）在 2014 年 2 月份跌破了多条均线，后期长时间被均线压制，可以说跌幅惊人。如图 6-39 所示。

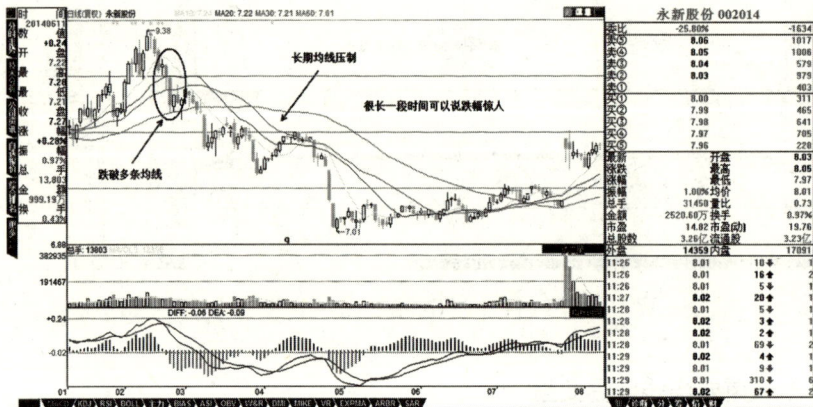

图 6-39　永新股份（002014）日线走势跌破多条均线

二、如何区别真假卖出信号

一般技术指标中出现"死叉"，这就是卖出信号，但是，近几年我们发现做股票总是屡屡上了"死叉"的当，以为出现"死叉"的股票不行了，想不到的是很多股却疯狂拉升，是令投资者又生气又迷糊。遇到这样的情况，我们该怎么办呢？

首先需要说明的是，技术指标其实只是一种参考，虽然它有时也能起到一定的作用，但是不能迷信它。买卖股票最根本的还是要看其价值、看其成长性，无论是在牛市还是熊市。在此前提下可适当研究股票走势的技术指标。大多数投资者都很熟悉技术指标中的"死叉"现象，通常对出现"死叉"的个股退避三舍。特别是常用指标 KDJ、MACD、RSI 都发出死叉，普通投资者是不敢贸然介入的。而恰恰就是这种"人见人怕"的个股，主力反而敢于拉升。指标死叉越明显，该股就涨得越厉害，而等到指标发出"金叉"时，股已经进入高位派发区间。因此，要想挖掘快速上涨的潜力个股，就要利用反死叉操作。

在操作中，最关键的一点就是要把握正常卖出信号和主力故意打压形成卖出信号之间的区别。在正常下跌情况下，死叉形成后股价向下破位十分明显，而庄家故意打压形成的"死叉"，股价却总是不跌破均线。由于每次回调至某根均线就止跌，故这根均线就是支撑位，可依据这根均线大胆买入。在具体操作上，投资者要把注意力放到均线方面，注意观察均线对股价的支撑。一般来说，主力洗盘的常见位置是 10 日均线、30 日均线，极限位置是 60 日均线。投资者可重点跟踪一批控盘程度较高的个股，然后在主力故意让指标形成"死叉"之时，依托均线大胆买入。

第四节 涨停板、跌停板的 买卖技巧

一、什么是涨停板、跌停板

"涨停板"或"跌停板"的说法起源于过去国外交易所在拍卖时，以木板敲击桌面来表示成交或停止买卖，此法运用到股市中，就是当股票价格涨到上限或跌到下限时，叫涨幅限制或跌幅限制。不过，在涨限价或跌限价上并不停止买卖，交易继续进行，只是价格不变而已。涨跌停板的推出是防止新兴证券市场过度投机的产物，本意是防止市场过度波动。但是，涨跌停制度实际上却给眼疾手快的投资者提供了更多的投资机会：一是在股票本身具有突然上涨10%以上冲击力时（比如突发重大利好消息、大盘反转），被迫在10%处停住，第二天由于本身上涨要求，还要继续上涨，这是一个明显的投机机会；二是涨跌停板对买卖股票的双方产生明显的心理影响。股票涨停后，对本来想卖股票的人来说，他会提高心理预期，改在更高的位置卖出，而对想买的人来说，由于买不到，也会巩固他们看好股票的决心，不惜在更高的位置追高买进。所以，涨跌停板的助涨助跌作用非常大。当一只股票即将涨停时，如果能够及时判断出今天一天涨停将会被牢牢封死，马上追进，那么，第二天出现的高点将会给你非常好的获利机会。

我国是从1996年12月16日起，深交所、上交所对上市的股票、基金的交易实行涨跌幅限制在10%以内，此后，深沪证券交易所还对挂牌上市特别处理的股票（ST股票）实行涨跌幅度限制为5%的规定，对PT处理的股票实行涨幅5%限制，跌幅不受限制规定。要了解10%的涨跌幅度，须先知道股票的"开盘价"与"收盘价"，开盘价就是在每个交易日中，各股票买卖集合竞价的成交价或第一笔成交价格。

深市涨跌限制实施前一交易日起，每天公布的每只证券收盘价计算方式为：

最后一分钟每笔成交价格 × 成交数量／最后一分钟的总成交量＝收盘价

与深市不一样，沪市当日证券最后一笔成交价为收盘价。当天涨幅度的限制，就是以前一天收盘价涨跌的10%或5%为限。根据规定，超过涨跌限制的委托为无效委托，当日不能成交。

下面的篇幅我们就重点谈谈涨跌停板的买卖技巧。

二、涨停板的买卖技巧

1. 介入点的选择

对于追击涨停板来说，介入点的选择非常重要，因为追涨停板是一项高风险高收益的投机活动，也是一门艺术，更是一个技巧活。介入点一定要在待涨停个股最后一分钱价位快被消化殆尽（只剩一百多手卖单）时快速挂单，敢于排队，一般都有希望成交，而且这个点位最安全。哪怕买不上都行。留得青山在，不怕没柴烧！最怕的就是在股票差2~3分钱涨停时就急不可待地追进，结果往往当天被套，损伤惨重。

追击涨停板的话要记住：大部分涨停不能追，能追的只有少数。因为多数涨停

属于技术形态不好情况下的涨停、跟风涨停（当然不是说所有跟风涨停都不能买），
而分时图情况不佳或大盘暴跌时的涨停等也不能跟。在实际买卖中，必须在个股本
身技术形态良好、存在一定上扬空间、分时图显示出的庄家向上做盘意愿强烈以及
大盘的条件相对配合等因素都具备的情况下，才能采取追涨停战术，以将风险降到
最低。

2. 品种的选择

对于追击涨停板的投资者来说，都想在第二天来个高开冲高，有个获利的空间，
进而落袋为安，但是上面说过，并不是所有的涨停板个股都能追，比如2011年5
月25日开盘涨停的江淮动力，以及2014年7月16日复牌的德力股份，一旦追击
这样的涨停板，后期损失是十分惨重，教训也是十分深刻，如图6-40、图6-41所示。

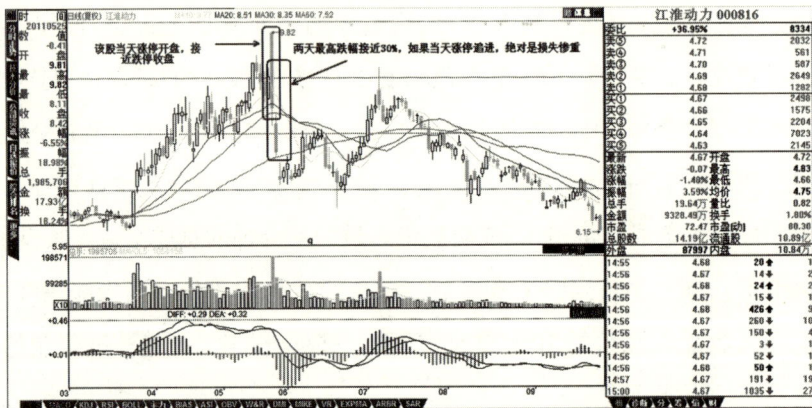

图6-40　江淮动力（000816）2011年3月至8月日线走势图

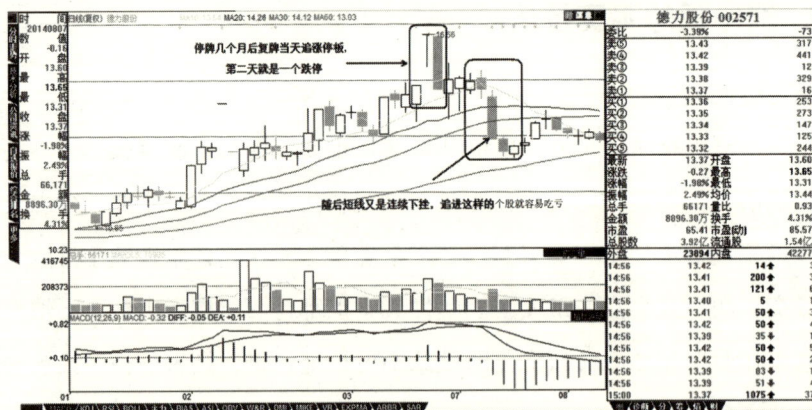

图6-41　德力股份（002571）2014年1月至7月日线走势图

那么怎样的涨停板个股值得我们追击呢？

值得追击的强势品种，其标准如下：

（1）涨停后未被打开过；

（2）早市跳空开盘小幅回档后快速封停；

（3）涨停后未出现过大单抛盘；

（4）封单为五位数或以上；

（5）从技术形态上看，其走势正处于主力拉升初期或中期；

（6）底部涨停，并且未远离底位成交密集区；

（7）属于市场资金重点关照的主流板块；

（8）涨停时间较早（这一点比较重要，也就是说早涨停的个股要比晚涨停的要好）；

（9）突然出现利好或者有大订单概念个股；

（10）涨停后换手率不超过10%。如果换手率过高的个股也不建议追击。

通常情况下，符合上述特征的涨停板个股在接下来的第二个交易日可以获利5%~6%或更高。

除了这些强势值得追击的涨停板个股之外，对于弱势品种即涨停后被打开过，最后还是涨停，以及涨停后放大量的我们采取见利润就跑的原则，做到手中有粮，心中不慌。

3. 第二天的卖出法则

俗话说，"会买的是学生，会卖的才是师傅。"在追击了涨停板之后，第二天如何卖出以获取更大的利润更是一个技巧活，也是我们追击涨停板个股最后一个和最重要的一个步骤。

（1）准备阶段。这是对第二天如何操作要做的一个前提工作，那么这个准备阶段主要做哪些事情呢？我们知道任何个股的涨停都是有原因的（跌停的也不例外），那么是怎样的突发利好刺激了个股的涨停，这样的消息在个股涨停后通常会出现，此外要适当关注一下相关个股所在板块的消息以及当天买卖交易的龙虎榜。第二天早上9:00—9:15之间关注一下个股有无突发消息，顺便关注一下今天能否有可以继续交易的个股，做好心理准备。

（2）交易阶段。

① 9:15—9:25，需要集合竞价的开始进行集合竞价，看看首重个股集合竞价的结果如何。

②具体交易，对于具体交易要分几种情况对待。

第一种情况：如果你昨天追了涨停但涨停没封住，那么今天开盘后马上出掉（如果你10次追涨停有2次没封住，说明你经验太不足，建议你保存分笔数据，仔细研究历史上在涨停那一刻前后的表现）。

第二种情况：涨停，但封得很勉强，涨停被多次打破，我建议早出为妙，3%是可以忍受的最大损失额；（10次出现2次这种情况，说明你有一定经验，但还是不足，建议继续学习分时图）。

第三种情况：涨停封得很死，这时候要看涨停后的成交情况，涨停后成交萎缩很快，如果出现连续几分钟没成交就更好了，还要看收盘前几分钟封单大小，当然大的好。如果昨天的涨停封得好，今天就可以看得高点，你要根据昨天的情况估计今天开盘的大概位置，如果大大低于你的估计，别犹豫，马上杀出去。

第四种情况：比预期高开很多，这时候不妨稍微等一下，可能会有更好的获利，但是一旦出现下跌走势，接近你的预期价格，要立刻出掉，锁定利润，当然如果你比较保守，高开后你也可以立即出掉。

第五种情况：如果股票昨天涨停的换手率不大，低于3%，今天开盘价格比预期低，但是开盘成交非常小，估计以现在的成交量持续下去全天成交量比昨天涨停还小时，这时候可以等待，到股价开始放量上冲，全天成交量估计比昨天涨停放大不少时择高卖出。

笔者在这里提醒投资者，追涨停时及时锁定利润出局是非常必要的，即使后面涨得更多，也不要后悔，否则，你将因为过于贪心而丧失很多可以及时出局的机会，以至被套。尤其在当时大盘很弱的情况下，及时抛出其实是标准的回避风险的行为，是正确的，切不可贪心。一定要守纪律，否则最后吃亏的是自己。

4. 抓大涨个股的选股方法

对于当天追涨停板个股很多人心有余悸，生怕一不留神追进的是一支地雷股，即头天涨停，第二个交易日跌停的个股俯拾皆是，例如风华股份（600615）2011年5月26日涨停，而第二天就跌停，同样的例子还有海立股份（600619）等。因此，除了掌握追击涨停板的技巧之外，笔者认为怎样选择底部启动涨停股尤为重要。下面简单介绍次日有望大涨个股的特征：

①重要均线年线要走平；

②30天均线走势为下跌－走平－上涨－走平－下跌，从而完成一个完整的运行周期；

③均线保持一定的斜率上涨，能呈现多头排列，说明该股后期有望上涨；

④底部红三兵——连续三根小阳线说明后市看涨；

⑤强势股第一次跌到10日均线是一个很好的买点；

⑥下跌回探不破30日均线后再度拉升时很可能是能够上涨的个股；

⑦开盘时股价高开下探后再次回到均价线上方再次回抽确认的是买点；

⑧底部放量的个股要及时介入；

⑨连续收出下影线的个股要关注。

实例：嘉麟杰（002486），如图6-42所示。

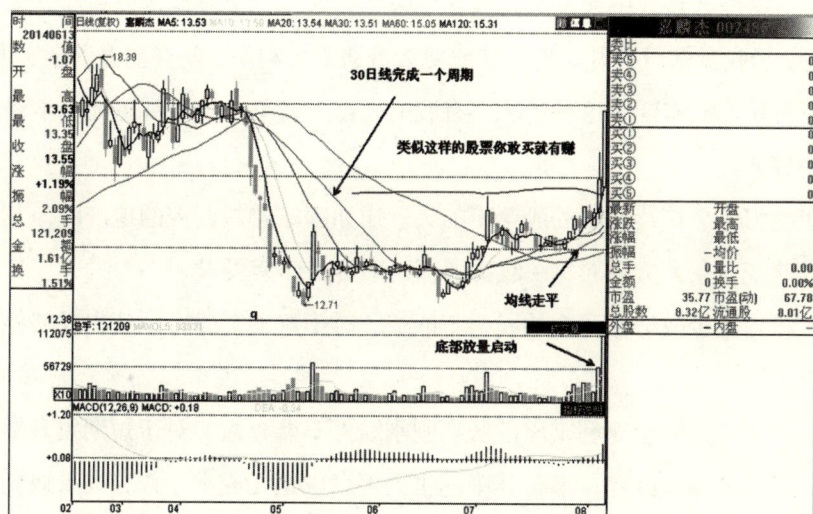

图6-42　嘉麟杰（002486）2014年3月至7月日线走势图

三、跌停板的买卖技巧

1. 何谓跌停板

跌停板是交易所规定的股价在一天中相对前一日收盘价的最大跌幅，不能超过此限，否则自动停止交易。中国现规定跌停降幅（T类股票除外）为10%。

一般认为"跌停时放量为买入信号"，表示有人在利用跌停接货，但是实际情况远不是这么简单，跌停板的操作是有一定难度的，剧烈的震荡会使不少人蒙受损失。

跌停板一般都是由于重大利空或主力为了快速建仓时采用的惯压法而产生的，有时跌停会一连三天。何时跌停可以买，何时不可以买，这是由当时的大盘局势和主力的操作意向所决定的，手法千变万化，但也仍有一定的规律可循，掌握其规律即可使您减少失误的次数，增加赢的机会。

跌停板上操作的前提是，你必须有子弹。就像打仗，当敌人冲上来时，你的弹药用完了，就只有投降、挨打的份了。股市里有所不同的是，敌人上来了，你弹尽粮绝的时候，可以就地趴下，等待解放军的到来。所承受的只是账面的损失，总有一天会再次站起来（退市的股票除外）。

2. 四类跌停板个股不能买

（1）以跌停开盘，中途没有打开的个股。如果一只个股直接以跌停开盘，并且一直封死，至收盘都没打开。说明该股要么遭遇重大利空，要么主力资金实力有限，无力将股份拉回成本区。这种情况，有股的先挂上卖单；场外观望的，不要为图便宜急着杀进去。

（2）主力资金持续流出的股票不能买。比如国家宏观调控的地产股，其基本面发生重大改变，主力资金的每一波反弹都是出货，严禁买入。

（3）机构基金战略性调仓的股票不能买。对于这种个股，即使出现跌停价也不要轻易介入。

（4）对于主力资金获利丰厚的股票刚刚跌停不能买入。对于短期拉升幅度过大的个股，即使从高位跌停，参与其中的主力可以说是无成本运作，如果遇到跌停就追进去买入，无异于空中接飞刀。

3. 可以考虑买入的跌停板个股

（1）以跌停开盘，中途被巨量打开的个股。如果一只个股直接以跌停开盘，但中途被巨量强行打开。持有该股的，可趁反弹时先行出货；场外观望的，可以考虑介入。如果运气不错，应有不错的短线获利机会。

（2）连续短线跌停，短期跌幅较大的个股。

（3）跌停之后成交量前期放大，后期成交量逐渐萎缩的个股。

（4）在跌停板上有大单扫货的个股可以适当介入。

4. 买入原则：分批买入，见机行事

不管怎么说，在跌停时买入相当于虎口夺食，危险性很大。非短线高手，一般不建议参与。即便要参与，也要采取分批买入的办法，并随时观察股价走势，一旦发现不对劲，立即停止增仓动作。并且，总仓位不宜过早，最多半仓。就算操作失败，也不至于全军覆没，失去再次战斗的生力军。

5. 卖出原则：勿贪心

对于在跌停板买进的个股，由于风险性大，因此最忌讳的就是贪心，因此要做到盈利适可而止，如果一旦买进再继续下跌，要学会及时止损，要敢于承认自己操作的失误，千万不要抱着死猪不怕开水烫的态度，这是做股票的大忌。

第五节　短线买卖技巧

　　短线操作在很大程度上能够考验出一个投资者技术功底的深浅。短线操作最忌讳的就是主观臆断，对于短线的买卖来说可以运用打不赢就跑的战略，本节内容就从几个方面来介绍短线的买卖技巧。

一、短线操作的准备阶段

　　这个阶段概括起来说可以分为以下四步。

　　第一步：当大盘还在延续着下跌趋势时，投资者应该开始积极选股，为将来大盘企稳时能及时参与炒作打下基础这时要重点选择股价曾经大幅下跌而现在又能领先于大盘止跌企稳的个股，将它们列为关注对象。

第二步：当大盘止跌企稳时，要对初选个股进行复选，选择能够在形态上成功构筑小型底部形态的个股。个股的企稳时间要明显长于大盘的企稳时间，而且在探底成功后，个股的走势要有一定的独立性。

第三步：对复选后的股票再进一步选择其中那些底部的成交量能温和放大的个股。

第四步：等待大盘已经确认止跌企稳并有转强迹象时，对于经过多重严格筛选的股票中，如果有个股能够出现放量的强势拉升行情，可以确认为短线买入信号，要及时跟进买入。

二、短线个股的筛选

做短线操作，个股的选择尤为重要，什么样的个股可以做短线，哪些个股不能做短线，这是每一个做短线个股的投资者要必须了解和掌握的，只有这样，才能做好短线的买卖和操作。综合多年经验，笔者归纳出适合做短线的个股应该符合以下条件：

（1）该股要处于短期市场关注的热点板块之中；

（2）该股的趋势应该是向上的，对于处于下行趋势的个股是不适合做短线操作的；

（3）短期内属于量能逐步放大，涨幅不大的个股；

（4）均线的排列应是多头排列或者即将多头排列，技术指标应该是金叉或者即将金叉；

（5）能够连续几天在集合竞价或者涨幅榜中出现的个股最好；

（6）最好是龙头股，因为任何一个板块的启动都会有龙头股，做短线就做龙头股，这是一个很好的选择；

（7）短期涨幅不大，底部放量的个股犹佳；

（8）量比大的个股优先选择；

（9）流通盘适中的个股优先选择（以 2 亿以下流通股本优先）；

（10）有重大利好刺激的个股优先考虑。

三、短线个股买入时机选择

对于短线操作来说，其时机的选择尤为重要，因为一旦时机选择不对，短线操作的成功率就会大大降低。对于千变万化的市场，如何选择短线介入的时机呢？笔者认为有三个时间段可以视为短线介入的好机会。

（1）9:30——10:00。开盘半小时不仅对短线操作重要，对大盘当天的走势也会有预期的作用，因此在这个时间段选择强势个股逢低建仓，择机进入，将是一个不错的时间段。

（2）11:00——13:30。这一个小时的交易也是一个短线介入的好时机，因为如果早盘强势的个股该涨停的都已经涨停，该拉升的也已经拉升，那么早盘11:00之后到午后的前半个小时就是选择午后有可能强势做多的个股的好机会，这期间可以选择那些符合上述条件的个股介入。

（3）14:30——15:00。一般这个时间段当天强势个股该涨的都已经涨了，基本一天的走势也就差不多确定，这时候正是主力寻找下一个可以交易的目标的好时候，在这个时间段出现异动上涨的个股往往会成为主力第二天操作的标的股，如果短线选择逢低介入，将是一个不错的机会，盈利 5% 左右应该是值得期待的结果。

四、短线买卖技术分析

短线买卖股票的关键是掌握好买入点。操作短线很有必要去分析分时图——30分图和60分图，单看日线往往较易产生误判，也许中线是不错但短线买入便套。以MACD和DMA为主要参考指标。短线重要的要看盘面，所以要关注盘中的成交量变化和盘口语言，下面以15分钟和60分钟线的买卖点进行分析。

1. 15分钟买卖点的把握

（1）15分钟的60线大于30度上行，KDJ的J线下降至0并钝化，股价靠近60线，买入；股价上远离60线，MACD在0轴之上粘合死叉，KDJ的J线上升至100，卖出。

（2）15分钟的60线横向运行，股价下远离60线，MACD在0轴之下临近粘合金叉，KDJ的J线下降至0，三线在20左右粘合金叉，买入；股价上远离60线，MACD在0轴之上粘合死叉，KDJ的J线上升至100，卖出。

（3）15分钟的60线大于30度向下运行，股价下远离60线，MACD在0轴之下金叉，KDJ在20左右粘合金叉，买入；如果MACD在0轴之下，KDJ的J线上升至100卖出，如果MACD已上穿0轴，MACD死叉，卖出。

2. 60分钟买卖点的把握

（1）60分钟的60小时线大于30度上行，中线看涨。60分钟KDJ的J线下降至0并钝化，15分钟MACD在0轴之下临近金叉，买入；股价上远离60小时线，60分钟KDJ的J线上升至100并钝化，60分钟MACD在0轴之上临近粘合死叉，卖出。

（2）60分钟的60小时线大于30度下行，中线看跌。60分钟和15分钟的MACD指标在0轴之下临近金叉，股价下远离60小时线，买入；60分钟KDJ的J线上升至100并钝化，15分钟MACD在0轴之上粘合死叉，卖出。

（3）60分钟的60小时线横向运行（正负偏差15度），有两种情况：一是高位横向运行，多条均线粘合并下穿60小时线，清仓观望；二是低位横向运行，多条均线粘合并上穿60小时线，中线看平。60分钟KDJ的J线下降至0并钝化，15分钟MACD在0轴之下临近金叉，买入；股价上远离60小时线，60分钟KDJ的J线上升至100并钝化，15分钟MACD在0轴之上粘合死叉，卖出。

（4）60分钟MACD上穿0轴后将有一波主升浪，股价上远离60小时线，60分钟KDJ的J线上升至100并钝化，60分钟MACD在0轴之上临近粘合死叉，卖出。

（5）60分钟MACD和KDJ在0轴之上相继死叉后，一波主升浪结束，大盘进入大幅震荡格局或下跌通道，在震荡格局下，60分钟KDJ重又上升至100，或股价与MACD出现顶背离，清仓离场。

五、实战精髓

（1）每个板块都有自己的领头羊，看见领头羊动了，马上就可以关注相类似的股票。

（2）密切关注成交量。成交量小时分步买，成交量在低位放大时全部买，成交量在高位放大时全部卖出。

（3）回档缩量时买进，回档量增卖出。一般来说，回档量增表明主力在出货。

（4）RSI在低位徘徊三次时买入，在RSI小于10时买，在RSI大于85时卖出，RSI在高位徘徊三次时卖出。股价创新高，RSI不能创新高时一定要卖出。KDJ可以作为参考，但庄家经常会在尾盘拉高达到骗线的目的，专骗技术派人士。所以一定不能只相信KDJ。在短线操作中，WR%指标很重要，一定要认真看。

（5）心中不必有绩优股与绩差股之分，只有强庄和弱庄之分。股票也只有强势股和弱势股之分。

（6）均线交叉时一般会出现技术回调，交叉向上回档时买进，交叉向下回档时卖出。5日均线和10日均线都向上，且5日均线在10日均线上时买进，只要不破10日均线就不卖。这一般是在修复指标技术，如果确认破了10日均线，5日均线调头向下时卖出。因为10日均线对于做庄者来说很重要。这是他们的成本价，他们一般不会让股价跌破此线。但也有特强的庄家在洗盘时会跌破10日均线，但20日均线一般不会破。否则大势不好，无法收拾。

（7）追涨杀跌有时用处很大。强者恒强，弱者恒弱。炒股时间概念很重要，不要跟自己过不去。

（8）大盘狂跌时最好选股。大盘大跌时可以把钱全部买涨得最多或跌得最少的股票。

（9）高位连续出现三根长阴时要快跑，亏了也要跑。低位三根长阳买进，这通常是回升的开始。

（10）在涨势中不要轻视冷门股，这通常是一匹大黑马。在涨势中不要轻视问题股，这也可能是一匹大黑马。但对于这种马，除了胆大有赌性的人之外，心理素质不好的人最好不要骑。

六、股票短线买卖技巧的三点补充说明

（1）买股票的心态不要急，不要只想买到最低价，这是不现实的。真正拉升的股票你就是高点价买入也是不错的，所以买股票宁可错过，不可过错，不能盲目买卖股票，最好买对个股盘面熟悉的股票。

（2）做自己熟悉的股票，这样能够洞彻主力的操盘手段和操盘技巧，能在很大程度上做到和主力同步。

（3）对于买错的股票一定要及时止损，止损位越高越好，这是一个长期实战演练累积的过程，看错了就要买单。要学会不犹豫。

（4）做短线要看大势，如果大盘趋势不好，再好的股票也会下跌，因此短线做股票一般选择在大盘上升趋势里去寻找合适的股票最有利。

第六节　中长线买卖技巧

　　对于中长线投资者来说，远远不需要向做短线的投资者那样时刻关注市场的波动和变化，相对于短线操作来说，中长线的买卖更趋向于价值投资，结合政策、宏观经济、行业等多方面进行选股，当然技术上一定要是趋势向上的，因为再好的股票如果买入时机和点位不理想，一样会被套，一样会亏损。本节就结合多方面讲一讲中长线的买卖技巧。

一、基本面——选股的前提

　　基本面这里主要包括宏观经济形势和政策因素，是否有通货膨胀，利率水平的变化如何，汇率水平怎样，货币政策、财政政策等，比如2008年遭遇经济危机的时候，我国就启动了四万亿的投资计划，而且不止一次地降低存款准备金率和降息，而在2011年遭遇通货膨胀的时候，又多次提高存款准备金率和加息等，这些对股市，以及中长线的选股都会有一定的影响，都需要投资者关注和了解。

二、行业景气度——选股的根本

要做好中长线投资，一个必须要做的工作就是要了解你所选个股所在的行业，其景气度如何：是夕阳产业，还是朝阳产业；是政策支持的产业，还是政策打压的产业；是处于上升周期的行业，还是开始走下坡路的行业；这些知识的具备对中长线选股来说尤为重要。除此之外，还要了解行业的周期变化，比如就一年来说，往往每年的三四月份是建材、煤炭石油和化工化纤等行业景气度较高的时候，而每年的年底年初却是农业和业绩股的周期。光了解上述这些对于中长期的选股来说还是不够的，还需要了解国家对一个行业的发展规划是怎样的，行业的复合增长率如何等，都需要投资者考虑在内。

三、上市公司——选股的标的

当我们将上述两项工作都做好之后，接下来要做的任务就是选择符合上述标的的上市公司，在选择上市公司的时候，我们要依据以下三方面来选择个股。

（1）公司所处行业背景。比如，该公司所处行业是在国民经济中占主导地位的行业，还是附属低位；是夕阳产业，还是政策扶持的朝阳产业。

（2）公司在行业中的地位。处于龙头地位，还是附属地位，领头羊地位一般代表了行业发展方向，如四川长虹、黄河科技和广电股份。

（3）产品的市场份额。这是利润是否稳定的保证。如包钢稀土控制了整个北部的轻稀土，其稀土占有量全国第一，保证了公司的利润。

（4）利润率。表示公司利润占业务收入的比重，利润率越高，说明公司产品的市场需求旺盛，在产品定价方面处于有利位置，同时表明成本控制十分有利。这种公司抗风险能力强，随业务扩大，盈利能力较强，成长性良好。

（5）利润构成。利润构成是容易被忽视的地方，但是对于以产品或服务为收入、利润来源的公司来说，当期利润的获得是通过销售产品实现，还是由投资收益、财政补贴等不稳定收益实现，是判断公司是否具有中长线投资价值的重要因素，从中可以发现公司是否不务正业，搞歪门邪道等。

（6）财务指标分析。主要注意负债情况的变化，负债过高使公司抗风险能力降低。

（7）利润增长点。上市公司能够保持较好的成长性或发展潜力，需要不断有新的盈利项目带来更多的收益，而利润增长点则是可靠的保证，通过分析公司的投资项目，可以发现公司是否具有业绩持续增长的可能性，以作为判断是否值得长期投资的依据，其中应主要注意以下几个方面。

①新的项目投入并不代表就会有利润产生。

②新的盈利项目带来利润占总利润的比重。如果新的项目带来的利润占公司原有利润的比重较小，则影响太小，对公司整体情况改善贡献不多，如上市公司目前兴起的参股高科技企业风潮，由于上述高科技企业规模太小，其对业绩影响力度不大，虽是利润增长点，但增长潜力有限。

③新项目产生时间。新的投资项目是于近期产生还是一年或几年以后宜密切关注。

④投产达产。投产往往只是产品或服务进入了生产阶段，由于机器性能，员工专长等因素，可能先期无法达到预计的产销量，而达产则是已经达到了设计要求，因此投产与达产对利润的影响也不同。

四、技术——买卖的保证

我们都知道，再好的股票买不到好点位，亏损的人处处皆是，因此技术上的一些必备知识还是需要掌握的，这是买卖的保证。

（1）对于中长线投资来说，最好用月K线来选股，用日K线作判断来进行买卖操作。因为主力是否出逃，在月K线中能够更客观地反映出来，防止日K线骗线的陷阱。

（2）关注成交量的变化比关注价格的涨跌更为重要。你可以想象：开盘用5~10手做出低开或高开1%~2%的走势，你会恐慌吗？主力能出多少货或加多少仓？这是画K线给不关注分时成交的人看的。我建议根据流通盘的大小，只关注高于每笔平均成交量5~10倍的单，特别关注持续的大单成交，它才代表主力行为。对100

手以下的成交单不予理会。看大势，观大单，对操作中线股票非常重要。同时要及时检查你大单买卖成交的构成状况，是多笔成交，还是一笔成交。这对你的判断十分有帮助。坚持长期跟踪几只股票的习惯，会对你的中线选股增加自信。

（3）除了K线外，长期均线构筑多头排列，特别是250日、120日、60日、30日均线的多头排列，表明该股总体走势一直强于大盘，宜重点关注。短期均线如5日、10日、20日等出现多头排列或金叉，应是买入的好时机。筑底时间越长的个股其后期启动涨势会越可观。

五、其他因素

对于中长线投资来说，除了关注上述一些因素之外，一些突发性的条件也需要投资者考虑，譬如公司转型（2011年一批涉矿股个个牛气冲天），业绩突然大涨或出现下滑等，都需要我们及时对这些因素加以研判，进而确定手中个股的去留。

华尔街七大投资法则

书号：978-7-5123-7207-8　　作　者：【美】萨姆·斯托瓦尔　著
定价：38.00元

　　内容简介：本书介绍了华尔街的七个投资法则，作者结合标准普尔公司三十多年的股市研究数据，并以标普500指数为基准点，逐一验证并完善了这七个投资法则。同时，作者还针对七个投资法则分别给出了投资组合，以便读者在实际操作中参考与运用。

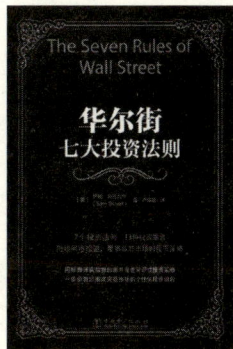

炒股就这几招

书号：978-7-5123-6064-8　　作者：王彬　著
定价：35.00元

　　内容简介：本书根据当前股市的特点以及投资者的需要，从技术、形式等几个层面总结出6种非常实用的选股方法和炒股技巧，方便股民学以致用。本书既是普通股民系统学习炒股技巧的入门向导，也是股民优化炒股技法、提高炒股水平的参考书。

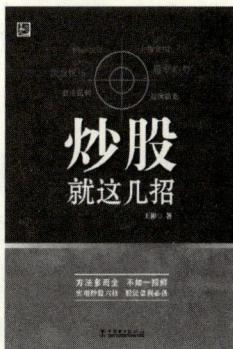

抓住翻倍股

书号：978-7-5123-7382-2　　作者：孤帆远影　著
定价：39.80元

　　内容简介：本书从中国股市实际情况出发，提出了价值投资的新模式，结合实战详细讲解了价值投资的基本面分析和实战操盘系统，并将价值投资与技术操盘有机地结合起来，形成了选时系统、选股系统和操盘系统（包括四种操盘模式），从而帮助投资者稳定、高效地从市场中获取利润。

走向期货 2——日内交易准则

书号：978-7-5123-3220-1　　作者：潘平 著　　定价：28.00 元

　　内容简介：本书通过介绍期货日内交易的注意事项、如何分析短期趋势、开仓与平仓的时机，为读者提供了一套简单实用的日内交易法，并通过详细的实战案例讲解将日内交易的应用精髓体现出来，以帮助读者更快、更好、更全面的理解日内交易方法，并能从期货市场中获得满意的收益。

涨停板擒黑马

书号：978-7-5123-3022-1　　作者：潘平 著　　定价：38.00 元

　　内容简介：本书以涨停板上短期内股价能够大幅飙升的个股为研究对象，详细分析了该类个股与大盘、热点板块的关系，在研究其爆发前股价走势、涨停后股价短期价格表现、成交量的变化等问题的基础上，总结出一套操作该类个股的简单、实用的方法——涨停板擒马术，从而帮助投资者更方便、准确地买入、持有和卖出，以获得丰厚的利润。

做强势股就这么简单

书号：978-7-5123-5578-1　　作者：孤帆远影 著　　定价：32.00 元

　　内容简介：本书围绕大盘 K 线指标在选股时的运用展开，介绍了大盘 K 线指标的制作，大盘 K 线指标在短线选股、中线选股和长线选股时的运用，并结合实际案例展示了大盘 K 线指标这一有效、实用的工具的实际效用。

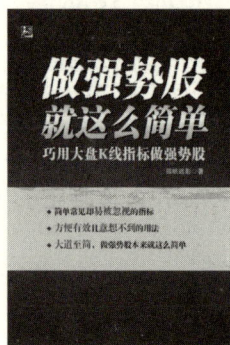

以上图书各大新华书店均有售，或按如下地址咨询：
中国电力出版社财经图书中心（北京市西城区三里河路 6 号）
邮编：100044 电话：010-58383379 E-mail：sjdf_lcj@sina.com

关注我，关注更多好书

微信名：亮财经读者俱乐部　　　　微博名：电力出版社_亮财经读者俱乐部